開心生命教育

讓愛多一些智慧，讓成長充滿陽光

趙 越 —————————— 著

開心生命教育

讓愛多一些智慧，讓成長充滿陽光

商務印書館

排　　版：高向明

責任校對：羅凱霖

印　　務：龍寶祺

開心生命教育

作　　者：趙　越

出　　版：商務印書館 (香港) 有限公司

　　　　　香港筲箕灣耀興道 3 號東滙廣場 8 樓

　　　　　http://www.commercialpress.com.hk

發　　行：香港聯合書刊物流有限公司

　　　　　香港新界荃灣德士古道 220-248 號荃灣工業中心 16 樓

印　　刷：寶華數碼印刷有限公司

　　　　　香港柴灣吉勝街勝景工業大廈 4 樓 A 室

版　　次：2024 年 7 月第 1 版第 1 次印刷

　　　　　© 2024 商務印書館 (香港) 有限公司

　　　　　ISBN 978 962 07 0638 7

　　　　　Printed in Hong Kong

第一章

第二章

第三章

第四章

第五章

第七章

第八章

第六章

第九章

第十章

鳴　謝

　　首先感謝我的孩子們，願意選擇我作為他們的父親，並且在成長過程中給我帶來了欣喜，幸福，挑戰，煩惱和啟發，讓我有機會發現不為自己所知的另外一個我，隨着他們一起成長。

　　這本書能短時間高效的出版特別感謝我的學生劉婷婷小姐，在最後的文字整理上花費了很大的時間和精力。

序言

繁體版序言

　　這本討論生命教育的書涉及許多比較前沿和非主流的關於生死問題的科學研究。為了方便出版，簡體本的內容比較含蓄，也做了幾萬字的簡寫和刪減。因此這本繁體版應該保留了我所有希望傳遞給讀者的最前沿的科研內容。在此十分感謝商務出版社的慧眼識珠，及其編輯部門的高效，讓這本書能有機會與讀者見面。

序　一

我在 2018 年認識趙越教授，當時他在香港理工大學主講一場關於生命教育的公益講座。他科學化地運用數據，將深奧的生命哲學梳理得清晰易懂。他嶄新的演繹方式，令我留下深刻印象。得悉趙教授曾發願向十萬人傳授生命教育，相信這願景早已實現。

生命教育是一項關乎個人健康成長、建立幸福家庭、甚至是人類生存與發展的重要課題，是現代社會必須正視的挑戰。我非常高興看到趙教授的新作《開心生命教育》問世。書的內容綜合了他多年的研究和實踐經驗，涵蓋的人生問題和答案都是他的研究心得，細心的編排令讀者容易掌握問題的關鍵，並提供切實可行的解決方案。特別適合家長和教師們，作生命教育的指南。

趙教授以「普遍性研究—原因探究—解決方法—預防策略」作為解決問題的方法論基礎。這方式與佛法的四聖諦十分吻合：苦 —— 確認問題的存在；集 —— 找出問題的根源；滅 —— 確立解決的目標；道 —— 制定解決方案並執行。然而，現代人常急於在短時間得到結果，往往忽略了和問題相關的因緣條件，非但未能徹底解決問題，有時甚至會適得其反。因此，我建議大家在閱讀本書時，不要抱有急於求成的心態，要多花時間細心閱讀，慢慢體會其中蘊含的道理。

趙越教授先從心理學和腦神經科學開始，逐步深入探究開心溝通、性教育、死亡教育、挫折教育、品德教育以及意義教育等核心範疇。這些範疇相互關聯、相互支撐，共同構成一個自洽的體系。我相信本書

必將提昇社會大眾對生命教育的關注，進而為青少年的健康成長創造更美好環境。我衷心希望《開心生命教育》能成為每一位關心年輕人，特別是家長和教師必讀之選，好讓大家一起為幸福人生作出富有成效的實踐。

潘宗光

香港理工大學榮休校長

2024 年 6 月

潘宗光教授合影

序　二

　　香港中文大學榮休校長金耀基教授長期研究中國教育的變遷，著作甚豐。他的一個主要的結論是：從漢唐以降，中國教育的主軸一直是「經學」，也就是以儒家經典和價值觀作為教學和考試的主要內容；直至到近百年，西學東漸，西方的教育制度逐漸落戶中國，教育的主軸也逐漸由「經學」變為「科學」。近當代特別強調「科教興國」，科學既是第一生產力，亦是新質生產力的火車頭。毫無疑問，科學技術大大提高了現代人的物質生活水平。市面上的科技新產品日新月異、層出不窮。誰也說不準，數十年後，科技（包括人工智能、資訊科技、生物科技等）會為我們帶來什麼樣的新世界。

　　環顧現代社會，儘管科技愈來愈進步、物質生活不斷得到改善，可我們的工作時間似乎愈來愈長、各行各業的競爭愈來愈激烈，工作和生活壓力也愈來愈大。人的煩惱並沒有因科技進步而減少。在教育的範疇內，由此知識的膨漲，學校裏有教不完、學不完的新知識。教育的主軸也逐漸變成了「知識的教育」。而「人的教育」，包括品德培養、待人接物、應對人生路上的起起落落與無常等等則着墨愈來愈少。這對培育下一代的健康成長、讓他們在物質生活與精神生活兩方面均衡發展，做個既開心又成功的人，明顯有不足之處。

　　近年，有不少睿智的有心人清楚地看到這點不足之處，並提倡在教育的範疇內補上生命教育的元素。香港科技大學的趙愈教援就是其中的佼佼者。他不辭勞苦，近二十年言傳身教，就生命教育和快樂美滿人生

的追求，先後舉辦了約二百次的專題講座和人生智慧分享會，獲益者無數，實在功德無量，令人無限欽敬。趙教授如今把這些重要的人生智慧結集出版，讓更多人得到啟迪，從而過上開心快樂的生活，善莫大焉。衷心感銘趙教授的長期辛勞和無私奉獻，無量感恩！

李焯芬

香港大學饒宗頤學術館館長

2024 年 7 月

自 序

　　沒有哪個家長不希望自己的孩子開心的上學，成長和成功。沒有哪個老師不希望把自己的學生安安穩穩的送到更高的年級或者大學。但是，很多的家長、老師往往缺乏底線思維和憂患意識，十分關注孩子的學業，但是忽略比學業重要的方面。大家不妨先思考一下：在孩子的成長過程中最大的危險是甚麼？能突然摧毀一個家庭的最大因素是甚麼？其實根本不是學習成績多壞，沒有考上甚麼學校，而是孩子的精神猛然出了問題，甚至選擇結束生命，離開人世。這才是教育最大的悲劇。依我之見，教育的基礎以及底線是讓孩子身心健康，開開心心地活着。之後，才是學業、考試成績、成功。

　　這絕非聳人聽聞的說法。因為生命教育的缺失，很多沒有了解過生命教育重要性的父母和老師，可能都不太有機會了解處於青春期的中小學生的精神問題、輕生問題有多嚴重，直到悲劇發生在自己的孩子身上。這是一件很隱蔽也很可怕的事情。在中國的傳統文化中，我們大都避免提及這種所謂的「家醜」，更加避談死亡，所以身邊很多孩子的悲劇不為人知，導致很多家長和老師忽視了身心健康，生命安全，這才是潛伏在孩子身邊最大的威脅。

　　我早在 2002 年的一場離死亡很近的車禍之後開始了對生死的研究，從 2007 年開始將生命教育融入教學當中。儘管如此，也是直到 2012 年一次離我和孩子很近悲劇發生，我才真正意識到生命教育對青少年有多麼的重要。

青少年生命教育的緣起

2002 年我在新西蘭經歷了一場車禍，徹底顛覆了我對生命，甚至是對世界的認知，從此踏上了生命教育之路。那之後我曾經發願給 10 萬人講生死，並且一直在踐行。以前我從來沒有區分生命教育的目標受眾，更多是面向於與我的 EMBA 學員相關的成年人，直到 2012 年的另外一件影響我和孩子的事件發生。

我有兩個女兒，出生在香港科大山清水秀的清水灣校園裏。作為幾十年的教育工作者，在養育兩個女兒的過程中，我與很多的家長一樣，十分自信，從來沒有想到過甚麼面向她們的生命教育。就這樣歲月靜好，直到 2012 年的 5 月 14 號晚上，我還記得那時候我們一家還住在香港科大的教職工宿舍，孩子們還很小，也很乖。我們經常晚上領着孩子一起去散步。那天我們像往常一樣散步在去海邊的路上，遠遠就看見好多救護車、警車呼嘯而來，停在了旁邊的本科生宿舍。特別多的人圍在那裏，氛圍很緊張。於是我趕緊領着好奇的孩子們匆匆地回了家。第二天我就收到了學校的電郵，昨晚有一位本科生自殺了。接着報紙上更多的細節被報道出來，是一位來自北京的女生。這些細節深深觸動了我，它們昭示着這一自殺事件離我如此之近。其一是物理距離的近：事發地點離我住的地方很近；其二是心理距離很近：尤其我看到她遺書的內容，我想到了我的女兒。另外因為我在港科大教了很多年本科，根據我的經驗，能夠從內地來香港上學的孩子都是很優秀的。在港科大，我曾經教過入學要求最高的班級 —— Global Business。那個班的學生在全國都排得上名的，有一年有兩個來自於北京的學生，分別是北京的文科狀元和北京的理科狀元。而那個自殺的學生也是一位修雙學位、非常聰明的女孩子。她的好幾個同學被記者採訪的時候都說想不到她怎麼

就自殺了，平時那麼陽光燦爛的一個人，對誰都是笑眯眯的。可是她留下的遺書，説自己其實非常不開心，在外面總是笑着，其實心裏卻一直在哭，但是沒有人看得到，聽得到。為了掩飾心裏的苦，她總是在外人面前笑得很開心，可是最後，她實在忍不住了。那天我看着我的兩個女兒，意識到孩子的心理崩潰乃至自殺其實離我這麼近！我當然也希望我的孩子將來也能這麼優秀，但我不希望我的孩子也像她一樣，用開心的外表掩飾內心的痛苦，甚至放棄生命。

從那以後我開始關注青少年的心理健康問題。這才發現，青少年的自殺問題在全國範圍內，居然變得如此的嚴峻。那一年僅僅是科大就有3個學生自殺去世，自殺未遂的則無從統計，而在這之前的十餘年（自從我來到港科大）裏，印象中只有一起校園內自殺的事情的通報。在輕生事件之後，同事們在教學中，帶研究生時候，都開始時時留意學生們的精神狀態，小心翼翼、如履薄冰。這是我在讀博士，和在高校任教這麼多年一直沒有發生的情況。

我還記得有一天收到女兒所在的學校的電郵通知，ESF（英基教育）通報當天居然有兩名小學生先後自殺！社會環境逐漸變化，青少年的心理健康和身心安全的問題真是愈來愈嚴峻，愈來愈應該引起老師和家長的重視！

我的童年陰影

另一方面，那名來自北京的自殺的女孩也喚起了我的童年回憶。那名女孩子的遺書內容令我特別痛心，它也喚起了我的童年記憶，那種雖然衣食無憂卻孤獨無助的絕望感。在我成長的那個年代，父母對孩子普遍的教育觀念就是棒下出孝子。當時戶口管理很嚴格，父親在北京一個

比較高端的科研單位工作，很難帶家屬一起生活，為了讓我們兄妹能受到更好的教育，父母決定兩地分居，由父親帶着我和妹妹在北京生活。因為母親不在，父親整天忙着做科研工作，還要照顧兩個孩子，每天中午都要抽空回來給我們做飯。他對我們的教育辦法就一個字 ── 打，因為他從小也是這樣被教育過來的。父親打我有時是有道理的，有時在我看來是毫無道理的。當我不理解父親為何打我的時候，我會覺得很委屈，也不肯認錯，於是我經常臉上帶着巴掌印去上學。

另一方面，當時我們大院裏到處都是北大、清華的畢業生，孩子們也都聰明過人。而我父親的另一個教育方法就是榜樣的力量。他經常把我和各種各樣最優秀的孩子比較，這個人小提琴拉得好，那個人數學好，那個人畫畫是小天才，那個人怎麼怎麼樣。我那時候經常覺得自己怎麼那麼笨，自己怎麼那麼沒用。直到後來高考之後，尤其我出國了，我才猛然發現其實我並不笨。擺脫了他們以後，我發現我簡直太優秀了。我在加拿大讀完了博士，可以說我不光在中國很優秀，我在世界範圍內都是極其優秀的。但是我在童年時候就經常閃出一個念頭 ── 我不想活了。那時候的我處在極其危險的狀態，唯一支撐我的力量就是每年暑假會見到母親。我還記得我們當時住在一個舊樓裏，唐山地震之後，樓房外圍被加固了一圈就高出來了一個水泥腰線。很多次，寒風凜冽中我從水房窗戶爬出去，不想讓進來打水的人看到我，就貼着外牆，站在那個僅僅能夠容下一隻腳的水泥台上。尤其是記得北京的冬天的寒風凜冽，但我的心比寒風更冷，看着腳下，想我要不要跳下去。好在我都熬過來了。

回憶我的童年往事，我想表達的是其實我是經歷過、體驗過孩子的那種無助到想自殺的時刻的。我是一個經歷者，我走出來了，並且我現在和我父親的關係也很好。

我的青少年生命教育之路

從那以後，我開始了我的青少年生命教育之路。除了給成年人的面對生死課增加了更多預防自殺的內容，還專門為女兒的小學老師和同學準備了針對學生及其老師的內容。那時候，是帶着一點點的私心，希望我的女兒們能在一個關注和了解生命教育重要性的環境中成長。

我給女兒小學的學生講生死的時候發覺，別看孩子年紀小，但其實他們甚麼都聽得懂。與他們的互動讓我很震驚，他們居然覺得我講得太簡單了。之後我也開始為家長們做生命教育的專場。

我在科大的教室裏給學生和家長講生命教育時，我的女兒，因為已經

聽過很多次我的生命教育課程，所以有時會擔任小助教，坐在講台上熱情地參與分享，熱情地提問。

到 2019 年為止，我用了十餘年的時間在線下給 10 萬人面對面地講生死課。我當時為甚麼發願我至少要給 10 萬人面對面講生死，面對面答疑呢？因為大部分人聽了我的生死課，都不再會去自殺。

我相信只要能明白生命的本質，你是不會輕易放棄生命的。

我研究生命教育的學術經歷

其實我的經歷很特別，我現在在商學院教書，但我本科是學醫學的，因為我父親特別想我學醫，我的數學物理又好，於是大學本科選了生物醫學工程專業，5 年的時間裏我幾乎是內、外、婦產、兒科都學了一遍。所以對我來説生命科學是我一直在探究的，但是我卻發現：即便學醫多年，我也並沒有把生命問題弄得特別明白。

後來我去加拿大取得了經濟學哲學博士學位，我從中獲得的訓練是所有的講課、文章內容都像論文一樣，嚴謹而有邏輯。我在網絡上發表過一篇關於死後意識的文章，差不多六萬字，很多人都説那就是一篇論文，因為我所有結論都是有數據支撐的，所有的例證都是有出處可查的。並且我不會盲目相信一個人的某種結論，我至少會找兩三個能相互印證的才會引用。所以我講生死課的時候邏輯是非常嚴謹的，我完全用科學的研究方法來帶着大家一步步探索生與死的真相。

我在矽谷的時候是用經濟學的數量分析做腦神經的生物分子學研究的，至今在矽谷還有專利可查。我幾乎走到了腦分子生物學的最前沿來探索意識，探索死亡。

生命教育最重要的一點就是要讓孩子開心地活下來。我在科大營銷系裏接觸了大量的前沿的心理學專家，其中不少都與我私交甚篤。同時在教授管理學課程的時候也接觸了很多的企業家，很多企業家也有抑鬱的問題。為此我還專門開了一門課叫《開心經營》，希望能幫助企業家們帶着開心的狀態去經營企業。所以在積極心理學上，我也已經做了很多的研究和實際工作了。

我還有一個很大的優勢是，現在很多老師是直接從師範學校畢業踏上講台的，直接從一個學校環境進入到另一個學校環境，而我的經歷

可以給大家一個更開闊的視野。我矽谷創業時就做過風投，回國後也繼續做了很多，並且我在科大商學院任教多年，也輔導過很多企業，看過很多商業計劃書和創業團隊。在矽谷的創業和成立東慧院（東方智慧商學院）的過程中，我也面試過很多人，可謂閱人無數。所以我可以給孩子們遠超於學習的視角，助他們將來走向工作，走向成功。我還教領導力、商業哲學、倫理學等課程，而哲學和倫理學都是和生命教育高度相關的。我們的生命一定要找到意義找到使命，才會有力量繼續活下去。我也是經過了仔細的思考，最終才找到一個自洽的、能夠經得住科學邏輯推導和與大部分宗教不矛盾的使命和意義，應該可以對各種各樣的背景的家庭和孩子都有啟發。

總結來說，我體會過孩子們的苦，並且我從這種痛苦中成功走出來了。我也一直在做幫助孩子們不再受苦，幫助他人找到活下去的勇氣的事情，已經做了 10 多年的生命教育，受眾多達 10 萬多人。我也打算一直做下去，盡全力把這件事情做好，因為這件事情十分有意義，且在中國非常急缺。

生命教育的起源與發展歷史

「生命教育（Life Education）」是 20 世紀 60 年代針對西方社會中（例如：美國、英國、澳洲）的吸毒、自殺、性危機等危害生命的現象而出現的對策。而目前大部分國家的生命教育依然以預防自殺為主線。

美國中小學生命教育內容從預防吸毒致死和自殺開始有四個維度：死亡教育、挫折教育、品格教育和生計教育。英國和澳大利亞的生命教育的出發點也與此相似，內容集中在全人培養與關懷，是以學生靈性、道德、社會和文化的發展為目標的。

在逐漸發展的過程中，生命教育的核心也從預防自殺變得更加廣義。如今，生命教育其實是一種全人教育，它不僅涵蓋人從出生到死亡的整個過程及這一過程所涉及的各方面對生命的關注，還包括生存能力的培養和生命價值的提昇，倡導認識生命的意義，尊重、珍惜和超越生命，從而提昇人的生命質量，最終實現生命的價值。

而我國港台地區因為受西方死亡教育潮流影響，較早開展了生命教育。香港從 1996 年開始，推出全人生命教育，從身心社靈四個方向進行。

生命的元素	發展的人生境界	關注重點
身	物質的人生境界	◎ 個人理想與身體的成長與健康（性教育、健康教育） ◎ 對物質適度之運用與期待（理財教育） ◎ 對環境保育之關注（環境教育）
心	心性的人生境界	◎ 自我了解 ◎ 自我認同 ◎ 自我實現（生涯規劃）
社	人際的人生境界	◎ 家人、朋友、社羣之人際關係（倫理教育） ◎ 國民與世界公民之身份 ⎫ ◎ 本土與跨地域文化之了解及尊重 ⎭（國民及公民教育）
靈	超越的人生境界	◎ 尋求生命終極的意義（生死教育） ◎ 尋求自然或宇宙的意義（哲學） ◎ 尋求宗教的意義（宗教教育）

參考：梁錦波博士，香港中小學生命教育的現況及發展

台灣於 2008 年發佈的《生命教育》大綱，列舉了生命教育應培養的八大核心能力：

1. 了解生命教育意義、目的與內涵。

2. 認識哲學與人生的根本議題。

3. 探究宗教的緣起並反省宗教與人生的內在關聯性。

4. 思考生死課題，進而省思生死關懷的理念與實踐。

5. 掌握道德的本質，並初步發展道德判斷的能力。

6. 了解與反省有關性與婚姻的基本倫理議題。

7. 探討生命倫理與科技倫理的基本議題。

8. 了解人格統整與靈性發展的內涵，學習知行合一與靈性發展的途徑。

當前生命教育內容的缺失和本書的特色

也許是因為內地的生命教育起步較晚，目前市場上所能見到相關書籍（教科書、指導手冊、參考書）中，依然存在不少缺失。各國生命教育的緣起和核心都是保護青少年的生命，避免自殺。但是通觀目前中文語境下關於生命教育的書籍，反而缺乏了這方面相關的內容。至少在我10餘年研究和實踐的視野中，中文語境下的教育領域似乎缺乏了比較系統的生命教育核心內容，比如人生觀教育，死亡教育，賦予生命價值的意義教育，價值觀教育。此外，本應該在生命教育中起着關鍵作用的主體——家長的作用沒有得到足夠的關注。

在中醫理念中，最高妙的醫生是治未病。在生命教育中，最好的着手點不應該是如何處理心理危機，如何干預輕生問題，而應該是找到發生這些問題的源頭，從根本上預防悲劇的發生。臨牀心理學的研究指出，大部分心理問題都是起病於青春期之前，尤其是導致自殺的抑鬱症，更是有75%都是起病於青少年[1]。從發展心理學角度，大部分的心理

---

1 寧式穎、楊玉赫、李響等：〈青少年抑鬱現狀及影響因素的調查研究〉，《山西醫藥雜誌》第8期（2016年）。

問題都可以追溯到原生家庭父母的教養方式。導致輕生的最重要原因是各種因素導致的不開心，覺得生活沒有意義。所以這本書希望可以從源頭解決青少年的輕生問題，讓青少年可以在父母的幫助下開心地成長。

總體而言，生命教育的過程中老師與父母作用缺一不可，可以說是一個硬幣的兩面。但家庭是導致大部分輕生問題的來源，老師很多時候只是悲劇發生的導火索或者替罪羊。因此在生命教育的過程中，老師一定要調動家長的積極性、主動性，讓他們知曉生命教育的重要性，與學校的生命教育聯動，才有可能避免老師在學校 5 天的努力，在週末 2 天被家長的行為徹底清零。

青少年不開心的源頭大都來自於父母自發的愛。這本書中發現，很多時候，沒有智慧的愛，對孩子的成長是很大的桎梏，會給孩子造成很多的心理問題。孩子的開心，需要父母以及老師的智慧。需要父母的愛多一些智能，從作為源頭的親子關係出發，預防各種導致輕生的心理問題。這本書還包涵很多積極心理學的內容，幫助父母老師預防和化解教育中的各種矛盾和負面情緒。

從展開的時間順序以及重要性來看，生命教育一定是應該以家長為主體，老師只是輔助作用或者彌補父母生命教育的不足，安撫那些已經很不開心的孩子，避免在教育過程中因生命教育知識的不足，而引發孩子的過激行為，造成安全問題。

生命教育的本質是全人教育，因此對家長和教師的素質要求極高，不光涉及到傳統的生物學、心理學，還涉及到當代前沿的生命科學，比如腦神經科學、死亡學，乃至基本的哲學和倫理學。

在我看起來，中國教育中最缺的不是說教性質的道德灌輸，而是以現代科學和理性為基礎的人生觀教育、死亡教育，以及價值觀教育。我之所以發願為 10 萬人講生死課，主要就是希望通過生死課的啟發，

讓人們願意做一個善良的好人，獲得幸福快樂的人生，從而避免輕生的發生。

總之，目前很難找到一本令人滿意，理論體系比較周全，也具有一定實操性的生命教育書籍。而我在十餘年的生命教育中做了很多的探究、積攢和與受眾的互動，恰恰可以彌補這部分缺失。這也激發了我去總結整理十餘年中我有關生命教育的研究和實踐，並在這裏呈現給老師和家長朋友們。

本書目標受眾

這本書的主要目標受眾是希望孩子開心成長的父母和老師，以及所有希望自己開心的人們。

對於父母，這本書應該是每一位準父母的備孕書籍、育兒書籍，和開心親子教育的手冊。父母都希望自己的孩子健康快樂的成長，在校學有所長，未來事業有成。這一切的基礎，是孩子可以心理健康，珍視生命。而這本書可以讓父母對孩子的愛多一些智慧。

對於教師，尤其那些關心學子身心健康的老師，和希望孩子在校可以健康成長不出意外的中小學領導們。這本書不但可以為班主任提供生命教育的素材，也可以幫助你理解班上那些需要特殊照顧的心理問題學生的問題來源，和解決這些問題的可能方法，讓孩子的成長充滿陽光。

同時，希望這本書可以將在班主任和學校領導身上對孩子生命安全的沉重負擔，分給本應負起主要責任的父母。願每一位老師都看到這本書，並推薦給你們學校的每一位家長。

這本書更可以獻給任何一位希望開心幸福，或者希望理解自己的不開心從哪裏來的朋友，不管是在校的學生、成年人，或者老年人。因為

這本書的本質是在理想狀態下如何從嬰幼兒階段開始培養一個心理健康，開心快樂，珍視生命，積極進取，受人歡迎，受人尊敬的社會公民。因此有機會瞥見那個不開心的自我從哪裏來（物質的自我，以及精神的自我）甚至各種各樣待人接物的習慣從哪裏來，從而可以自我療癒童年的陰影，並且通過這本書提供的工具，轉化導致悲劇的思維、溝通、待人接物的方式，讓自己成為一個健康快樂，人際關係良好，生活幸福，事業有成的人。

本書實用性及成書邏輯

這本書從父母和老師面臨的生命教育實際問題的調研和整理入手，將收集到的幾百個問題歸類整理為 8 類，集結成章，幫助繁忙的家長和老師可以從問題入手，找到答案。大部分章節都是相對獨立的，但依然存在內在的邏輯性。讀者可以根據自己和孩子的現狀或者主要問題，直接閱讀。

每個章節中，回答每個大問題的邏輯一般是：問題的普遍性研究，問題發生原因的理論性探究，解決問題的方法，和預防類似問題出現的方法。對於解決問題的方法，我會將不少繁瑣複雜的東西化為好記好用的幾個字要訣，讓老師和父母可以馬上學以致用。對於預防和解決問題的方法，我試圖從最早的幼兒和學齡前的親子教育入手，並且針對進入學校之後的生命教育課堂形式給予建議。當中的主題也都適合父母與不同年齡階段的孩子一起探討。

目 錄

第一章

我們的學生和孩子
有生命危險嗎？

　　這一章用大量詳實的案例和數據讓中小學老師以及有任何未成年子女的父母們了解青少年心理問題的高發性，以及生命安全的緊迫性。現在青少年抑鬱症的比例隨着年齡增高而出現的遞增情況，已經到了令人髮指的地步，並且青少年的不開心和輕生又是十分隱蔽的，所以老師家長一定要意識到青少年心理健康和生命教育的重要性。大家不妨先思考一下：在孩子的成長過程中最大的危險是甚麼？能突然摧毀一個家庭的最大因素是甚麼？

發生在身邊的悲劇

很多父母和老師將大部分的時間和精力放在孩子的學習上，期盼孩子未來可以順利畢業，去間好學校，找個好工作。他們卻沒有意識到，有一個遠比學習、工作和未來更重要、更急迫的問題已經擺在面前 —— 生命安全。

2020 年 9 月 17 日，在武漢江夏區一中初中部過道的監控視頻中，一個穿着黃白色校服的男同學，倚在走廊的柱子邊，深深的垂着頭，似乎下定了決心，抬起頭毅然決然、毫不猶豫地轉身爬上欄桿一躍而下。如此突然，連幾步之外的兩個男同學也來不及反應，只留下走廊中錯愕的同學和老師，親眼看着他結束了自己年輕的生命。第二天學校的通報稱這位同學因為在自習期間與同學玩撲克牌，被班主任發現後受到批評，並通知了他母親。隨後發佈的監控顯示，母親在教室走廊裏當着很多同學的面訓斥了兒子，又狠狠戳了幾下兒子的腦門，最後還搧了兒子兩記耳光。母親被旁邊的老師拉走的幾分鐘之後，悲劇就發生了。

然而，這還不是悲劇的結束。隨着這段視頻的傳播，江夏一中馬上成了網絡漩渦的中心。雖然第二天屬地教育局發佈通報稱，屬地教育、司法等部門已介入處置善後，但也沒有平息網絡情緒。這位同學的班主任和母親都成了網絡聲討的對象。班主任老師因此也自責生病了很久，而這位母親一年之後也自殺身亡了。孩子的父親為了向學校索賠，搬到了學校附近。學校的領導們在該事件發生之後的很長時間裏，不得不花費很多的精力處理這件因為一副撲克牌而引發的悲劇。

有人說這個悲劇是這位母親的不理性和衝動造成的。那麼再和大家分享一個十分理性的模範父親的悲劇。

2021 年 3 月 5 日，美國埃默里大學（Emory University）的官網上告知其牛津學院哲學專業一年級的來自於中國廣州學生張一得離開了人世。這一則消息，讓成千上萬的父母，尤其是廣州媽媽圈的母親們驚駭不已，因為張一得和他的父親是許多家長心目中別人家的模範孩子和模範育兒父親。網名「一得他爹」是一位廣受追捧育兒博主，單親爸爸，為了給兒子最好的陪伴，辭去了高管職位，17 年專心育娃最終將孩子送去了美國知名私校埃默里大學……然而，孩子卻在國外自殺了……

即便是對於「模範」父母，這樣的悲劇都有可能發生，到底有甚麼問題被忽略了？

下面這個更加糟糕的事件甚至提示我們，有的時候，孩子的悲劇可能與父母、班主任都沒有關係，只是他們的同學受到了委屈而已。

《南方周末》2018 年 11 月 10 日報道，湖南衡陽市成章實驗中學的初三 293 班班長，因為月考成績退步了 10 分受到老師、家長批判，在同學羣中與其他同學分享自己的苦悶，得到不少同學們的共鳴，於是相約自殺。在所有同學都知曉，並且沒有人阻攔的情況下，班長居然在第二天就準備好了自殺的藥物，最終與另外兩名同學，三人一起服藥自殺。

據《新京報》2021 年 11 月 15 日報道：江蘇啟東實驗小學 15 日有 3 名六年級女生，結伴一起從 5 層教學樓跳下。

湖北襄樊女孩小華（化名）加入了一個自殺聊天羣。11 月 11 日，她離開襄樊，遠赴四川成都，準備和羣友一起集體自殺……幸而在父母的勸導下，醒悟之後放棄自殺，挽回了生命。[1]

這樣的相約自殺，是自殺的另一種可怕類型。它也反映了中小學

1　李偉：〈淺析青少年網絡相約自殺成因及應對策略〉，《青少年犯罪問題》第 3 期（2011年）。

生對死亡的無知，對生死界限的模糊。他們認為死亡是去到另外一個世界：虛擬的網絡世界營造了一個生死可以來回轉換，人死後可以實現時間穿越的神話。彷彿死亡是一個通道，通到一個沒有煩惱的世界，只有在那個世界裏才能實現自己的心願。既然生死是相通的，對一些中小學生而言，死也就並不可怕，甚至成為逃避困難和壓力的最好方式。

近幾年，這樣的新聞層出不窮，反映出孩子生命的脆弱和教育的缺失。可是很多人都覺得這些悲劇很遙遠，似乎這都是別人家的痛苦，都是其他學校的悲劇，只是小概率事件。但從大數據的視角，從學者們研究和統計的數據來看，那是觸目驚心的感覺。

令人觸目驚心的中小學生自殺數據

2018 年聯合國統計數據顯示，我國每年因自殺死亡者高達 28.7 萬，200 萬人自殺未遂，是自殺死亡者的 7 倍[2]。柴民權從 2009 年的統計數據中發現，自從 1998 年後，自殺就成為了我國 15—24 歲青少年組人口死亡的最大原因[3]。雖然我國總體自殺率呈現下降趨勢，但青少年的自殺率卻一直處於上升趨勢[4]。

實際上，自殺率與自殺行為的報導數據，與實際發生數據相比是偏低的。美國學者 Turkington 估計：美國正式報告的兒童自殺行為不會超過實際自殺行為的 1%[5]。因為許多人認為自殺是不光彩的事，還有一

2　楊東平：《教育藍皮書：中國教育發展報告》（北京：社會科學文獻出版社，2018 年）。

3　柴民權：〈青少年自殺行為研究〉，《企業導報》，第 8 期（2009 年）。

4　世界衛生組織：《2019 年全球自殺狀況》，2021 年。

5　Turkington, C.Childsuicide:Anunspokentragedy (APAMonitor, 1983).

些人害怕承擔責任。因此，許多家庭和學校有隱瞞自殺性質事件的傾向。此外，醫生和驗屍人員把死亡確定為自殺需要確鑿的證據，這在某種程度上也會影響自殺統計數據。

自殺的青少年很多，有自殺意向的青少年人數更多。2001年南京市教育科學研究所對南京近2000名小學生做了一次抽樣調查，發現40.1%的小學生都有過自殺意念[6]。2018年劉禕霞研究發現在中學生之中有自殺意向的佔比達到總樣本量的20.4%，也就是說每5個孩子中就會有1個曾經想過要自殺，而有過自殺計劃的佔總樣本人數的6.5%，相當於每3個有自殺意向的中學生中就會有1個準備了行動計劃，差一點點就要去實施自殺計劃了[7]。

大家可以想像一下這樣的畫面：一羣看似朝氣蓬勃的中學生從你面前走過，但其中每5個裏就有1個在暗自琢磨着要自殺。這裏面有沒有包括你的孩子？這真是一個應該讓所有的家長和老師都重視的嚴峻問題。

青少年抑鬱症的檢出率

因為很多自殺去世的人並沒有留下甚麼信息或數據，研究人員只能另闢蹊徑，從一個離它很近的研究 —— 自殺的心理因素，也就是青少年的自殺因素來研究自殺。彭小華2020年收集的數據顯示，在15—34歲青壯年人羣的死因中，自殺是首因，其中60%—70%的人是已經患有抑鬱症的[8]。真實的患病率可能更高，因為目前中國很多人對於抑鬱症的概念還很陌生，很多自殺的人也沒有做個這方面的檢查。《2019年中國

6　西西、建平：〈心理危機低齡化亟待關注〉，《揚子晚報》2001年06月15。
7　劉禕霞：〈上好生命教育這一課〉，《湖南教育》第11期（2018年）。
8　彭小華：〈抑鬱症真的是病嗎〉，《中國新聞周刊》2022年第965期。

抑鬱症領域藍皮書》指出，90% 抑鬱症患者想過自殺，36.7% 的患者曾實施過自殺，30.5% 的患者多次自殺未遂。由此可以看出，抑鬱症和自殺是高度關聯的。

而我國青少年的抑鬱情況更是不容樂觀。在 2022 年《中國國民心理健康發展報告》中披露，我國整體青少年的抑鬱傾向檢出率是 25%，更可怕的是小學階段檢出率是 10%，初中階段檢出率達到 30%，而到了高中階段已經達到了 40%。也就是說幾乎每兩個高中生中就有一個是有抑鬱傾向的。此外，我國整體青少年重度抑鬱的檢出率是 10.9%—12.5%，該指標從小學的 1.9% 到初中的 8.6%，到了高中則差不多增加 4 倍。其實抑鬱症已經離每一個家庭都非常近了，但許多家長卻還認為抑鬱症是一個離自己很遙遠的概念。

日趨惡化的青少年自殺趨勢

世界衛生組織 2019 年的報告數據顯示：雖然中國整體自殺率近 2 年來呈下降趨勢，但 5—24 歲年齡段的自殺人數卻依然呈現上昇趨勢。根據香港科技大學賽馬會 2022 年 9 月 10 號公布的數據，2021 年 15 歲以下人羣的自殺率在香港已經到了歷史最高。

在香港科技大學的校園裏，我收到愈來愈多的學生校園自殺的個案通報。作為老師，我們也不得不愈來愈在意從本科生到博士生的心理健康，而學校裏面的心理健康的講座和服務也愈來愈多。我因經常被內地如北京大學光華管理學院，對外經濟貿易大學等等各大院校的商學院邀請給他們的 EMBA 班授課，也深刻能感受到自殺問題似乎變得愈來愈嚴重，愈來愈敏感。我不止一次在和學校領導的聊天中，聽見不同的院長憂愁地聊到他們作為領導面對學生自殺時的擔憂與壓力。當我在做生命教育的時候也了解到，不少高中和高校對排查出來的抑鬱症學生，都

是如臨大敵，儘可能勸退回家治療。因為他們有比較高的自殺風險，很容易給學校的聲譽和招生帶來影響。

從數量和趨勢上來看，青少年自殺問題已經變得愈來愈嚴重，尤其是中小學生。如果進一步的了解這些自殺行為的特點和發生規律，可能會更讓家長和老師們觸目驚心。

中小學生自殺的高發人羣特點

青少年自殺的人羣特點

大家知道哪一類人羣是自殺高危人羣嗎？學優生，一般生，還是學困生？

在與聽眾互動的過程中我發現，人們往往會猜錯。正確答案是學優生。

北京市青少年心理諮詢服務中心主任王建在 2001 年公佈的一項長達五年的研究中[9]，統計了 5 年來的心理諮詢中心所接收的 6 萬多人次的青少年熱線諮詢內容，並對來電者的身份信息進行歸納和分析。研究發現來自重點學校的諮詢者佔到 45%，但當時北京重點學校在所有中小學裏的比例僅佔 5%。可見，重點學校學生在心理健康方面的問題要遠遠超過普通學校的學生。

9　林崇德主編：《思想品德教學心理學》,（北京教育出版社，2001 年）。

鞍山市第五醫院心理分院的一項研究發現[10]，該醫院 300 多位住院患者中有 80% 為學生，而重點學校的學生佔 60% 以上。

針對台灣學生的一個研究同樣發現[11]，愈聰明，學習成績愈好的孩子自殺的意念又有可能高於其他人。

青少年自殺的地域分佈特點

那麼，甚麼地區的孩子的自殺意向更高呢？

2014 年董永梅在《中國學校衞生》上分享了一篇《中國中學生自殺相關行為報告率的 Meta 分析》的文章。在一項覆蓋了 15 萬人的青少年自殺意向 Meta 分析中，中學生整體自殺意念報告率為 17.7%，且區域性中小學生自殺意向有明顯的差異性。其中經濟最發達的深圳市的自殺意念率最高，達到了 39.5%；其次是成都 / 樂山的 28%[12]。

由此可見，經濟愈發達的城市似乎有更高的自殺危險性，經濟愈發達的時期似乎也出現了更高的自殺率。美國自 1950 年以來經濟大幅增長，青少年自殺率也增長了 3 倍。韓國的自殺率在過去的十年中也出現了隨經濟發展水平的上昇而上昇的情況[13]。也有研究發現，對於發展中國家，自殺率與社會經濟情況存在正相關，即自殺率隨着社會經濟發展水

---

10 王忠奇、徐黎光：〈心理障礙：優秀生多於普通生〉，新華網瀋陽（發佈於 2004 年 3 月 16 日）。

11 江宜珍：〈學童自殺意念之變化趨勢及相關因素〉（台灣大學碩士論文，2007 年）。

12 董永海：〈中國中學生自殺相關行為報告率的 Meta 分析〉，《中國學校衞生》第 4 期 （2014 年）。

13 徐文彬、姜潮、賈樹華：〈自殺率與社會經濟關係研究進展〉，《中國公共衞生》第 33 卷 第 2 期（2017 年）。

第一作者	發表時間	調查時間	調查地區	抽樣方式	人羣特徵	總樣本量	自殺意念率%	自殺計劃率%	自殺未遂率%
張慢	2007	-	江蘇	多階段分層整羣	初中/高中	5120	15.4	-	-
滿永振	2011	-	北京密雲	整羣隨機	初中/高中/職校	1145	8.9	5.9	1.8
黎明強	2006	2004年12月	柳州	分層隨機整羣	初中/高中/職校	3407	21.7	7.0	2.7
熊文艷	2012	2008年3月	南昌	多階段整羣	初中/高中/職校	3153	15.3	8.9	4.1
莊勤	2007	-	南通	分層段分層	高中	3798	17.4	5.1	3.0
張玉超	2007	2004年11-12月	河南南陽	整羣	初中/高中	3582	26.7	7.5	2.2
邵福泉	2011	-	安徽肥東	分層整羣隨機	初中/高中	3945	20.7	-	-
嚴福虎	2012	-	長沙、湘潭	多階段整羣隨機	初中/高中	2836	23.4	-	-
郭晚花	2012	-	青海	分級整羣隨機	初中/中專/職校	12222	27.2	-	-
馮秀英	2006	-	上海青浦區	多階段整羣隨機	高中/職校	2584	15.0	6.0	1.1
黃洋	2009	2008年	上海虹口區	分層整羣隨機	初中/高中	1047	13.3	7.1	3.1
高鴻雲	2007	2008年	上海19個區縣	分層隨機	初中/高中	1553	17.3	6.4	1.7
楊曦	2008	2003年4月	深圳	分層整羣	初中/高中	3011	33.9	2.0	1.2
劉薔	2009	2005年9-12月	深圳	隨機整羣	初中/高中	1477	39.5	7.9	1.5
梁煒	2008	-	佛山順德區	分層隨機	初中/高中	1245	6.4	-	-
劉鳳霞	2009	-	天津河北區	分層隨機	初中/高中	3054	11.8	7.3	2.8
張成雲	2010	-	成都、樂山、達州	分層整羣隨機	初中/高中	6913	27.9	11.2	4.4
吳成銀	2009	2008年4-5月	山東棗莊	分層整羣	初中/高中	3333	11.6	5.3	1.9
袁飛	2007	2006年9-10月	江蘇張家港	分層	初中/高中/職高	4897	15.3	6.2	2.1
鄧青	2007	2005年	宜昌	整羣	初中/高中/職高	2860	23.1	7.5	2.9
馬計連	2012	-	銀川	隨機	初中/高中/職高	1249	14.2	8.8	4.2
梁軍林	2000	-	廣東樂昌	隨機分層整羣	初中	518	20.7	-	-
張敏	2007	-		隨機整羣	高中	1294	18.4	-	-
李玉榮	2005	2004年1月	珠海	整羣	初中/高中	1736	18.5	10.9	4.5
王金燕	2011	-	山東泰安	整羣	職校	830	10.7	-	-
李瀟	2012	2008年1月	重慶	分層整羣整羣	初中/高中	3216	15.1	-	-
夏生林	2005	2011年11-12月	廣東中山	分層隨機	初中/高中	945	8.1	5.2	1.7
Liu	-	-	山東	隨機	初中/高中	1362	12.3	7.0	-
Xing	2010	-	8個城市	整羣	初中/高中	12470	-	-	2.7

注：一表示研究未提及或無法獲得相關數據。

平的昇高而昇高 [14]。

青少年自殺的特點

2021 年 4 月 17 號晚 10 時左右，上海盧浦大橋上的監控視頻中，一輛私家車在車流中居然停了下來，後車門打開，一個穿着校服的男孩子，一邊抹着眼淚，一邊穿過車流，毫不猶豫地翻身跳過大橋護欄，消失在視頻中。全程不到 5 秒，所有人都來不及反應，包括孩子的母親。一個 17 歲鮮活的生命就此戛然而止了。只剩下追趕不及的媽媽跪坐在護欄邊，痛苦地拍打着地面，崩潰大哭。在報警的電話中，母親不斷的重複着：「我只是説了他幾句，我只是説了他幾句啊⋯⋯」

前面提到武漢江夏區學校裏的男生輕生事件，孩子也是在母親離開後的兩三分鐘之後，突然轉身爬上欄桿，一躍而下結束了自己年輕的生命。如此相似的場景，也令我們反思青少年自殺問題究竟有着怎樣的特點。

突發性

從這兩個案例中可以看出，青少年自殺有一個特點 —— 突發性。我們總能在類似案件中聽到後悔的聲音：「如果我能夠早點看出來，如果我能夠制止他一下⋯⋯」青少年自殺中非常棘手的一點，就是事情發

---

14 Hilario BF, Mercedes PR, Pablo FN, et al. "Worldwide impact of economic cycles on suicide trends over 3 decades:differences according to level of development.A mixed effect model study", BMJ Open, Vol. 2(2012).

生得太快，大部分自殺是突發性的。柴民權的《青少年自殺行為研究》中統計數據顯示：青少年自殺者潛伏期最短只有幾分鐘，一般為1—6個小時。可見青少年自殺的潛伏期較短，突發性較強，預防和控制較難。另一項對50名自殺青少年的研究發現：25人（50%）在自殺前思考時間不足15分鐘，只有4人考慮了24小時以上[15]。青少年自殺的這種突發性，讓監護人很難有機會反應和救治。

趙靜波、季建林在《兒童和青少年的自殺行為》的研究中發現：只有20—25%的青少年自殺是有計劃的，75—80%的青少年自殺是衝動的[16]。也就是說大部分自殺的孩子平時並沒有甚麼異常症狀，一衝動就自殺了。

這種突發性和衝動性，很可能是學生在當時的壓力下，瞬間意志力崩潰而造成的，符合青春期孩子的性格特點。他們自殺前的最後一句話常常是：「我死給你看」「之前我一度達到崩潰邊緣，這次我再也忍不下去了」「你已經把我逼到邊緣了，我再也不忍了」等等。

大部分青少年的自殺都是情緒積攢到一定地步以後突然爆發，在爆發之前是完全沒有任何徵兆，也沒有提前做任何計劃。在中國，許多自殺者都是在遇到了強烈人際關係衝突之後迅速出現了衝動行為，就像很厚的雪地上落下了最後一片雪花，引發了雪崩，而在最後一片雪花落下之前一切是毫無徵兆的。

報復性

青少年的自殺還有一個特別顯著的特點，就是報復性。

---

15 柴民權：〈青少年自殺行為研究〉。

16 趙靜波、季建林：〈兒童和青少年的自殺行為〉，《國外醫學：精神病學分冊》第3期（1997年）。

武漢跳樓的初中生，被母親搧了一個耳光，兩分鐘之後就跳樓了，也就是所謂「你打我，我就死給你看」。在知乎網站上有一個熱議的問題「我恨死他了，我怎麼能夠把我班主任給毀了？」發帖人描述了班主任老師的種種不是，希望大家給建議。這個帖子下面還有很多青少年留言，最後大家決定用自殺的方法讓老師身敗名裂，這樣老師不僅拿不到獎金，甚至可能無法繼續教課，徹底失業。最後這個匿名的提問者說他提前查了很多相關的數據，比如學生如果自殺，班主任會受到甚麼樣的處分，最後打算用自殺的方式報復班主任。當我看到這個帖子時，我感覺這太可怕了，也太可悲了。少不更事的年紀，就輕易地把自己的生命變成一種鬥爭的武器，讓生命消失在單方面的戰爭中。

一個臨牀心理治療師在〈兒童青少年自傷、自殘、自殺現象的心理動力學解析〉一文中提到臨牀上接觸的有自傷行為的青少年常常這樣表達：用自傷和自殺對抗或者報復父母和老師。「是不是只有我死了，他們才知道我痛苦，他們才知道自己錯了！」「看，你們對我做了多麼糟糕的事情，給我帶來了多少痛苦，現在我決定去死，而你們將會活在內疚之中，被他人唾棄。」

隱蔽性

青少年自殺還有一個比較棘手的特點是隱蔽性。

許多自殺者並沒有進行精神疾病檢查或治療的歷史。在常人看來其自殺就是毫無徵兆的一時衝動，十分隱蔽。中新網的一項調查發現，中國青少年 70％左右的自殺死亡或自殺未遂者從來沒有因為其問題尋求

過任何形式的幫助，在父母、老師眼中他們就是突然實施的自殺行為[17]。

美國國家精神健康研究所的報告也顯示：青少年患有抑鬱症的人中只有 18—25% 的比例尋求過治療。

實際上，心理健康問題在內地並不太受家長和社會的重視，絕大部分有抑鬱傾向的孩子會被冠以「矯情、調皮、逃避、作」等名頭被忽視或否決。美國已經發現那些自殺者中有 60—70% 是有抑鬱症的，但在中國幾乎查不出來或者根本沒查，因為許多自殺者根本沒有去做過精神檢查，直接自殺了。

除了家長或老師的重視度不夠之外，青少年自殺的隱蔽性還體現在情緒表達的隱蔽性上。很多時候家長和老師並不能清晰知道自殺的孩子是甚麼樣子，因為每天都特別沮喪的孩子可能自殺，看起來很積極陽光、活潑開朗也可能自殺。

下面這張照片全都是笑臉，它是英國的一個慈善機構叫反對悲慘生活運動（Campaign Against Living Miserably，簡稱 CALM）發佈的。請讀者朋友判斷一下，哪些人可能有自殺傾向？

實際上，這些照片都是那些自殺身亡者生前的最後一張照片。在這最後一張照片裏，這些人給世界留下了一張笑臉，根本看不出這張燦爛笑臉背後的靈魂有多痛苦。

---

17 〈中國自殺率偏高 自殺研究及預防機構極度缺乏〉，中新網（發佈於：2002 年 12 月 11 日）。

　　微笑型抑鬱症屬抑鬱症的一種，患者如同在抑鬱的心境表面蒙上了一層微笑的面紗，他們的共同點就是不願意傾訴、不願意放棄「尊嚴」，從而進入一個惡性循環。而且不光是孩子，成年人也有很多是這樣的，我女兒的中學副校長平時看起來最陽光、笑容最燦爛，但是他最後卻選擇了自殺身亡。

　　愈是優秀，愈是對自己要求高，父母對其要求也高的人，日常生活中往往會是一副「我很開心，我沒事，我很好」的樣子，但實際上他們在內心已經哭了很久很久，只是沒有人聽到，也沒有人看到，人們看到的只是他們留給世界的笑臉。

　　CALM 的一份研究報告顯示：高達 61% 的人在感覺到自己有自殺傾向時會覺得難以啟齒，而不告訴任何人。因為愈是優秀的人愈不願意去尋求幫助。其實，那種情況下只要稍微有一點點外力提供幫助，就足以挽救一個人。

青少年自殺前的求助行為

孩子在心理崩潰之前會向家長老師求助嗎？

浙江省醫學會兒科學分會上高鴻雲發表的《上海中小學生自殺意念及求助行為的研究》顯示：孩子們在遭遇困擾時，有自殺意念者首選的求助對象依次為：自己（53%）、同學（26%）、父母（12.6%）、其他人（4.8%）、老師（1.5%）、醫生（0.6%）。由此可以看出，孩子們首先找的是同學，很少會和父母說或尋求老師幫助。

這是一件很可悲的事情。社會、學校、家長都要求班主任、老師要為孩子們負全責，但他們在自殺之前基本上根本不會向老師求助。學生寧可找同學求助，也不給父母和老師機會去了解和幫助他們，但同為青少年的同學哪有能力提供有效的幫助呢？有時同學不但無法提供幫助，甚至會結伴自殺。有數據顯示，50% 的中學生都聽到過周圍人說自己要自殺，耳濡目染之下，會有「他想不開我也想不開了，咱們一起走算了」的想法。新聞中也經常看到相約結伴自殺的案例，這是非常可怕的。

這又給了老師甚麼啟發呢？如果可以建立起與孩子們溝通的習慣和渠道，或許就能在他們打算走向絕路之前抓住最好的救助機會。而溝通背後最重要的是信任，如果班主任老師能和同學們建立足夠的信任，就會更好一些。然而，很多中小學生對班主任老師的態度幾乎到了仇視的地步，甚至有的自殺者就是為了報復老師，就是所謂的「你讓我不舒服，我也讓你不舒服」。

幫助孩子活下去的希望和機會在哪裏？

青少年自殺有突發性、報復性和隱蔽性這三個比較明顯的特性。作為家長、老師和班主任，絕對不能讓孩子的不快樂積攢到爆發的程度，因為那時孩子很可能突然結束自己的生命，讓人猝不及防，給所有人帶來痛徹心扉的苦和長久的自責遺憾。

那麼改變的機會在哪裏？

依我之見，就是防患於未然。了解中小學生自殺背後的原因，從自殺的原因入手，預防中小學生自殺悲劇的發生。

第二章

中小學生自殺的
原因有哪些？

　　現在青少年自殺的情況愈來愈嚴峻，但了解他們自殺的原因是一個富有挑戰性的工作。正如前面提到 75—80% 的孩子是衝動型自殺，幾乎沒留下任何信息就已自殺身亡，只有 20% 左右的孩子是經過深思熟慮之後自殺，留下隻言片語作為遺書。本章首先從這些遺書入手，進一步通過自殺者的生前訪談，以及自殺未遂者的計量研究來探尋中小學生自殺的原因。

誰應該為孩子的自殺負主要的責任？

在青少年輕生高發地的學校，老師應該承擔甚麼樣的責任，家長承擔甚麼樣的責任是人們常常混淆的一件事情。其實學校往往背了黑鍋，真正引發孩子輕生的重要因素反而是父母，父母佔了很大成分。更進一步思考：甚麼樣的家庭的孩子會更有輕生的可能性？研究的結果令人觸目驚心。請有機會拿起這本書的父母們一定要看一看。

學者余快通過整理 2013 年之前收集到的內地網絡、報刊中刊登的遺書，總結出我國自殺的青少年自殺遺書中所提及的自殺原因主要有以下幾類：

1、**師生關係衝突**：多封遺書中都提及死者自殺前與老師產生了衝突，受到了老師的批評或處罰。他們常常表達教師不恰當的教育方法損害到了自己的自尊心。與教師的衝突是學生極大的應激源，這種來自師生關係的壓力促使青少年產生羞恥感、絕望感，學生體驗到沮喪、憤怒的情緒，認為生存沒有意義，最終選擇了自殺。

2、**家庭因素**：很多遺書中也提及家庭因素包括家庭成員間關係冷漠（父母常年在外打工，很少關心孩子）、不良的教育方式（對待孩子的方式簡單粗暴、對孩子的期望過高）等。家庭關係的冷漠給青少年帶來長期的慢性心理壓力，使青少年感到缺乏家庭、社會支持。因此通過自殺來釋放心理壓力，或是試圖用自殺行為來獲取家庭、社會的關注。

由此產生了一個一直爭議不斷的問題：家長和老師，誰應該在青少年生命教育中扮演最重要的角色？大部分家長和旁觀羣眾都會認為是老師和學校。

2021 年 12 月 18 日，江西九江的一名小學生小華，在放學之後沒

有回家，而是跑到屋苑的 24 層一躍而下，結束了自己 11 歲的生命。警方從小華的身上找到了一份遺書。他在遺書中寫道：「本人的死亡與父母、社會、國家無關，只和班主任鄒某有關，因為他使用暴力對待我。」經調查，他所謂的暴力，是指班主任當天在班上對他的 4 次批評。第一次是在上午，小華回答問題之後，班主任讓他站了 3 分鐘；第二次是班主任批評他作業寫得不好還拖拉，考試也很差勁，還有一篇作文沒交；第三次是下午，班主任批評他拖欠作業，讓他當着同學的面作保證；第四次，班主任看到他的作業本破損，嘲笑他是不是肚子餓把作業本當飯吃了，惹得同學哄堂大笑。在他看起來，正是老師的語言暴力，害他走上死亡之路。

2020 年 10 月 13 號凌晨，江蘇泰州高二學生朱劍留下一封遺書之後跳河自殺，遺書中寫下了疑似自殺的原因：「您（班主任）的辱罵讓我想撞死在牆上，你親手毀了我的白月光，毀掉了我的救贖。」

在遺書中針對老師或班主任的指責只是偶然的個案嗎？

程平源在 2013 發表的《全國中小學生自殺問題調查》中發現，在他搜集到的 79 個自殺案例中留有遺書的有 27 例。遺書顯示中小學生自殺前 3 個原因都是與學校相關的，分別是教師、學業和作業。在中小學生自殺案例中，最大的誘因是老師的行為失當，其比例超過 50%。

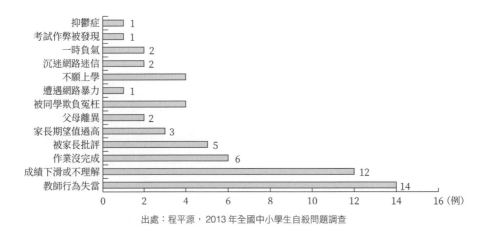

抑鬱症 1
考試作弊被發現 1
一時負氣 2
沉迷網路迷信 2
不願上學 4
遭遇網路暴力 1
被同學欺負冤枉 4
父母離異 2
家長期望值過高 3
被家長批評 5
作業沒完成 6
成績下滑或不理解 12
教師行為失當 14

出處:程平源,2013 年全國中小學生自殺問題調查

這些數據也在某種程度上解釋了深植於很多人心中的觀念:有學生自殺了,學校一定是主要責任者,一定要找出學校的問題。比如轟動網絡,被海內外媒體廣泛報道,甚至引發了示威活動的 2021 年 5 月 19 日成都四十九中學生墜樓事件。雖然沒有找到孩子的遺書,但是大家普遍推測是學校的原因引發了孩子的墜樓。在這種假設下,學校、教育局的所有行為和解釋,都會被認為是辯解和掩蓋真相。實際上,幾乎每一次的自殺事件,尤其是發生在校內的自殺,都會給學校的領導層和班主任造成巨大的影響。這在某種程度上也給所有中小學的領導、班主任、老師敲響警鐘,應該意識到預防自殺事件和生命教育的重要性。

作為老師、班主任、校領導,一定要對孩子和孩子的生命有敬畏之心,一定要尊重這些青春期孩子的人格和尊嚴,在沒有展開生命教育之前,這些不知道珍惜生命的「傻孩子們」是有可能以死相搏的。更進一步來講,在校教師一定要學習開心生命教育課程,了解青少年青春期的心理特徵,了解青少年抑鬱心理的特質,尤其了解自殺心理的變化和行為特點,才能及時避免這類慘劇的發生。

然而,如果只是從遺書或者新聞報道的表象來理解青少年自殺行為

背後的原因，很可能是片面的。這樣片面的認知，造成了青少年生命教育的缺失，造成了中小學生自殺率的不斷提高！

自殺死亡是小概率事件，而留下遺書的個案又是其中的小部分。僅僅以遺書內容作為研究對象，其結果有可能有所偏頗。而在國際自殺學研究領域，對於自殺的危險因素的研究，通常會進一步採取以自殺未遂或自殺意念為目標行為，進行問卷調查以及多因素的回歸分析。

家庭關係的影響

劉偉佳等在對廣州市 10 所小學的全體五、六年級的 3045 名小學生進行問卷調查和分析，發現自殺發生的原因可歸納為家庭、學校和同學關係 3 方面的綜合作用，其中家庭的影響顯得尤為重要。劉秀萍等對天津市大中學生的研究結論也是如此。

2016 年，香港專門成了一個防止學生自殺的委員會，他們研究學生自殺行為時也發現，小學生自殺的主要原因是關係問題，而關係問題裏排名第一的又是家庭關係。其次是適應困難，其中學習和家庭的適應困難佔比較大。台灣地區的研究也發現，兒童與青少年覺得家庭關係或家庭氣氛愈差，或家庭內成員的衝突程度愈高，其發生自殺意念的可能性就愈高。

各關注範疇的個案百分率分佈	
1、關係問題	87%
家庭關係 朋友關係	74% 42%
2、適應困難	82%
學習適應 家庭適應	58% 53%
3、心理因素	63%
4、精神健康	15%

出處：香港防止學生自殺委員會，2016 年 11 月，防止學生自殺（最終報告）

　　我在生命教育的實踐過程中，深深感到家庭對孩子心理的影響。我開設了一門名為「開心經營」課程，致力於解決成人之間不和諧的關係。很多同學起初是想來課上調節夫妻關係，而非解決親子關係問題。但課後調研發現很多上過課的同學，尤其是夫妻一起來上了課以後，家裏最先受益的居然是孩子，甚至有的抑鬱了很久的孩子開始主動與父母互動，其症狀開始好轉起來。調節親子關係並非這門課的初衷，但這也間接反映了父母關係對孩子心理問題、幸福程度的影響。事實上，與配偶相處的方式和對孩子的相處方式是具有一致性和穩定性的，父母的親密關係出了問題，親子關係必然也會出問題。

　　從大數據來看，21 世紀教育研究院的調研結果也顯示，導致中小學生採取自殺行為的原因從多到少依次為：家庭矛盾（33%）、學業壓力（26%）、師生矛盾（16%）、心理問題（10%）、情感糾紛（5%）、校園欺凌（4%）、其他問題（6%）。

可見孩子自殺的主要原因 33% 是來自於家庭，26% 是來自於學習的壓力，而學習的壓力往往也源自家庭。所以家庭因素可以說佔到了青少年自殺行為原因的最重要的部分（家庭矛盾 33%）間接因素高達 50% 以上，而師生矛盾只占了 16%。但很不幸的是，那些自殺孩子的遺書上往往只寫下了老師的名字。所以，遺書上留下的原因可能只是問題的表象。

從香港和大陸幾個不同地方的研究數據來看，雖然導致青少年自殺的最重要原因是來自於家長，但它的導火索則大部分在學校的老師。所以作為背鍋的老師需要爭取主動，向學生父母們普及生命教育的重要性和責任主體。充分利用家訪、家長會或者這本書籍等方式，讓家長們看到這些數據，了解這些研究成果，進而讓家長們意識到自己才應該是孩子心理健康和生命健康的第一負責人。讓當父母們了解到生命教育的重要性，他們可能更願意做出改變，並且逐漸意識到孩子的身心健康遠比孩子的學習更重要。

生命教育絕對不是學校、班主任和老師單方面的事情，一定讓父母介入到生命教育中來。

我們與子女關係和諧嗎？

家庭關係是導致孩子心理不健康的一個最重要因素，我們的家庭關係和諧嗎？我們與子女關係和諧嗎？我們的孩子在家裏開心嗎？

2019 年北京市教育機構抽樣調查了 3000 多名中學生的心理狀況，其中「對待父母的態度」一項中：56.28% 的孩子都投給了情緒反應最強烈的選項 —— 極度反感或痛恨父母；只有 4.75% 的孩子表示喜歡自己的父母。也就是說幾乎 95% 的孩子對父母的評價和家庭感受都是負面的。

我的課堂上曾有一位既是孩子家長又是班主任的學員，看到這個調研結果後憤憤的發言：「白眼狼，沒良心，我對你這麼好，你居然還做這種選擇！」這種下意識的反饋，反應了一個可悲現象。

很多父母也會對親子關係的疏離感到不理解，甚至覺得自己十分委屈。因為很多父母真的是全心全意的為孩子付出，希望孩子好。比如前面提到關於北京的調研，相較於內地的其他城市，北京的父母給孩子營造的競爭氛圍和帶來的壓力都更大。坊間甚至流傳着這樣的說法：「就你這孩子目前的英語詞彙量，可能在美國足夠了，但是在（北京）海澱區不夠。」但可悲的是，父母們在拼命為孩子付出時間、精力和金錢，讓孩子上各種補習班、奧賽班，但他們居然如此不買帳。這也反應出了很多父母的教育方式存在偏差。

教育方式的誤區

成為父母並不需要資格證也沒有上崗培訓，很多人都覺得自己既然已經從孩子成功長大，那麼教育孩子的方式應該沒有太大問題。然而正是這樣的自信，造成了很多孩子各種各樣的心理問題。

據中華聯合會提供的數據表明：全國抽樣調查的一萬戶家庭中，家庭教育比較科學的家庭佔比 23%；方法欠妥的佔比 51%；有嚴重偏差佔比 25%；家庭教育有偏差比例高達 77%。據中科院心理所王極盛對北京 1800 名家長近 3 年跟蹤調查的結果顯示：有 2/3 的家庭教育不當，而不當的家庭教育導致其子女心理問題的明顯高於其他組別。這也是為甚麼孩子覺得痛苦，父母也覺得痛苦的原因。有些父母覺得孩子白眼狼、沒良心，實際上是父母自己對孩子的教育存在問題，對孩子的愛缺乏了智慧。大部分的父母對孩子的教育往往只是關注孩子的學習，而缺乏生命教育的維度，他們沒有意識到心理健康和全人教育的重要性。

甚麼樣家庭的孩子更危險？

家庭結構的影響

學者研究發現，家庭結構和夫妻關係對青少年的心理健康影響很大。有研究發現單親家庭的學生自殺行為發生率是傳統原生家庭的 2.91 倍；重組家庭的學生自殺行為發生率是傳統原生家庭的 6.50 倍。在一定程度上，父母離婚和再婚對孩子造成的傷害是極其巨大的。

類似的研究也發現，生活在重組家庭的學生自殺意念比例最高，達到 32.3%，而生活在重組家庭的女孩子更容易有自殺意念。

獨生和非獨生子女的差異

大部分相關研究都發現，獨生子女的自殺意念、心理障礙的發生率顯著高於非獨生子女家庭。

針對自傷自殘行為的相關研究結果也具有一致性。一項內地研究發現：獨生子女組自傷發生可能性及自傷頻次均顯著高於非獨生子女組，自傷種類也明顯較多；獨生子女組心理困擾得分、抑鬱症狀得分，以及自殺意念得分均高於非獨生子女組。

從數據和研究結果來看，獨生子女有更多的自傷頻次和更差的心理健康狀況。因為獨生子女往往是整個家庭的中心，他們習慣以自我為中心。一個以自我為中心的孩子在脫離家庭環境之後，往往會出現更多的人際關係問題和情緒控制問題。但現在的父母很少會自覺關注孩子是否太過以自我為中心，更別說智慧地避免孩子自我化，而這恰恰是生命教育中最重要的一環。

那如何對治？

如果家中有一個獨生孩子並且現在還很小的話，也許真的可以考慮再生一個弟弟妹妹，這並不是開玩笑的説辭。或者，父母應仔細認真審視自己的育兒方法。

父母職業的影響

在我的生命教育班上，我曾收到一位優秀教師的求助。她是一位極其出色的省級中學優秀教師，並且被廣東的一所國際私校高薪聘用。可是對於唯一的兒子的教育，對於親子關係，她感到相當失敗和痛苦。孩子小時候學習很優秀，可是一旦開始獨立工作，自力更生，馬上如同換了一個人，處處與她作對，和她反着幹！兒子更已經確診中度抑鬱症。

一項父母職業因素對大學生心理健康影響的研究發現，父母親從事教師職業的學生心理學問題最多，高達 43.72%（而父母是教師的大學生在所有大學生中的比例只是 10.36%），其餘依次為父母是幹部職業的 34.25%，其他是 26.90%，農牧民是 21.33%，工人職業最低，是 13.62%。教師子女的心理問題發生率是工人子女的 3.6 倍。其中與自殺高度相關的抑鬱症的陽性率，教師和幹部的子女也是工人子女的 3 倍之多。

北大的心理危機干預的徐凱文教授研究發現：北大記錄在案的有自殺傾向的學生裏，父母的職業是教師、醫護、公務員的比率位列前三，佔比最高的是父母是教師，佔了 36%。其中絕大部分（94%）是中小學老師，其餘是大學教師。

另一項研究也發現：母親為教師、醫務人員和公務員這三類職業子女自殺計劃率與自殺發生率，分別是母親職業為工人的子女的六倍和十二倍之多。

這似乎與很多人的直覺相悖。那些受過最專業師範教育訓練的老師們，對自己的孩子的教育，居然會比沒有受過高等教育的務工務農的父母更容易培養出心理健康堪憂的高危子女。

結合獨生和非獨生子女心理健康的研究考慮，則可以得出更進一步的結論。

一個面對全班幾十名學生可以收放自如的優秀教師，在教自己孩子的時候，卻讓孩子和自己都陷入巨大的崩潰。也許是因為一個班上有幾十個同學，老師的關注、期盼和愛會分在不同的學生身上。但當這些東西都集中在一個孩子身上時，那個孩子很可能會因承受不了而崩潰。過去，父母把愛分給幾個孩子，大家似乎都可以開開心心地「野蠻生長」。而現在，父母再加上爺爺、奶奶、外公、外婆，他們把所有的愛都傾注在一個獨生子女身上的時候，孩子也就更容易崩潰。

也許父母對子女的令人窒息的、濃濃的愛需要一點點的智慧來稀釋或者昇華。而這樣的智慧可能還不是常人具備的，甚至是目前教育體系普遍缺失的。再深入思考，是否常人的愛往往蘊含着一些小小的執着和期盼呢？又期盼就有落空，那自然帶來失落與痛苦。

中國社會發展到今天，在現有教育體系中，對中小學生學習能力的培養，對基礎知識的積累已經做得非常出色了，甚至可以説是世界的前列（以我自己對國內外教育的體驗和經驗）。但反思前文提到的關於青少年心理健康危機的數據和研究，可能會驚覺，或許我們的教育裏缺少一個很重要的維度，一種不同於知識積累的東西，一種關注生命本身質量的教育，一種可以讓青少年身心健康茁壯成長、遠離生命危險的生命教育，我稱之為開心生命教育。

而這樣的開心生命教育是如此的缺失和迫切需要。即使是受過最專業教育訓練的老師，都不能很好地完成自己的親子教育，更不要説那

些沒有受過教育訓練的父母們，他們憑着自己的聰明、在世間的「成功」經驗和直覺，很難真正培養出一個身心健康、遠離生命危險的孩子。我在自己的育兒過程中，再對生命教育的理解和傳播過程中，愈來愈驚愕地發現，孩子們真的是很苦，這個世界真的是很苦。普通人，甚至是在社會上有所成就、充滿自信的父母們對子女的教育，尤其是生命教育的直覺，大都是錯誤的，甚至是災難性的。

教育孩子需要完全不同於平日處事的思維和直覺的另外一種方式，它是另外一種看世界的視角，一種世界觀、人生觀、生死觀！在育兒、親子教育和學校的教育中，需要多一些關注生命本質的愛，以及更多的智慧，這樣孩子的成長才有可能充滿陽光。

總　結

如今，中小學生輕生自殺問題如此嚴重，自殺又難以發現和救治，了解可能引發中小學生自殺的原因是當務之急。研究中小學生自殺遺書發現，老師和班主任往往是學生自殺指責的主體，所以學校和班主任有必要去了解和推廣生命教育，避免成為悲劇的眾矢之的。進一步剖析自殺者的心理，通過自殺意向的調研和數量歸因發現，學校老師很可能是壓垮駱駝的最後一根稻草，而中小學生自殺的主要原因來自於父母，來自於家庭關係的緊張、不完整的家庭結構、錯誤的教養方式，這些問題的積攢導致了極端事件的發生。

在某種程度上，學校的老師只是替罪羊。但從另外一個角度來說，教師班主任也是中小學生生命的最後守門人。他們的責任更加巨大，不但自己要了解掌握中小學生的心理健康，推進生命教育，讓孩子們珍愛

生命，開心成長。更加重要的是，老師要讓家長們意識到生命教育的重要性，讓家長們知道他們才是孩子身心健康遠離危機的主要原因，讓家長們參與到生命教育中來，一起呵護孩子們的健康成長。

　　此外，獨生子女和教師子女心理健康的脆弱性，反映出僅僅意識到生命教育的重要性是遠遠不夠的，還需要比較系統地了解和掌握讓孩子們開心的生命教育的核心原則和方法，這恰恰是目前師範教育體系所缺失的內容。其實，開心生命教育的理念和方法在很多時候是與父母的直覺，尤其是那些自信成功的專業人士的直覺相反。因此，很多時候父母愈「專業」，對孩子的關愛愈多，他們的麻煩愈大。開心生命教育的內容在某種程度上是需要每一個老師和家長認真學習和掌握的，這也是本書的重要性所在。

　　下一章會進一步分析中小學生在青春期的生理、心理、腦神經發育特點，以便科學智慧地對待青春期的孩子們，讓他們開心成長。

第三章

生命教育的
心理學基礎是甚麼？

　　在分析了青少年輕生的特點和原因之後，本章從最
基礎的生命教育心理學和腦神經科學基礎出發，探究孩子
在青春期的生理、心理和認知變化，了解掌握這些變化是
如何影響孩子社交方式的，從而導向突發性事件或自殺等
行為的。

　　即便是衝動自殺，也不是無緣無故發生的。從不開
心到最後的自殺，每一個輕生的孩子都走過了很長的心理
歷程。只是父母和老師，也包括孩子自身很多時候都沒有
意識到發生了甚麼。

　　本章將從心理學的角度，理解負面情緒的發生、積
攢，到最後形成心理疾病或爆發的過程。

孩子為甚麼會有負面情緒？

很多人說孩子不開心，是因為心理不夠堅強，太脆弱了，這其實是他們不了解心理學。從生物進化學的角度來看，人所有的負面情緒被保存下來，都是有原因的，並且是人存活下來的原因。

叢林中充滿了危險，如果一隻動物毫不焦慮，對甚麼動靜都沒有反應，那麼早就被天敵消滅了。所以，在進化的過程中，能夠存活下來並進化的動物，一般來說都是有焦慮基因存在的，並且在身體內部都有焦慮的反應機制，這就是心理學的應激理論。當動物在面對外在威脅的時候，為了活下來，會十分焦慮地讓身體準備好兩件事情：反擊或逃跑。

孩子們也是這樣，在遇到外界威脅之時，比如家長老師的訓斥、不認可、冷嘲熱諷等，下意識的反應就是準備爭辯，如果他們發現毫無勝算的可能性（比如父母過去太過強勢），就會選擇逃跑。但是在家裏、教室裏跑不了，現實世界無法逃避，他們就會在心理上逃跑。比如，小朋友在互動時候遇到了不想聽的爭吵，可能會大聲的嘟囔、唱歌，用自己的聲音蓋住外面的聲音，或者選擇性地把耳朵「閉上」，「你愈數落，愈嘮叨，我愈不理你，假裝聽不見」。再進一步，他們可能還會準備現實層面的逃跑，比如離家出走，或逃學。程度再次加深，就可能決定逃離這個充滿負面刺激的現實世界 —— 選擇自殺。

從焦慮到抑鬱身心變化

這些情緒反應的應激模式深深留駐在人的身體之中，刻在 DNA 裏。關於生理應激的反應路線，有一個專業名詞叫 HPA 軸（下丘腦—垂體—腎上腺）。當身體接收到外界刺激的信號，HPA 軸產生皮脂醇，

又叫壓力荷爾蒙，用來迅速的調動全身的血液和肌肉，來支持自身逃跑或進攻[1]。

這種皮質醇或壓力荷爾蒙雖然可以讓身體快速應對環境威脅，但需要比較長的時間才可以被身體分解吸收。如果長期處於壓力下，皮質醇一直無法被完全分解，那麼你的生理和心理都會受到損害。通俗來講，當一個人想逃跑或反擊之時，身體一定會接收到這種信號後，為了減少各種不必要的能量消耗，血液會迅速集中到肌肉上，不讓大腦胡思亂想來消耗能量，於是人用來處理情緒的丘腦的作用就會慢慢減弱，長此以往，這個人的大腦會一直處於萎縮的狀態。在這種情況下，人接收的情緒少了，理智思考也變少了，就會開始有抑鬱症的身體和心理表現了。

哈佛醫學院精神病學副教授 Martin Teicher 曾與波士頓兒童醫院合作，共同評估了虐待（包括語言虐待）對兒童腦結構和腦功能的影響。他發現：與沒有受過語言虐待的兒童相比，受過言語虐待孩子大腦中的海馬區體積平均減少了 6%（海馬區位於腦顳葉內）。也就是説，孩子識別和調節情感的能力變弱，進而增加了患抑鬱症的可能性。

1　HPA- 軸包括下丘腦、腦垂體以及腎上腺，是神經內分泌系統的重要部分，參與控制應激反應；丘腦 Hypothalamus 感受危險信號，釋放促腎上腺皮質激素釋放激素，從而刺激垂體 Pituitary 前葉中促腎上腺激素釋放，進而增加腎上腺 Adrenal 皮質中皮質醇 —— 壓力荷爾蒙的釋放。

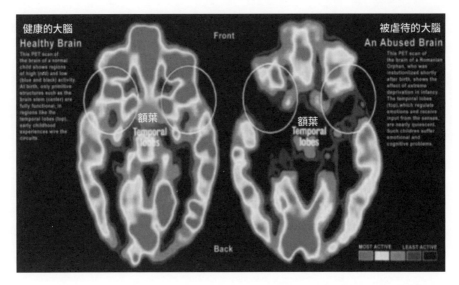

長期接收父母負面的語言，孩子的大腦會逐漸萎縮，學習變得更差。然後父母更加不滿意，對孩子的指責更嚴厲，孩子會更恐懼，繼而大腦更加萎縮，狀態更加不好，就這樣積攢到一定地步以後，焦慮就變成焦慮症，然後可能更進一步變成抑鬱症。

實際上，焦慮經常和抑鬱症一同發生。美國學者研究發現，60%—90% 的焦慮症患者都伴隨着抑鬱症。

而對於抑鬱症，很多中國家長和老師目前還不是十分了解，關注得不多。這其實已經是一個愈來愈嚴峻的，威脅到愈來愈多青少年生命的嚴重問題。

愈來愈惡化的青少年抑鬱症

據世界衞生組織報告，2020 年抑鬱症已經成為僅次於人類心血管病的第二大致死疾病。從 2005 年到 2015 年全球抑鬱症增加了 18%。2009 年流行病學的調查研究顯示，中國的抑鬱症患者達到 9000 萬。抑鬱症發病的時期則大部分集中在青春期，因為青春期是個體大腦和心

智剛剛開始成熟的重要階段，如果在這階段出現問題，往往影響個體的一生。

《中國國民心理健康發展報告》中披露：2020 年我國青少年的抑鬱檢出率為 24.6%，並且抑鬱率隨年級的昇高而上升。數據還表明，兒童青少年心理問題門診人數每年以 10% 的速度遞增。抑鬱症的發病（和自殺事件）已開始出現低齡化趨勢。目前確診的最小的患者僅僅只有 4 歲。

不幸的是，我國對抑鬱症的醫療防治還處在識別率低的階段，地級市以上的醫院對其識別率不足 20%，接受了相關的藥物治療的患者不到 10%。

世界衛生組織在 2022 年的《青少年健康的報告》指出，一半的成人精神障礙都是始於青春期（14 歲左右）。換句話說，人長大之後出現的大部分障礙，追根溯源，都是在青春期遺留的問題。

抑鬱症表現

抑鬱症也叫悲傷或快感缺乏症，患者在日常生活中興趣或快樂減少。根據《精神疾病診斷和統計手冊》，至少具有如下症狀中的四種：體重或食慾的明顯變化、失眠或嗜睡症、精神運動型遲緩或興奮、疲乏或無精力、注意集中力減弱或無決斷力、自殺的念頭或行為，並且以上必備症狀至少持續 2 週以上就可以確診抑鬱症了。所以大家不要聽到孩子說要去自殺，就以為他在威脅、恫嚇，有可能他們是生病了。

在《青少年抑鬱症的形成因素簡介》中也介紹了青少年抑鬱症狀的情緒表現：注意力不集中，容易受驚嚇；表現的非常膽小、羞怯，逐漸變得孤獨；凡事都失去了信心，自我評價過低；對周圍的人和事失去興趣、沒有愉快感；變得敏感、愛發脾氣、哭鬧、焦躁不安；部分青少年患者還會有呆滯無神、表情冷漠的表現；有責自罪感，甚至會自暴自

棄，有自殺傾向等等。

但這些行為表現往往被家長所忽略，因為他們通常只關注學習。如果孩子害怕上學，甚至逃學，作為家長不要覺得逃學是孩子淘氣，也可能是孩子壓力太大，有抑鬱症的表現。或者表達能力下降，不願意和家長同學交流，故意迴避；或者有的是變蔫了，變躁了，容易衝動，容易攻擊別人，開始離家出走，自殘行為，這些都非常值得關注的抑鬱症表現。

抑鬱症在身體上也有明顯的表現。比如，出現睡眠障礙、睡眠質量差、入睡困難，睡着後很短時間又會醒來，醒來後很難再次入睡；食慾不振、體重減輕、疲倦乏力，也有噁心、嘔吐、腹瀉等消化道表現；常常頭痛、胃痛、胸悶，甚至有時出現遺尿遺屎等症狀。

其實，抑鬱症很容易與生理疾病混淆。學者貝克在一項針對 231 例抑鬱症患者的研究發現，其中 74 例抑鬱症（32.0%）被誤症為軀體疾病。這些抑鬱症患者的 98% 會被認為是睡眠障礙；83% 會被認為只是疲乏了；75% 是咽喉和胸部緊縮感；還有食慾障礙、便祕、體重減輕、頭疼、身體疼、胃腸症狀等等。

因此，請各位家長、老師時刻留意，在青春期，尤其是初中或高中時期，如果孩子持續出現這些問題，不要以為他只是身體生病了，不引起重視，那很可能是抑鬱症的表現。如果能夠稍微早一點點發現，孩子抑鬱被緩解的可能性就會大很多。

青少年抑鬱症高發的可能原因

現在的醫學似乎還未找到真正準確的病因，如何治療確診抑鬱症的

孩子，是一件更為棘手的事。

　　從生物學角度，加拿大情緒障礙學會的醫學文獻指出，目前所知道可能引發抑鬱症的原因之一是遺傳因素，50% 經常患抑鬱症的人有家族史。腦神經學說認為大腦中的神經遞質失去平衡（單胺假說）可能與抑鬱有關。同時認為血清素和去甲腎上腺素是兩種在大腦中的神經遞質，似乎與抑鬱症的症狀有關。如果腎上腺素太多，血清素不足，就會造成長期的壓力，並導致抑鬱。現代醫學似乎還沒有找到抑鬱症的根源，但是在治標上有很多方法。

青春期抑鬱症的生化基礎

　　青少年是人生中一個複雜而又關鍵的發育時期。從生物化學角度來看，青春期的激素變化可能與青少年抑鬱症的高發率有關，其中涉及到 HPG 軸（下丘腦 - 垂體 - 性腺軸）和前文提到的引發應激反應的 HPA 軸（下丘腦 - 垂體 - 腎上腺軸）兩個神經內分泌系統的相互影響。

　　HPA 軸參與控制應激反應，調節皮質醇（壓力荷爾蒙）的釋放，迅速調動全身的血液和肌肉去逃跑或者攻擊。而 HPG 軸主要調節睾酮和雌激素的分泌，這些激素在青春期開始時會迅速增加，引起身體和心理的變化。例如，睾酮與攻擊性行為相關，雌激素與情緒變化有關。這些激素的增加也會引起垂體體積的變化，而垂體也是 HPA 軸中重要的組成部分之一，同樣在 HPA 軸中發揮着重要的作用。

　　抑鬱的 HPA 軸和青春期的 HPG 軸都有兩個共同的字母 HP（下丘腦 - 垂體）。如果垂體由於睾酮（攻擊性荷爾蒙）或是雌二醇（動情素）分泌的增加而受到刺激，那麼必然會對青少年應激過程（HPA 軸）產生影響，因為人的身體共用一個下丘腦和垂體。研究發現，抑鬱症患者有更活躍的 HPA 軸，而青少年荷爾蒙的快速變化可能會刺激 HPA 軸，這

也是抑鬱症首發在青春期的原因之一。

青春期抑鬱症的環境因素

《2022 年國民抑鬱症藍皮書》試圖尋找引發抑鬱的原因，研究從抑鬱症患者羣體中收集了 6670 份有效問卷，發現 86% 的患者認為原因是情緒壓力，68% 認為是親子關係，45% 認為是親密關係，35% 認為是職場關係。

那大部分的情緒壓力來自於哪裏呢？

藍皮書發現，因家庭關係而引發的情緒壓力是抑鬱症的最大誘因，而家庭因素裏最大誘因是親子關係。而抑鬱症的主力軍是青少年，其中 65% 的抑鬱症患者為在校學生，30% 是 18 歲以下的中小學生。

那麼青少年抑鬱症情緒壓力來源是甚麼呢？

《2022 年國民抑鬱症藍皮書》中顯示 63% 的學生患者在家庭中感受到嚴苛控制、被忽視、缺乏關愛、衝突、家暴。

一項抽取 200 份高讚知乎問答作為樣本的調查顯示：39.5% 的知乎網民認為，簡單粗暴的家庭傳播溝通方式，如對子女總是批評、打罵、訓斥、吼叫等方式，極容易導致青少年出現抑鬱症狀。24.1% 的知乎網民認為，家長對子女總是貼負面標籤、否定質疑子女，也是引發青少年抑鬱的重要原因。19.1% 的知乎網民認為，父母充滿控制慾、缺乏平等溝通、缺乏尊重、無邊界感等導致的家庭傳播關係衝突失衡，也是誘發青少年抑鬱的因素。17.3% 的知乎網民認為，家庭關係複雜、父母關係惡劣、家庭爭吵不斷的家庭傳播情境是壓抑惡劣的，它也容易引發青少年抑鬱。

抑鬱症患者的困境

低診斷率

　　抑鬱症具有高患病率的特點，但其識別率、就診率及治癒率卻很低。我國抑鬱症就診率僅 8.7%，也就是說，90% 以上的患者沒有得到有效的診斷和治療。而就診患者中只有 51.5% 使用藥物治療，接受規範化心理和藥理治療的患者更是少之又少。患者因治療費用高而拒絕心理治療的比例高達 52.90%。

高復發率

　　抑鬱症患者得到治療後，存在高復發率，這也是一件很可怕的事情。《中國抑鬱障礙防治指南》指出，重度抑鬱障礙總體復發率達 50%—85%，其中 50% 的患者在疾病發生後 2 年內復發，而終身發病率也高達 10%—15%。

高自殺率

　　抑鬱症是全球所有疾病中自殺率最高的疾病。世界衛生組織、世界銀行和哈佛大學的一項聯合研究表明，約 15% 的抑鬱症患者最終以自殺了結一生。2003 年世界衛生組織統計數據也指出，中國每年約有 20 萬人以自殺方式結束自己的生命，其中 80% 的自殺者患有抑鬱症。

公眾對抑鬱症態度

　　抑鬱症如此可怕，但大眾對抑鬱症的理解卻很令人擔憂。

為了了解公眾對抑鬱症的態度，學者溫李滔等人在 2017 年專門做個一個研究，抽樣選取 207 名廣州市民，用抑鬱症態度量表中文版對其進行問卷調查，發現大多數被調查者對抑鬱症的看法較消極、悲觀：65.7% 調查對象認為最好避免與抑鬱症患者接觸，以免自己也變得抑鬱；57.5% 調查對象認為，抑鬱症是個人軟弱的表現；41.1% 的人認同抑鬱症不是真正疾病的觀點。

我也曾遇到許多家長，他們在孩子病情剛剛開始的時候，居然認為孩子的抑鬱症狀是裝出來的，或者在孩子被確診抑鬱症後，覺得孩子在故意給自己丟臉。這樣的錯誤認知導致很多家長拒絕孩子的求助，覺得是孩子不想上學才編的藉口，甚至對於已經確診為重度抑鬱症的孩子，家長覺得精神醫生在誇大其詞，拒絕治療，拒絕住院。最終，延誤了控制症狀的最好時機，最終導致了孩子的自殺。

抑鬱症也是一種求救信號。作為家長、老師，真的要尊重孩子，留意孩子的心理健康，它的重要程度是遠超於孩子的學習，關乎孩子的一輩子。每個抑鬱症孩子的背後，都有一個生病的家庭。就現代醫學而言，抑鬱症一旦病發，是很難完全治癒的。治療的希望也在家庭，父母是讓孩子遠離抑鬱的保障，更是孩子未來幸福的希望！

青少年抑鬱症背後父母的焦慮

實際上，所有孩子的問題背後都是家長的問題。父母的愛有時太令人窒息，原本溫暖的愛變成了刀子，讓孩子深深受傷害，陷在負面的世界，讓他們的大腦沉浸在腎上腺素的包圍裏，焦慮着、惶恐着、掙扎着度日。

更令人悲傷的是，家長也總是那麼焦慮，不相信孩子可以自己成長，一定要讓孩子按照他們的方式成長。我自己有時也是這樣，不可避免地覺得作為家長和老師，自己看得特別明白，對孩子的建議肯定沒錯，都是為了他好。於是孩子就失去了他的自主能力，失去了他的自我判斷，失去了主動性。一切都在父母的安排下，孩子覺得自己是個被牽着線的木偶，是個徹頭徹尾的廢物。

那家長的焦慮又來自於哪裏呢？

心理學研究發現，這來自於家長的原生家庭。家庭的焦慮是很容易蔓延的，心理學中有個專業詞彙描述這個現象，負面情緒的代際傳遞。就是心理焦慮感或心理障礙是會從祖輩傳到父母，再傳給孩子的。這種焦慮和不安全感就是一代又一代傳下來的，家庭把每一個人都鎖得死死的。從某種角度來說，這就是命運。

家長想要改變焦慮，改變抑鬱，其實是在改變性格與認知，乃至改變命運。但在最淺的層面，或者說立竿見影的層面，首先可以從改變對孩子的態度開始，改變語言，和與孩子的溝通方式。只有把父母的這些問題解決了，才可以解決孩子的問題。

第四章

開心溝通：怎麼和青春期的孩子溝通？

為了可以有效的與孩子溝通，展開生命教育，解決各種潛在問題，本章將提出實用性的建議。開心溝通，是為了避免家長和老師們在與孩子的溝通中常犯的錯誤，建立起健康的親子溝通橋樑。本章將提供一些幾乎可以用於各種溝通情境下，解決矛盾的溝通工具。

甚麼是導致青少年衝動自殺的最後一根稻草？

前面的**數據**和研究，我們可以看到現在青少年的心理健康狀況是如此令人堪憂。我們專門做了一個近百人的老師家長調研，在生命教育中你面臨的最大問題是甚麼，一共 9 個選項。有一個令我記憶深刻的回覆，一位家長一連列了 9 個「怎麼跟孩子溝通」「怎麼跟孩子溝通」……看得出來這位家長背後的急切和焦慮。而在我看起來，溝通也的確是現在的青少年和家長、老師之間非常迫切需要解決的問題。

在前面的章節我跟大家分享過青少年自殺的特點有衝動性，75—80% 的都是衝動自殺型的自殺，那麼甚麼是導致青少年衝動自殺的最後一根稻草呢？那些崩潰和一死了之的念頭是被甚麼東西激發出來的呢？

前面案例江西九江一個小學生自殺事件，他寫了份遺書，指責班上的班主任周老師暴力他。暴力他甚麼呢，其實就是老師一天批評了他 4 次，最後一次是老師説你的本子這麼髒，難道是肚子餓了吃的嗎？同班同學哈哈大笑。就這麼一句話成了壓倒他的最後一根稻草。

還有上海跳橋的事件，一對母子開着車在高架路上，媽媽開着車不可能打他，是甚麼讓他瞬間崩潰自殺呢，痛不欲生的孩子媽媽悲傷的重複着：「我只説了他一句啊」，逝者已逝，我們已經無法得知最後那一瞬間到底是哪一句讓孩子衝動跳下橋的。

但最後的一根草往往是語言，這就是為甚麼溝通那麼重要。

父母會與孩子溝通嗎？

我之前看到過一篇文章 ——《青少年自殺：我們只看見最後一擊，

更多傷痕被深埋在他們心中》，文章描述的一個試圖自殺但沒有成功的孩子與父母的關係。父母覺得自己和孩子的關係很正常，而孩子則把「和父母交談」列為會令他恐懼的事情之一，因為每一次的交談父母機乎都會批評他，責罵他，讓他無地自容。他愈恐懼就愈想躲在自己的世界裏把門關上，表現就是沉迷於玩遊戲。而這也是父母最無法容忍的事情，於是就形成了惡性循環。

遼寧省青年研究會對 200 名中學生做過一項關於「孩子最不能接受父母的教育行為」的調查。「嘮叨」佔 44%，「諷刺挖苦」佔 26%，「打罵」佔 24%。這頭三項幾乎都是跟語言溝通相關的，並且學生對於嘮叨的反感甚至遠超於挨打。而家長很多時候似乎很不理解，嘮叨不是為了孩子，不是愛孩子嗎？那麼嘮叨是怎麼變成讓孩子們如此反感的事情呢？可能很多家長並沒有意識到嘮叨會帶給孩子這麼嚴重的心理陰影，並且很多家長恐怕也沒有意識到自己一直在嘮叨，這就是日常溝通裏特別可怕的一點，父母無意識的以為自己深愛着孩子，而在彼此溝通過程讓孩子感受到的卻是傷害。

綜上所述，最好從最直接的可以幫助孩子們避免走極端陷入危機的地方入手中 —— 溝通。

理解溝通：溝通背後隱藏着是甚麼？

溝通雖然看起來是語言，但是溝通的背後遠遠不止於語言。普羅克特和阿德勒的《溝通的藝術》一書指出，每一次的溝通或者信息交換都涉及兩個維度：內容和關係。內容向度是指明確討論的信息：如「今天有甚麼作業？」「可以吃飯了」；關係向度則是除了這些明確的內容，所有的信息都帶有關係向度，也是你心中和對方關係的呈現。比如對對方的感受：你喜歡或不喜歡對方、位居主導或者屈於從屬、自在或焦慮等

等。例如，即使只是簡單地在說「哦，這次考了 98 分！」也可能以不同方式傳遞出各種不同的關係性信息。

讚歎：「這次（居然）考了 98 分？」

不滿意：「這一次（才）考了 98 分啊⋯⋯」

心不在焉、無所謂：「這次考了 98 分。」

溝通背後是甚麼？溝通是因為兩個人的關係，或者兩顆心之間有隔閡，所以需要疏通、溝通。

前面章節提到過在家庭關係／親密關係中一個最重要的婚姻拐點，親密關係出現問題往往都是因為語言。夫婦之間的親密關係破裂跟親子關係破裂幾乎是一致的，都是因為瑣事上的溝通問題。看起來也沒有甚麼驚天動地，就是在家裏待着動動嘴就發生了。同樣，有效的親子溝通能讓孩子喜歡你，沒有智慧的溝通也能讓孩子崩潰掉。這背後其實最重要是在溝通中呈現的兩人之間的關係。

家長內心都是希望孩子好，希望表達對孩子的愛。沒有說跟孩子先天有仇，要通過語言傷害孩子的父母。那麼如果內容維度沒有甚麼問題的話，那是甚麼出了問題呢？關係維度出了問題！

父母跟孩子的溝通其實也反映出其與他人的溝通方式和彼此之間的關係，也反映父母自身的世界觀與價值觀。親子間溝通出了問題的時候一定是關係出了問題。總的來說，溝通的本質其實更多是關係問題，是情緒問題，是世界觀、價值觀的問題。

如此看來，溝通障礙就是關係的障礙。而解決關係的障礙，這是一個比較大的工程，父母可以選擇從溝通的角度入手，從這最直接的層面來了解如何在最表淺的層面上能夠先修復這樣的障礙。

孩子為甚麼現在有話不願意跟我說了？

知道了溝通的本質以後，下一個問題就是孩子為甚麼到了青春期之後有話不願意跟父母說了？好像以前小寶貝還叨叨個不停，現在愈來愈不愛說了，尤其是進入了青春期以後，或者更早就開始不願意說話了。然而這是甚麼原因呢？很多人對此感到苦惱。

首先祝賀家長，這是一個很好的父母，關心跟孩子的溝通狀況。因為有很多的父母不是特別在意與孩子是不是有好的溝通。其次依然要恭喜家長，因為這意味着孩子長大了，所以以前跟孩子溝通的方式已經不再有效了。其實溝通是雙向的，在孩子小的時候的其實根本不是溝通，而是單向的，一般都是保護性，指令性，或是命令性的。而孩子成長以後，親子溝通方法一定要昇級了，親子關係的理解也要更進一步了。

同時這也是一個特別重要的信號，如果父母發現孩子不太願意跟自己溝通，那麼就應該要了解更多關於溝通的原則和方法，想辦法能夠重新跟孩子建立新的溝通方式。如果因為孩子的不主動，父母就不溝通了，那是有一定的危險性的，尤其是對親子關係而言。

那麼是不是到了青春期，孩子才不願意溝通或者說就沒有溝通的願望了呢？其實不是，很多人對青春期有很多的誤解，比如叛逆，比如經常生氣等等，其實這都是誤解。青春期的孩子和其他年齡段的孩子其實沒有甚麼本質的區別。

德州大學心理學教授，Vangelisti 在一項試圖研究親子溝通問題的研究中，通過運用開放式問卷，要求青少年描述與父母溝通時出現困難的情境，並寫下當時與父親／母親之間的對話，然後對青少年的回答進行編碼。結果發現：青少年與父母的溝通問題之一便是缺乏溝通，而青少年與父母間是有強烈溝通需求的。

在素質教育家長課題組的一項研究，研究題目是「你希望爸爸媽媽為你做些甚麼事情？」研究對象是中小學生，結果孩子特別希望的是父母能夠多了解自己一些，能夠經常在一起聊天。

由此可以看出，很有可能孩子們在和父母的溝通中發現他不但得不到甚麼，反而還有可能受到數落和嘮叨的困擾，因此就選擇關掉溝通的渠道。而如果繼續缺乏有效的溝通，孩子未來就會產生很多的問題。

所以如果發現孩子不再願意溝通了，這其實意味着是父母要去學習和調整溝通方式的時候了。這是一個危險的紅燈信號，對孩子的未來有可能是一個負向的轉折點。

溝通的重要性

人類是社交性的動物，溝通幾乎是所有人類不管歲數不管階段都極其重要的需求，無論是心理層面還是生理層面。《溝通的藝術》總結了溝通在人的生命中具有幾個重大作用：

首先是生理需求。有醫學研究表明，社交孤立的人比社交活躍的人，有更高的心理疾病的可能性，有超過 2 到 3 倍的概率早逝。

其次是社交需求。有效的人際溝通與快樂之間，具有很緊密的聯繫。很多時候，溝通不暢是導致關係破裂的元兇。

還有認同需求。每個人都需要通過觀察別人對自己的評價，來了解「我」是誰。人是在和他人的互動和反饋中建立自我認同的，如果不和他人溝通，我們將無法知道自己是誰。沒有得到認同需求的個體會產生心理焦慮。童年時接受的信息是最強烈的，他人對我們的影響則會持續影響我們的生活。

最後是實際目標的需求。人是社會性動物，在生活和工作中，都需要溝通這個工具來實現我們的目的。

所以溝通跟我們的生死相關，跟我們的壽命相關，跟我們的快樂相關，跟我們是不是焦慮相關。所以如果孩子不跟父母溝通，或者父母不主動地跟孩子溝通，那麼對於青少年來說會有甚麼樣的影響呢？其中一點就是會影響到每一個家長和老師都關心的學習。

缺乏有效溝通對孩子未來有些甚麼影響？

影響學習表現

學者辛自強在研究小學生學習不良的原因時發現：學習不良的兒童的家庭在親子溝通維度上得分明顯低於正常兒童家庭平均得分。這些得分低的孩子，往往不能像一般的兒童那樣清晰表達自己觀點，也不具備一般孩子那樣較好的溝通技巧，所擁有的平等溝通的機會也不多。這些孩子的家庭往往是在親子溝通上有問題，而這個問題不僅讓孩子在學習上受到影響，在社交上也會處於不利地位。對於很多的孩子來說，學習和社交是他們在校期間最重要的事情了，如果這兩件事情他們都處於劣勢地位，那麼青少年的心理成長或心理健康就有可能出現障礙。

首都師範大學的王爭豔教授也曾經進行過在一項關於初中生的親子溝通和社會適應關係的研究中，分別對初中生和父母、老師進行了測查，收回有效問卷 406 份，這些調查數據顯示同樣發現：親子溝通的質量直接影響了學生的學業成績。

而很多家長都沒有特別重視這一點，總是通過直接監督、督促孩子做作業、補課或補作業等方式希望提昇孩子學習成績，這往往不僅讓孩子崩潰，家長也崩潰。

影響未來社交關係

學者房超在《父母 - 青少年親子溝通的研究》一文中也提到「中外學者對親子溝通與青少年的心理發展之間關係的研究得到了較為一致的結論，即父母與青少年之間的溝通是與青少年的社會適應相聯繫的。」孩子將來走向社會能否很好的與人交往、工作，能否事業成功，都與親子溝通直接相關聯的。文中還總結到「大量研究比較一致的發現：良好溝通與青少年的學業成就、自尊、心理健康表現呈正相關；親子溝通障礙與青少年的孤獨、抑鬱表現呈正相關。」

荷蘭學者 Burgess、Sandy 等人研究也發現，家庭溝通的頻率與質量與青少年的自尊、一定的心理健康和社交應對策略的類型有正相關。

世衞組織在 2022 年發表的一項研究表明，青春期是個體大腦和心智成熟的最重要階段，這個階段如果沒有得到充分的成長，比如因為溝通或各樣其他原因出現問題的話，這個問題很有可能會持續一生。世衞組織研究還發現有 50% 的成年人精神障礙都是始於青春期，平均是在 14 歲左右；並且大部分人在青春期出現這種病症時往往沒有被發現或得到治療。美國國家精神健康研究所的報告顯示，近 11% 的青少年有抑鬱症，近 8% 的青少年有焦慮症，但其中只有 18—25% 尋求治療。中國的數據暫時未見但推測應該更低。

整體來說，父母和青少年之間的溝通狀況不容樂觀，特別是父親和青少年之間的溝通尤其缺乏。學者房超曾提到：只有不到 25% 的青少年經常與父親溝通，與父親溝通每週只有 1 小時的青少年佔到了 42.6%。而青少年普遍認為與母親的溝通比與父親的溝通更令人滿意。

親子溝通中常見的問題

如今，很多人說做父母真是難。的確，孩子太脆弱了，語言又具有

如此巨大的殺傷力，很多所謂的壓死駱駝的最後一根稻草都是因為溝通引起的。語言暴力可以説是比打罵還嚴重的虐待了。嘮叨的傷害力，一點都不亞於打罵

嘮叨，比打罵還嚴重的虐待

根據密歇根大學的伊森・克羅斯博士的一項實驗：當一個人受到語言暴力攻擊，他的情緒疼痛在大腦區域反應，痛感和身體疼痛極為相似，且疼痛級別幾乎相同。也就是説，當父母辱罵自己孩子的時候，孩子情緒上遭受到的創傷，和身體受到傷害的疼痛程度不相上下！

嘮叨是甚麼呢？嘮叨是父母對孩子的關心，是一種深切的愛，強烈的愛。但愛為甚麼會出了這麼多的問題呢？

我曾經在課堂上讓父母們想像一下與孩子一天的對話場景。

起牀的時候為了讓孩子多睡覺，父母經常要到最後一刻飯都做好了才去叫孩子吧。孩子早晨起來總有點起牀氣，父母就會開始嘮叨

「快起牀，時間不早了」或是「多穿點，別凍着了」。

吃早飯時嘮叨「已經晚了，吃的還慢，還在那挑食，快吃！」

接下來出門去學校「快點，別老是拖拖拉拉」「檢查下書包，東西都帶了嘛」。

到了學校門口，「好好學習，別貪玩」「乖一些，別搗蛋」。

晚上放學回來，第一件事情就是問「下課回來了？」「今天怎麼樣？被老師説了嗎？被同學欺負了嗎？作業做了嗎⋯⋯」

最後陪着孩子做作業就更是嘮叨不停，直到晚上孩子睡覺，才結束一天的嘮叨。

臨近考試，父母的嘮叨更是嚴重。我還記得一段真實的對話：

「媽，我今天在學校裏發生了很有趣的事⋯⋯」

「你和你同學不學習是嗎，還有時間開玩笑！」

「爸，我剛看到一個很有意思的新聞，裏面説……」

「你還有時間看手機，學習都這樣，還看手機！」

這時孩子會怎麼想？難不難過？煩不煩？還是否願意與父母溝通？我曾經在網上看到過一個孩子的留言説：「我可真傻，每天為了討好你們這種父母，給你們講同學的事情，而最後都變成了你們數落我的理由和攻擊我的武器！」他用大大的黑體字寫出來這句話，他試圖討好父母，給他們講各種事情，但父母關心的卻是只有學習。好像如果學習不好，那麼所説的任何事情都會轉過來變成父母的武器，來傷害自己。

電視台曾經有一個新聞，一個 25 歲的男子報警説殺人了。出警之後發現沒有人受傷。報案的男子説我很可能馬上就把我自己殺了。警察讓他克制自己不要謊報案情，那人就説我就求你們一件事，把我帶走吧。然後坐在警車上，説「我剛沒謊報，我真覺得馬上就要殺人了，就是我媽把我逼的。晚上吃完飯我在那看手機，我媽就一直在嘮叨這手機的事兒。」民警就勸説一句，「你這小夥子都 20 多歲了，有啥不能忍的，再説做媽媽的哪有不嘮叨的。」那位 25 歲的男士嚎啕大哭，他説：「你不懂，她不是一般的媽，你的十個媽都比不上我這一個媽。我媽一開口我腦袋就嗡嗡的想要爆炸。」他的母親無法停止嘮叨，他覺得家裏比監獄都可怕，讓他完全處於崩潰的邊緣。只好需求警察幫忙，寧願住到警察局。

其實，父母的嘮叨都是為了孩子好，但唐僧型父母的嘮叨確實是傷害孩子的武器。而且一般父母在嘮叨的時候往往處於焦慮狀態，看似苦口婆心，但往往是重複性的負面的抱怨、責備或訓斥。

溝通學裏有個法拉賓法則（或者簡稱為 541 法則）：被對方接受到的信息，五成是你的態度，四成是你的語氣，只有一成是內容。面對父

母的嘮叨，孩子感受到的往往是父母負面的情緒、父母的不信任、父母對自己的討厭。

父母為甚麼會嘮叨

父母嘮叨或數落孩子很常見，是何原因？是否存在一些規律呢？

我曾經接觸過很多抑鬱症孩子的母親，與他們有深度的溝通。我發現一個規律：有兩類父母最喜歡嘮叨，一類是特別沒有安全感，特別焦慮；另外一類是極度有安全感，非常自我。

其中一類，是夫妻關係出了問題的或者已經離婚的，父母和孩子多多少少都有些心理問題的。前面提到過離異家庭孩子的自殺率是普通孩子的 2.9 倍。不少父母（母親居多），因為夫妻關係不融洽或破裂，把所有的心思和期望都放在了孩子身上，太高的期望，在自己內心積攢了很多的焦慮，而父母的這些焦慮是很容易傳遞給孩子的。

究其原因，焦慮的背後本質是甚麼？從心理學的解讀大都可以歸納為心理的不安全！我見到的抑鬱症患者和他們的父母，大部分都有不同程度的心理不安全感。

另外一類是家庭關係尚可，但是父母由於性格或者職業關係，十分的自信或者自我，比如有些教師、高管、企業家⋯⋯

跟大家分享一個我的糟糕案例。我也是老師，也研究教育心理學和親子教育。我曾經認為自己很知情達理，很有邏輯性，很有理性，肯定不嘮叨。但是幾十年來，我被企業家和學生們，至少在表面上捧得高高的，讓我也是高度的自信。尤其是我這一輩子的讀萬卷書，行萬里路，特別自信。但這也有可能變成災難。

女兒喜歡哲學，哲學可是我積攢了一輩子的強項，並且我自己就講哲學的課程，我恨不得將我畢生的所學所悟都傳給女兒。一天，女兒高

高興興地從圖書館借了一本很厚的書——《東方主義》，翻了一下目錄，我就發現問題了，隨口告訴女兒後並表達了一下自己的觀點。這裏面怎麼會沒有佛家思想，巴拉巴拉巴拉。結果女兒低頭不語，於是我又換了一種方向又說了一遍。猛然女兒抬起頭來說：「你不要說了好不好？關於這個事兒，你已經跟我說過很多次了，這本書是我選來的，我就不能按照我的興趣來了解西方人眼中的東方思想，他們是怎麼想的嗎？為甚麼一定要是你的哲學觀念？」看着眼淚汪汪的女兒，當時我就特別震驚，我想我怎麼會在女兒眼裏變成了一個嘮叨的父親呢。

因為我太熟悉哲學了，我太想把我知道的東西灌輸給女兒了，於是不知不覺當中我就成了那個令孩子們十分討厭的嘮叨的人了。當我再進一步反思，讓我作為一個好老師的那些素質，如果不假思索地用在親子教育上，就會給孩子造成很大的心理壓力和焦慮。比如在上百人的課堂，需要我完全把控，高效地完成我每一個課程、每一堂課的計劃。但是如果將課堂上的把控和高效用在親子教育中，放在一個孩子身上，孩子很可能會被高效壓得喘不過氣來。

我自己在熟悉領域裏面廣泛地閱讀，深入地思考，形成對自己思維體系的自信。但如果用自己的思維去衡量，試圖讓孩子少走彎路，就會嚴重阻礙孩子用他們自己的方法探索世界，遏制他們形成自己思維體系的主觀能動性和扼殺他們的探索的好奇心。其實他們真的需要一個「標準」的答案嗎？我的答案就那麼標準嗎？

也有的時候，因為我作老師時教過許多 EMBA 學生，也許因為太熟悉自己的課程內容了，常常在這些成年學生剛剛開口提問時，就猜到他想提的問題和產生問題的原因。這令我在 EMBA 幾十人的課堂上可以高效地處理很多學生的疑問。可是當我將這個方式用在孩子身上時，這種對成人的犀利態度，反而會變成災難。常常發生在孩子還沒有表達

完，我就開始自以為是地說教。而這些說教有的時候根本不是孩子關注的，甚至讓孩子覺得自己完全沒有受到重視。

通過這些反思，我似乎也可以理解為甚麼很多從事教師、企業家、幹部等職業的家長，會帶給孩子高壓，甚至崩潰。

親愛的讀者，你有沒有類似的經歷？你對子女的溝通有沒有類似的問題？

父母經常使用的語言類型

其實，父母對自己的評價跟孩子對父母的評價差別是很大的。上海交大王冬燕老師的一個調查報告：45% 的父母以為自己跟孩子的相處是非常理性，非常民主的；但是只有 14% 的孩子是這樣認為的。也就是說父母在教育孩子的很多時候，用了很多自己並不是自知和自覺的方式。

管教方式	孩子報告	父母自我評價
搖擺：對孩子（你）的管教態度飄忽不定，時而嚴格，時而溺愛	42.86%	40.94%
溺愛：對孩子（你）比較溺愛，滿足各種需求	22.45%	0.58%
平等：以朋友身分與孩子（你）相處：理性且民主	14.29%	45.61%
忽視：對孩子（你）缺乏關注	12.24%	1.75%
專制：需要孩子（你）絕對服從自己	6.12%	8.77%
其他	2.04%	2.34%

當然了，還有一種高級的嘮叨法，看起來很可愛的嘮叨，有一個網絡故事：

回家洗個臉，我媽還一直站後面監控指揮：

「……眼角！鼻角！嘴角！！打洗面奶啊你倒是！……

多打點！你那臉根本洗不乾淨！……

再搓一下！再搓一下！……

你想把臉搓爛了還是幹啥？？沖水！沖水！行了行了你別浪費水了！……

是不是把拖鞋弄濕了？（我沒有）……

洗個臉拖鞋整得呱呱濕你還能幹啥？？？你怎麼不餓死在外面啊！！！！……（然後一堆翻舊賬，可我都 40 歲了啊！）」

還有一段很短的對話，幾乎是親子溝通問題大全。這是一個真實的案例，並且這個孩子已經重度抑鬱了。對話的背景是孩子平時都用電腦學習，但前一天電腦壞了，所以拿了 iPad 用，正好上網課時正在搜索單詞，用手機做題。結果他媽媽剛進家門看到他拿着 iPad，就開始破口大罵：

「一天到晚就知道上網玩！」（剛要解釋，下一句就來了）

「整天醉生夢死沒有規劃，不好好定目標，你看那誰誰誰就很好，有自己的規劃……」

「我為了你搭上了一切，房子都是住小的。結果你呢長大了也是啃老找不到工作，研究生肯定也不會考，一輩子就是下等人！」

這段嘮叨，幾乎中了暴力溝通所有的問題，長此以往，孩子怎麼會不抑鬱呢？

上海交大的王冬燕收集了 171 位父母，49 例學生關於家庭語言使用的調研發現：父母的感情綁架，這是最要命的一件事情。

使用的語言暴力的類型	例如	比例（孩子）	比例（父母）
盲目攀比型	你某某某，這次又考了第一，你呢？	53.06%	32.75%
貶低壓抑型	你根本不是讀書／畫畫／彈鋼琴的料！	36.73%	15.79%
威脅恐嚇型	你再不改正的話，我不管你／不要你了。	26.53%	50.88%
抱怨哀求型	求求你讓我們省點心行嗎？	22.45%	25.73%
強迫關懷型	反正我盡到家長的責任了，你愛學不學。	18.37%	38.01%
侮辱諷刺型	你怎麼這麼笨？豬蹄子！沒用的東西。	18.37%	30.41%
沒有使用暴力語言		0%	8.19%

表格中這六種語言暴力類型是父母特別要留意。比例最高的類型是盲目攀比，佔比 53.06%；第二個是貶低壓抑型，近 37%。然後是威脅恐嚇型，再往下是抱怨哀求型。但父母通常不這麼認為，他們認為自己在溝通中用得最多的方式是威脅恐嚇，然後是強迫關懷，然後是盲目攀比。

這六種類型的語言冷暴力都是父母的嘮叨，孩子從小到大一直被嘮叨。而這種嘮叨根本就不是溝通，這叫單方的宣洩，家長往往憑藉自己的輩分、年紀、經驗、專業等說教，孩子不聽也要聽。久而久之，孩子

只好在沉默中反抗，敬而遠之。

所以說孩子不溝通很有可能根本就不是孩子的問題，而是父母不會溝通，只會嘮叨。雖然出於愛，但沒有方法技巧，就都變成了對孩子的傷害。這樣的語言，這樣負面的嘮叨，對孩子的身心影響巨大。當一個人覺得受到了攻擊時，就會有壓力，有壓力就會焦慮，對於不確定的事情就會緊張不安、憂慮煩惱，進而引起一系列不愉快的複雜的心理和生理情緒反應。煩惱過去，擔憂未來，惶惶度日，惴惴不安，孩子的身心健康會受到很嚴重的影響。身體上，心跳加速，肌肉繃緊，呼吸急促，壓力和焦慮積聚；心理上，神經緊繃，心扉難以敞開，感覺不開心，長久的不開心就會出現各種各樣的問題，大爆發隨之而來。

青春期的孩子不願意與父母溝通，並非青春期叛逆，而是父母作為家長沒有真正的跟着孩子們一起面對成長所帶來的問題。因為父母沒有跟上孩子到了青春期以後的一系列變化，還沉浸在負面的教育裏。所以父母要改變愛的方式，在愛中增加智慧。

如何在愛中增加智慧呢？

上策：解決自己的原始家庭問題；中策：用術，即下文會提及的開心溝通的技巧；下策：管住自己的嘴。

當載有新信息的語言第一次講出時，對大腦刺激最大、產生的印象最深。當同一內容反覆次數太多，就會使大腦皮層產生某種抑制，自動關閉其接受系統。簡而言之，父母愈是說得多，孩子愈是「聽不見」。記住不過度溝通原則：一鼓作氣，再而衰，三而竭；一遍是金，二遍是銀，三遍就是零。

家長們千萬不要以為只要是出於對孩子的愛，就可以多數落幾句、嘮叨幾句。一定不要濫用對孩子的愛，愛是需要有智慧的，愛的溝通也是需要有技巧的。否則，滿滿的愛很有可能就變成了孩子滿滿的焦慮和

各種各樣的身心問題，尤其是抑鬱症問題。

溝通心理學：孩子為甚麼容易發火？

很多家長都說：「不是我不想做好溝通，是一溝通，孩子就生氣……」

為甚麼青春期的孩子在溝通時很容易生氣呢？

了解孩子的大腦發育過程就能明白，孩子從出生一直到 20 多歲，大腦一直處於不斷發育的狀態。下圖從左到右分別是 5 歲、9—12 歲、青春期（13—19 歲）、20 歲的人腦發育圖。各個部位發育的時間存在先後之差。正是這種發育上的不均衡，造成了青春期孩子常見的「情感」與「理智」之間的矛盾。

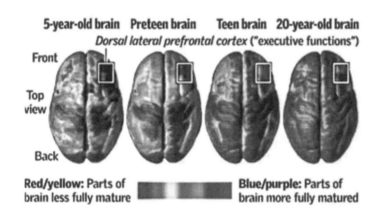

一般來說，大腦成熟過程是從裏到外的，先是裏面的情緒腦——邊緣系統，由海馬和杏仁核構成，感知危險、情緒，感受獎勵。這部分一般在 15 歲以前就發育成熟。隨後是最外面的理智腦——前額葉皮

層，避免衝動和危險行為，到 25 歲左右才成熟。而人在 25 歲之前，理智腦還未成熟，喜歡冒險，容易情緒化、衝動、不計後果。因此，當同樣面對同等程度的負面情緒，成年人可能會理性地尋求心理諮詢師的幫助，而 15 歲孩子可能會想跳樓來結束痛苦。

當孩子的邊緣腦 —— 爬蟲腦，猛然發育成熟以後，一旦受到外界刺激，尤其是憤怒的時候，成年人的理智有時幾乎降為 0，而孩子由於前額葉皮層還沒有發育成熟，其理智幾乎是負的。

孩子的大腦裏有一塊特別重要的區域，它是自我的大腦發育，就是有自我意識的大腦發育。當孩子開始進入社交場合，一旦周圍人變多了，這個區域就特別活躍。孩子進入青春期之後，這個區域發育成熟，就開始有自我的意識了，他們會思考自己與周圍的關係，自己與世界的關係。這時候孩子就會更加在意自己在別人眼中的形象，一旦覺得形象受到破壞，基於十分衝動的生理特點，因為一點小事孩子就會爆發，就會炸毛。因為青春期的孩子，睪酮素會增加，導致個體更容易衝動，一件小事會變成天大的事。如果當着很多人的面羞辱了一個孩子，毀壞了他的形象，這就相當於要了他的命，他很可能會崩潰、瘋掉，一旦衝動起來，不計後果。

如何與青春期青少年溝通？

那老師和家長如何面對青春期的孩子呢？

很重要的一點是降低對理性溝通的要求，不要被孩子無法控制的態度、不耐煩的頂撞所激怒，不要失去理智。假設雙方都喪失理智，那事態會急劇惡化！因此，一定要冷處理，事後處理。千萬不要態度掛帥，不要先處理情緒，而要先事情，後情緒。面對刺激，保持理智和平穩的情緒，於老師和父母而言，是一種很高的要求了。

當孩子情緒上來的時候，請牢牢記住，永遠不要管他的情緒，只要情緒沒有產生破壞性行為，先容忍他的情緒，不要當面上綱上線。一定要給自己一個分離，默唸一句：「孩子的路要自己走，坑也要自己跳」，因為老師和家長是沒有辦法幫他避開每一個陷阱的，唯一能做的就是讓孩子自己慢慢冷靜下來。即使需要批評孩子，也一定不要選擇公共場合。

實際上，所謂青春期叛逆根本不存在。如果家長與老師從來都是平等對待孩子，在孩子有了自我意識以後，也把他當作一個成年人來尊重和對待，平等地對話，而非一如既往以保護式或說教命令式進行溝通，就會發現，即使是青春期，溝通依舊和諧順暢。

很多時候家長和父母不明白為甚麼孩子會輕易選擇自殺，如此不敬畏生命。那是因為孩子的生命和成長也沒有得到相應的尊重。長輩們往往沒有敬畏孩子生命的成長，沒有敬畏他變成一個大人的過程，依然用對待小寶寶的方式去對待一個在成長的大人。

所以，學會溝通的第一步，請敬畏孩子的生命與成長吧。

開心溝通的工具

所有教育都有一個核心目的：一切為了孩子的成長和幸福。

能夠達到這個核心目的的工具就是：通情達理。這四個字包含兩個步驟：先通情，後達理。同時，從我開了幾十期的《開心經營》的課程體系裏面，我還創造性地開發出了一個親子溝通的工具叫「事情需」，這是非常重要溝通祕訣，它幾乎可以解決親子教育中的大部分災難。

也曾有人提議可以在孩子入學時組織心理檢查，但實際上如果孩子檢查出有抑鬱症的話，很多家長和孩子會選擇刻意隱瞞，因為害怕學校勸退孩子或者擔心孩子被歧視，所以根本不會主動填報，甚至還可能反向填寫。因此，組織篩選的方式可能行不通。此外，很多孩子的抑鬱症

是相當隱蔽的，所以當自殺事件發生時，很多老師和父母會特別震驚：
好好的孩子怎麼突然自殺呢？

開心溝通的本質是甚麼

從字面含義，溝通指的是開溝使兩水相通，就是拿掉中間的阻礙。
溝通是要達到人和人思想的交流，透過言語表達與意象的傳遞，使雙方
可以相通。一旦相通則交流可以順暢，進而形成和諧的合作關係。而妨
礙雙方相通的因素很多，比如來自原生家庭的差異、內心看法、價值觀
的不同，彼此利害關係等等，使得雙方對事物的看法不同。

究其原因，溝通之中的障礙實際上是人與人之間心的障礙，心的隔
閡與距離。所以良好的溝通特別重要的一點就是心要打開，心打開之
後，兩個心才能走得近一些，溝通才會順暢。這就是我提倡開心溝通的
重要原因。心若不開，兩個在不同意識狀態、精神狀態和情緒狀態中的
人難以達到一致，他們只能是溝而不通。

所謂通情達理，通就是指溝通，要通情才可以達到道理。如果能夠
做好通情達理，其實我們並不需要時時刻刻都溝通。就像兩個心意相通
的戀人根本不需要多說話一樣，相視一笑就知道對方所思所想。

溝通動機理論

溝通是一種行為，所有的行為背後都有動機。社會學家 G·霍曼斯
從人類關係角度理解溝通動機，他認為是當一個有機體有了某種需求的
時候，就會傾向於采取一些行動、手段、語言等來滿足這個需求。而隨
着人類社會分工愈來愈細，我們絕大部分需求的滿足都來自於他人，所
以需要與他人溝通，以滿足彼此的需求。此外，基於個體的心理差異，

也就是一個人在人生道路上凝聚形成的獨特心理底線結構，決定了人認知行為模式的差異。而只有通過有效溝通和交流，才有可能彌合人與人之間的巨大分歧，從而消除矛盾，避免衝突！實際上，溝通是互惠互利的，只有如此，交往溝通效率才會更高，才可能更持久。

溝通的背後，往往存在着未被滿足的需求。那人又是如何傳達需求未被滿足的信息呢？小孩子剛出生的時候，不管是不舒服了，還是渴了餓了，只要需求未被滿足，一切的表達方式就是情緒的爆發 —— 哭，進而引來父母的關注。但哭這種不充分的溝通方式，效率不是很高，需要父母去猜測，有經驗的家長猜對了，會滿足嬰兒的需求，比如尿了就趕緊把尿布換好，孩子的需求得到滿足，正面情緒發生，就不哭了。而如果哭聲引來的人是沒有經驗的家長，他有可能會從頭到腳檢查一遍可憐的寶寶，依然不知道為甚麼哭，二者差不多都要到了抱頭痛哭的地步。於是經過這一系列苦難，嬰兒開始學習一邊哭一邊試圖指手畫腳的表達，或者稍微控制一下情緒，咿咿呀呀的開始表達。

很多成年人依然保留着嬰兒時期的習氣，當需求沒有得到滿足的時候，雖然不太好意思嚎啕大哭，但也會用負面情緒來表達。

從心理學來說，最難控制情緒的階段就是青春期，因為青少年時期有非常多強烈的新需求。青春期大腦前葉的發育導致了自我意識的覺醒，而這種獨立自主會變成一種強烈的心理需求，但父母通常沒有意識到孩子的這種轉變。孩子的要求高了而父母沒有跟上來，他們的更多需求沒有得到滿足，孩子就會有很多很大的情緒。

成年人有時脾氣也比較大，容易莫名其妙的生氣。比如，早晨剛起來人脾氣會比較差，晚上睏了睡不着覺脾氣也會比較差，路上堵車會有情緒，餓了找不到餐館也會有情緒，孩子鬧了會有脾氣，不被理解不被接受更會有脾氣等等。其實成年人的情緒起伏，尤其是負面的情緒也是

因為需求沒有得到滿足。情緒是最直接表達需求的非語言方式，它能推動內在行動動機的產生，當中的行動也包括了語言溝通。但是情緒也是把雙刃劍，它一方面引發溝通，另一方面也往往成為溝通過程中最大的障礙。因此，溝通的一個最重要的課題，就是學會跟情緒打交道。

開心溝通的三層模型

下圖是我獨創的開心溝通的三層模型工具，叫「事情需」。模型最底層是看得見摸得着的東西，這一層名為「事件」，其指語言、行為及溝通。第二層是情緒，指任何語言或行為背後都有的情緒。第一層則是需求，生理的或心理的、顯性的或隱性的需求。

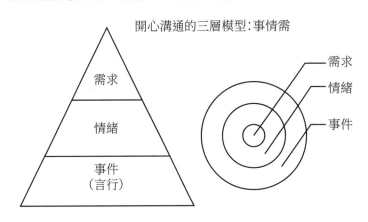

開心溝通的三層模型：事情需

三層模型從低到高，也可以對應人類的三腦結構，從外往裏看，最外圍是看得見摸得着的事件，往裏一圈是情緒，最裏面最核心的則是需求。也就是說我們是有了需求才會產生情緒，繼而產生了行為，最終導致了事件的發生。當我們掌握了這個結構，很多問題就迎刃而解了。

2017 年諾貝爾經濟學獎獲得者理查德·泰勒在他的《「錯誤」的行為》一書中對「理性人」假設提出了全面批判，他認為人類的大腦和神經系統不完美，缺乏完全理性的客觀基礎。經濟活動中的主體，不是理

性的經濟人，而是受各種情緒甚至偏見影響的普通人。

認識到了情緒對於行動影響，我觀察人類的表達方式，發現溝通也是有三個層次的：事件層面的溝通糾纏於事情的對錯；情緒層面的溝通糾纏於彼此的情緒；需求層面的溝通則專注於滿足彼此的需求。

那親子溝通是停留在哪個層面呢？

實際上，很多有問題的親子溝通都停留在事件層面。而事件層面上的溝通很容易出現「這個事的結果不符合我的感受、我的價值觀」「這事不對」「這事不應該這麼做」等情形，很容易就糾纏在事件的對錯上，從而產生很多的矛盾。但事情的對錯往往因人而異，不同的價值觀、不同的判斷標準就會有不同看法，難以達成一致，而且糾結於此沒有太大意義，只是平添煩惱。

反之，如果能在情緒層面了解彼此，再通過情緒發現背後的需求，滿足彼此的需求，那溝通就會非常順暢。但一般人很難迅速分清楚事件和情緒，大部分人將二者完全混在一起，就像有的人習慣於就事論事，一定要講道理，但另外一些人可能只想講感情，不在一個層面上的溝通，自然是達不到溝通的目的。

如此不同層面的溝通很容易陷入一個循環：他人的行為和語言，令我們產生了情緒，而情緒的背後是未被滿足需求。一旦我們意識不到自己的需求，不知道情緒來自哪裏，那麼由此產生的情緒又會引發下一個行為，如此惡性循環，自己和他人的情緒都攪在一起，像滾雪球一樣，麻煩就會愈來愈大。

更糟糕的是，需要溝通的時候，往往是需求沒有得到滿足，所以這個時候我們自身的情緒往往是負面的，關注的也是周圍對自己可能有威脅的負面情緒。然後，在負面情緒下，我們的溝通方式往往是批判他人，否定他人，給他人貼標籤，給他人下命令。原本兩個平等關係的個

體，立刻就出現了強勢與弱勢的分別。尤其是青春期渴望被平等對待的孩子，面對家長和老師對他的評判、不認可及下命令，他感覺到的都是壓迫、威脅，然後本能地做出動物炸毛的姿態，準備反抗。而父母這時候更可能只看到對方的缺點、不聽話、亂發脾氣等，完全忽略了孩子情緒的來源和背後的需求。於是這種負面情緒引發連鎖反應，像核裂變一樣，愈演愈烈，最終的結果傷了孩子，也傷了父母。

如何與孩子開心溝通

甚麼是最好的愛？

如果前方有一條我曾經跌得面目全非的路，

而你卻執意想要去，

我希望我愛你的方式不是拼命拉住你說不要去不能去，

而是給你準備最耐穿的鞋子，

備好雨傘，

告訴你第二個路口地很滑，

第五條街道上有小偷，

告訴你回來家裏有飯，

我想最好的愛應該是我愛你，而你是自由的。

——龍應台

認可孩子的情緒

父母們可以模擬一下這樣的場景：一天，你正在上班，突然被老師叫到了學校，說今天你的孩子跟同學起衝突了，上課的時候打了起來，你的第一反應是甚麼？你是否一下就被激怒了，心想：這孩子怎麼能在學校幹這種事，還被請家長，太丟人！我今天必須好好收拾收拾他！然後開始當着老師同學的面嘮叨說教，甚至動手孩子。

但是假如父母是帶着面向未來的心態，首先會做的就是通情達理，先克制自我的情緒，明確老師這次請家長來溝通的目的。再具體一點說，首先要了解清楚整個事件，然後了解孩子的情緒，孩子為甚麼會這麼做，他情緒背後的原因是甚麼，是替別人出頭，還是為了得到尊重？只有了解清楚，才可能有的放矢，安撫孩子的情緒，引導孩子正確處理事情，而不是一上來就劈頭蓋臉地指責、說教。

心理學家認為，對個體而言，動機是沒有對錯之分的，只有不同的層次而已，因為在人的潛意識裏，動機總是為了讓自己得到更多，變得更好。動機之後的行為可能對他人產生正面或負面的影響，這才有對錯。溝通只有突破了事件層面，才有可能進入到背後的需求層面，可以開始去接納他人，了解他人，關懷他人，協助他人成長，而不是在事件上懲罰他人。

在溝通中，「事情需」三個字非常重要。尤其是父母與孩子溝通的過程中，如果只看到孩子的行為，只看到已經發生的事情，而沒有看到背後的情緒和需求，便很難感同身受理解孩子的行為和語言，很容易落入憤怒、失控的情緒中。實際上，當父母深入到情緒和需求層面時，溝通才真正展開。當孩子有強烈情緒的時候，父母或老師最好就是緩一緩，不要引起對抗。最好的溝通是你首先認可他的情緒，可以複述他的

情緒並確認,「你當時感到很憤怒,是嗎?」然後給孩子機會,讓他站在自己的立場解釋一下事情。很多的時候,父母、老師都習慣自封法官審判孩子,或自封警察審訊孩子,而忘記孩子需要的是一個公證的律師和陪審團。FBI 的談判技巧裏有一個常用的展開溝通的方式,也是面對一個處於負面情緒中、根本不想說話的人時最好的溝通辦法,就是首先認可他的情緒,並且用語言來重複對他的情緒描述。

鼓勵建立自我價值

世界著名的作家和心理學家維克多・弗蘭克,是二戰納粹集中營裏極少數倖存者之一。他的思想給了親子溝通一些啟示,他提出「在刺激和反應之間,存有一道空間;在那片空間裏,我們有能力選擇自己的反應。在選擇反應中,我們獲得成長與自由。」

其實每一次發現孩子的問題,每一次和孩子的互動,不但是孩子成長的機會,也是父母成長的機會。關鍵是要能夠在被刺激之時,在別人的情緒引發你的負面情緒之前,找到那個間隔的空間。這是一極及其具有挑戰性的問題。

儒家的智慧也給出了答案:「知止而後有定。」只有停下來,才能夠在刺激和反應之間停下,斬斷事情與負面情緒的連接,才有可能突破。正所謂「定而後能靜,靜而後能安,安而後能慮,慮而後能得」,如此才能得到成長,獲得自由。

只有突破情緒的桎梏,擺脫情緒控制,才有可能理性地意識到語言背後的需求。很多的時候父母陷入情緒後就忘了溝通的目的,原本簡單的溝通變成了批評孩子、懲罰孩子、傷害孩子。所以家長老師們一定要牢牢記住,一切為了孩子的幸福和未來的成長,關注點應該放在未來,而非過去。如果關注過去,就會總是陷於孩子犯了甚麼錯誤,我要怎麼

教訓他，怎麼收拾他。真正的教育應該從懲罰過去變成鼓勵未來的可能性。當父母與老師選擇將關注點放在未來，自然就會思考怎麼樣發現孩子未被滿足的需求，幫助他們在未來把這件事情做得更好，怎樣鼓勵孩子能獲得更好的成長。這豈不是更好？

過去的教育理念往往是激勵式的負面教育，從小給孩子立榜樣（鄰居家的孩子有多好），孩子犯錯誤給他糾正等等。如果父母意識到所有的教育溝通都應該面向未來，那麼就應該從激勵式的負面教育改為鼓勵式的正向教育，這點極其重要。

美國作家馬克·吐溫曾經說過：「一句真誠的讚美，能夠讓我多活兩個月。」鼓勵和讚美對青少年的健康成長極其重要。如果孩子不斷受到打擊，不斷受到負面評價，不斷被嘮叨和指責，他們的心理層面很容易出現問題。

思想家、教育家魯索曾說過：「世上最沒用的三種教育方法就是：講道理、發脾氣和刻意感動。」用鼓勵的方式來表揚、讚美孩子，也能夠達到批判教育同樣的效果，甚至效果更好。教育孩子有上、中、下三策。上策是利用鼓勵的引導式教育；中策是賞罰混合式的教育和溝通；下策是懲戒式教育，等着孩子出錯誤，進行比較、批判、懲罰……

從心理學角度來說，馬斯洛的需求層次理論表明：孩子在生存需求得到滿足以後，最重要的需求就是社會認同，其中包括來自父母、老師和同伴的認同。而能夠得到家長的認同又是其中最重要第一步。

美國著名心理學家詹姆斯說過：「人性中最深切的本質就是被人賞識的渴望。」打動人最好的方式是真誠的欣賞和善意的讚許，而非批評指責。前文說的通情達理只是溝通的技巧，最重要的通情是在跟孩子的溝通中不斷地去認可鼓勵他，讓他願意與你交談且不會感到危險。日本哲學家岸見一郎、日本作家古賀史健的《被討厭的勇氣》一書也指出：

要採用鼓勵法，而不是獎勵或者懲罰。鼓勵意味着讓人接受「現在的自己」，不管結果如何，首先讓其樹立起向前邁進的勇氣。家長與老師要讓孩子的學業以及社交和情感技能同時發展，而不是單純地被動接受懲罰和獎勵。如果能夠做到這些方面，就可以減少管理和教養中的挑戰行為，孩子們的成績也會提高，表現得更好。

依我之見，教育的目的是給予孩子更美好的未來，而不是針對他們的過去，是引導而不是懲戒，是鼓勵而不是懲罰。鼓勵首先是一種尊重，尊重孩子有權利選擇自己的認識和行動。其次鼓勵是一種信任，相信孩子有能力去認知和行動。同時鼓勵也是一種認可，承認孩子有辦法去認識和行動。這是培養孩子自我認知的最重要原則，因為這三點是孩子自我價值的來源。

鼓勵讚美是最容易跟孩子通情的方式，即使讚美錯了，也可能比嘮叨對了更有用。心理學研究表明，成人的表揚和肯定，是 3—6 歲幼兒行動和探究動力的主要來源；表揚孩子會給孩子積極的心理暗示，讓他朝着你所期望的方向發展。

讚賞孩子的努力

據我收到的家長反饋，能夠經常誇獎孩子其實是非常不容易的事情，很多父母不知道怎麼誇孩子，誇不出口。「我的孩子太普通了，不知道可以表揚孩子甚麼」是一個十分常見的現象。很多家長只是知道甚麼樣的行為不好，卻沒有想過甚麼是決定孩子未來最重要的素質和質量，他們總是隨口説一些底線，卻沒有深入思考孩子可能達到的上限。

這其實對父母的要求比較高，幾乎涉及到對人性、對世界、對社會底層邏輯的認知，它需要父母在理性和心智層面的成長。有一個非系統性的簡單方法：列出所有你覺得可以讓孩子未來不普通，甚至很出色的

特質，比如堅韌、勇敢、專注⋯⋯如果你暫時還羅列不出來，請在閱讀這本書的過程中常常留意，增加想像力，補充可能性的列表。再去發現孩子有沒有在任何時刻表現出這方面的特質。一旦發現，馬上開始熱情的讚揚。父母與老師可以在這個方向多多練習。讚揚有很多的技巧和方法，但主要原則是：只要你覺得對孩子的所作所為對他的未來成長有益處，就大力誇獎。無論剛開始誇得多假，多彆腳，久而久之誇獎者與被誇獎者都會相信，孩子也會按着誇獎的方向去努力。這都是因為相信的力量非常強大。

斯坦福的教育心理學教授曾經做過一個實驗，隨機找了一些孩子，告訴老師這些孩子經過他自己的測試都是有着隱藏天賦的孩子。基於對權威教育學專家的信任，這些老師、校長，甚至孩子們自己都相信他們有天賦。18 個月以後，他們的學習表現果然也比其他人好了很多。但實際上，他們都是被隨機選出來的，只是老師同學的誇獎多，孩子的可塑性也變得極強。

另一方面，誇獎讚美也需注意一個常見的誤區。

常用的一些誇獎語，比如「你真棒！」「你真聰明！」「爸爸媽媽太為你自豪了！」等等，背後其實存在一些問題，如果掌握不好也是有隱患的。在《問題學生診療手冊》一書中就提到一種「好學生問題」，就是那些突然爆發出心理問題、自殺抑鬱傾向的學生都是平時表現好的。比如「從小周圍不間斷的讚揚把他們抬到極高的位置，高到下不來，結果害了他們！」「他們活得像演戲，一旦承受力到了極限，戲演不下去了，就會爆發。」因為有時候孩子為了能夠持續得到父母和老師認可和讚揚，他們會承受極限壓力，甚至一直在演戲，演出父母和老師喜歡的樣子，一旦演不下去就會爆發嚴重的心理問題。

斯坦福大學著名發展心理學家卡羅爾・德韋克在過去的 10 年裏，

和她的團隊都在研究表揚對孩子的影響。他們以紐約 20 所學校，400 名五年級學生作為研究對象。德韋克首先讓孩子們完成簡單的拼圖，所有孩子都能出色完成。然後將孩子分成兩組給予不同表揚。第一組表揚他們的智商：「你很聰明。」第二組表揚他們的努力：「你非常努力，所以表現得出色。」

在第二輪的試驗中，繼續讓這兩組孩子選擇不同難度的拼圖去完成。並且從三個方面進行測試：一、孩子們面對困難（拼圖）的選擇；二、孩子們面對失敗（無法完成的拼圖）的態度；三、孩子們未來處理問題的能力（第一輪難度的拼圖）。

試驗結果非常有趣。面對困難的選擇時，被誇聰明的孩子大部分選擇了簡單任務；而被誇努力的孩子，90% 選擇了難度較大的任務。當面對失敗時，被誇聰明的孩子認為是自己不夠聰明，很灰心；而被誇努力的孩子則認為自己不夠努力，還要繼續努力。在對於未來處理問題的能力的測試上，被誇努力的孩子的測試分數比第一次提高了 30%；而被誇聰明的孩子的得分相比第一次，卻退步了約 20%。這個結果告訴我們，讚揚總是有用的，但讚揚的內容對孩子的影響天差地別。比如，如果希望孩子在面對困難時能夠迎難而上，在面對失敗時能夠再接再厲，就應該多多誇讚他的努力。

這是一個令人深思的實驗，德韋克在研究報告中寫道：「當我們誇孩子聰明時，等於是在告訴他們，為了保持聰明，不要冒可能犯錯的險。誇獎孩子努力用功，會給孩子一個可以自己掌控的感覺。孩子會認為，成功與否掌握在他們自己手中。反之，誇獎孩子聰明，就等於告訴他們成功不在自己的掌握之中。這樣，當他們面對失敗時，往往束手無策。」德韋克得出結論，被誇聰明的孩子容易陷入「固定型思維」，而被誇努力的孩子則具有「成長型思維」。可見，讚美孩子的天賦，而

不讚美他後天的努力、思考能力和選擇，這會慢性地扼殺孩子的成長型思維！

斯坦福大學的德韋克教授在研究中也發現了驚人的事實：被稱讚聰明的孩子，為了取得好成績，甚至會在測試中選擇作弊和撒謊。在實驗的最後環節，當研究人員要求參與測試的孩子，匿名寫下自己被測試的經歷和得到的分數時，被稱讚智力的孩子中，有 40% 的孩子選擇撒謊，謊稱自己獲得了很高的分數，而被稱讚努力的孩子中，則基本沒有發現這種行為。

教育目的是培養孩子面向未來的成長型思維，關注點永遠是他的未來，他現在的努力程度，以及面對困難和挫折的態度。總之，與孩子的溝通，不管是讚揚，還是批評，都是為了孩子未來的成長，所以不要過度關注於他過去的結果，而是思考孩子的未來，關注他努力的程度，讚揚經過努力後的成功。

因此，如果父母的表揚總是説「你的成績好，你很優秀」「你學習很優秀，你真棒」，孩子當時會很高興，但也會有壓力。他會覺得：父母愛我，是愛我的學習成績，父母的愛是有條件的，我要達到甚麼目標父母才會喜歡我，我只有變成甚麼樣父母才會喜歡我。這時候，讚揚的效果就偏離了初衷，孩子為了維持這個「優秀」的形象而做事，為了讓父母和老師喜歡而做事。從心理學角度，這是很危險的。因為他的動機不再來自於內需，而來自外在的肯定。這樣的動機不穩定，並且有可能在高壓下坍塌。比如很多常被誇贊優秀的學生，雖然會持續優秀很久，但當他受到挫折，或者接受的讚揚力度不夠，或者被拔得太高了，有可能會突然失去動力，急劇衰落。

《被討厭的勇氣》的作者也提到，無論是工作還是學習，都可以看到有些追求表揚和外在評價體系的人，他們過度關注結果，難以接受失

敗，或者在失去外力操控後，就失去學習動力。

這裏有一個特別簡單好用的誇孩子祕籍。如果你希望讓孩子意識到他的成功是努力的結果，你可以經常特別誇張的誇獎：「你居然能做得這麼好，你是怎麼做到的？」大家一定要記住，好的誇獎永遠是誇孩子的努力，誇孩子的選擇，誇孩子獨特的美。我特別喜歡一個詞 —— 讚賞，我覺得這個詞比表揚好，讚美並且欣賞。

我記得有一次女兒寫了一首詩獲獎了，我太太誇女兒：「哇，得了第一名啊，真為你高興！你是如何做到的？」在我們去海邊散步時，我太太再次誇獎了女兒：「你的詩寫得那麼美！並且我們天天看到這片海，在媽媽看來，它就是一片海，你卻觀察到這麼細緻，觀察到波浪的流動，並且透過波浪流動感悟到內心的一些東西，寫出一首很觸動我內心的詩。」於是我們開始跟女兒探討詩歌的意境，總結她是如何進步的。

讚賞的核心應該是從內心深處的讚揚和欣賞。如果你能夠很仔細描述對方那些打動人的地方，你的讚賞將令人無法拒絕，自然而然都是欣賞的意味。在這種情況下，孩子會更仔細地回味自己哪裏做得好，哪裏將來可以做得更好。

怎麼讓孩子跟家長無話不談？

正確的處理方式和溝通方法有可能讓孩子從此向你敞開心扉，對你無話不說。而大多數家長的處理方式則讓孩子愈來愈抗拒溝通，甚至不對你說實話。

很多親子溝通或者師生溝通中，父母與老師都會關注到孩子撒謊的問題。不如來設想一下這樣一個場景：正在工作的你，或許猛然收到孩

子班主任的電話：「你的孩子在學校撒謊了。」讓你去一趟學校。你會如何處理？很生氣地質問為甚麼會撒謊？還是直接訓斥，勒令以後絕對不能撒謊？

其實都不對，面對這樣的情況首先要淡定，因為幾乎每一個孩子都會撒謊。有學者研究發現孩子說謊的情況會在 7 歲的時候達到一個高潮，之後就會慢慢下降。

但孩子是天生就會撒謊的嗎？

絕對不是，這是慢慢學會的。如果父母老師能夠通情達理的話，首先應該做不是指責和訓斥，而是了解撒謊的原因。孩子撒謊，其實已經意味着他覺得有些話已經不能真實表達了，或許認為覺得說真話不安全，結果會很糟糕，所以他選擇了說假話。回想一下孩子每一次說實話的後果是甚麼？如果每次都得不到正面的反饋，那他只會說好聽的話，說父母與老師喜歡聽的話，而不再說能讓他感受到壓力的話，讓他有麻煩的話，這很自然的結果。

先「通情」再「達理」

智慧的父母擁有同理心，在與孩子溝通之前，能夠與當時處境下的孩子共情。在共情之後，父母傳遞過來的信息，孩子才願意聽，才會主動接收信號並進行反饋。

如果孩子不想聽，父母說得再賣力氣、再有道理，也沒辦法有效溝通。比如，孩子語文考了 70 分，很沮喪。媽媽說：「沒事！沒事！相信你下次一定能考好！」孩子聽了這樣的話，可能會更難過。因為孩子會覺得：「我已經很難過了，你怎麼還說沒事？」這就是無效溝通，溝通無效的問題在於共情失敗，沒有「通情」，難以「達理」。

如何通情？試着說出孩子的感受，或重複孩子的話。面對上面的場

景，父母可以如此共情：「這一次沒有考好，你很不開心，是嗎？很難過，是嗎⋯⋯」然後停頓一下，給孩子反饋的空間。也許孩子不是難過，是因為覺得不公平而憤怒，或者因為別人作弊得了高分而生氣。無論如何，只要能夠在共情的基礎上展開對話，溝通的大門馬上就敞開了。

那下一步，如何達理？首先在語言上多說「咱們」「我們」，少說「你」，在語言上和對方站在同一邊的，表現出一體的姿態，而非高高在上。之後，一起分析原因，多提供建設性、可操作的指導。先與孩子共情，進而提示孩子考慮問題的方向，找到改進的辦法，建設性地解決孩子遇到的困境，做孩子情緒的疏導者、困境的救援者，以促成親子間的有效溝通。

親子溝通的基本原則很簡單：「多傾聽，少嘮叨」「多鼓勵，少打擊」「多引導，少強制」「多理解，少要求」。

問感受和過程，不問結果

有些父母比較嚴厲，或者自己比較忙，他們對孩子說的話往往是：「功課寫完了沒？」「琴練了嗎？」「這回考試考了多少分？」除此之外，沒別其他柔軟些的話語。一旦孩子的回答是否定的，父母就會以一番斥責終結談話。這樣的溝通只會帶給孩子一種感受：父母只在乎我的「成功」，根本不在乎我的真實需求。

長此以往，不僅親子關係會變得疏遠，孩子的自我建構也會遇到很大的問題，在這種教養下長大的孩子，要麼變得逆反，要麼變得害怕失敗，怯於嘗試新鮮事物。

父母們不如嘗試換種問法：「功課還順利嗎？我看你似乎剛才有些煩呢？」「你覺得哪些課程比較有意思？」「你最喜歡彈哪一首曲子？我很想聽一聽呢！」等等。這樣的問話方式更關注孩子個人的感受和喜

好，大人是以「蹲」下來的姿勢進行傾聽的。孩子會覺得：我是被看見的、被理解的、被愛着的。如此，孩子自身就會充滿力量，能自己去解決遇到的問題。處理孩子撒謊問題也是如此，問感受和過程，而不是聚焦於結果，只有這樣才能找出孩子撒謊的真正根源和背後需求，最終解決問題。

面向未來的正向教育

在我看來，孩子所有的問題都是家長問題的折射。簡單來説，家長如何與孩子溝通，孩子就如何與家長溝通。麥吉爾大學心理學家和兒童發展專家 Victoria Talwar 對西非的兩所學校進行實驗，一所較嚴格，一所較寬鬆。Victoria 分別在兩所學校，邀請一羣孩子參加「偷窺遊戲」實驗，結果顯示：參加本次測試的兒童中，整體約有 80% 的人偷看了玩具，「寬鬆學校」孩子的回答混合了謊話（60%）和真話；「嚴格學校」幾乎所有的孩子都説謊（100%），而且更為有效地隱瞞、掩飾自己説謊的事實。所以 Victor 得出一個結論：曝露於懲罰性養育或學校教育的兒童會講更高級、更有説服力的謊言。換句話説，成年人創造的懲罰性環境很可能導致兒童的不誠實行為。孩子説的真心話被成年人利用，把它作為暴力對待孩子的理由，説教孩子的武器彈藥，那麼孩子以後自然不會説實話了。

從實驗結果可以看出，面向未來的正向教育和面向過去的懲罰性教育，對孩子學習水平和道德水平的深刻的影響。

當意識到這點以後，再回到前文提到的學校請家長會談的案例當中，作為家長，首先應該穩住情緒，其次了解事實，給孩子表達描述的機會。隨後了解動機，了解孩子的情緒是恐懼、壓力，還是其他甚麼？了解孩子的撒謊背景和原因。一方面要接受他的情緒，反思教育溝通問

題；另一方面要接受他的動機，發現動機中積極一面，給予肯定。最後要反思他的撒謊是否與家庭教育有關？是不是以前的溝通給孩子造成了心理陰影，讓他不願意說真話了？如果孩子撒謊是因為家庭教育太嚴格了，孩子為了討好家長或者避免懲罰，那這個動機是可以接受的。但是一定要讓孩子意識到撒謊的行為是不被社會認可的，是需要認真地向老師或者撒謊對象道歉的。在和孩子一起回家的路上，可以更進一步和孩子探討是否可以換一種比撒謊更好的方法來達到目的。

如果父母可以處理好孩子撒謊的問題，意識到孩子需要改變，爸爸媽媽也需要改變，很多類似問題都可以迎刃而解，包括孩子離家出走、甚至放棄生命等問題。其實這些問題與撒謊是一樣的，孩子想要逃離壓力源，逃離家庭，逃離父母，逃離學校。因為懲罰性的教育方式太過普遍，家長與老師習慣於以愛之名嘮叨而不願跳出事情去了解孩子的情緒，接納他們的情緒，與他們共情。

當教育者能夠全然接納孩子的情緒時，他是能夠感受到愛的，在這個基礎上再了解他的動機，接受孩子的動機。我特別相信很多糟糕的事情背後，都會有一個善良的動機。當教育者能夠全然接受孩子的情緒和動機時，才能全然地接受孩子，接受孩子作為一個獨立的個體存在，才能鼓勵孩子把情緒轉向好的動力。當孩子感受到自己有一個全然接受和愛他的父母，有一個時刻在引導他變得更好的父母，那麼親子之間就幾乎可以做到無話不談。

第五章

從性教育開始的
生命教育

按照「我從哪裏來，我到哪裏去」的邏輯順序，從性
教育開始了解生命。從生命的開始，孕育的過程，從而認
識生命的珍貴，愛惜自己的身體。從了知墮胎帶來的各種
身心健康的問題，尤其是心理問題，讓青少年更加愛惜生
命，避免出現過早的、不健康的兩性關係。

你的孩子不是你的，

他們是「生命」的子女，是生命自身的渴望。

他們經你而生，但非出自於你，

他們雖然和你在一起，卻不屬於你。

你可以給他們愛，但別把你的思想也給他們，

因為他們有自己的思想。

你的房子可以供他們安身，但無法讓他們的靈魂安住，

因為他們的靈魂住在明日之屋，

那裏你去不了，哪怕是在夢中。

你可以勉強自己變得像他們，但不要想讓他們變得像你。

因為生命不會倒退，也不會駐足於昨日。

你好比一把弓，

孩子是從你身上射出的生命之箭。

弓箭手看見無窮路徑上的箭靶，

於是祂大力拉彎你這把弓，希望祂的箭能射得又快又遠。

欣然屈服在神的手中吧，

因為祂既愛那疾飛的箭，

也愛那穩定的弓。

—— 卡里爾‧紀伯倫《先知》第四章

　　黎巴嫩詩人紀伯倫的這首詩充分表達了關於教育、愛、父母和孩子關係的真知灼見。很多初為父母的年輕人也許很難理解《先知》在這首詩的深意，但是隨着現代科學的不斷進步，尤其是對生命理解的深入，這首詩的意境會愈來愈被更多人理解和認可。我認為生命教育的核心就

是愛的教育，我十分希望那些初為父母的年輕人可以更早地理解這首詩的深意。因為在生命教育中，父母能給孩子的就是愛，而不是想法。從教育本身來説，最重要的教育也是給孩子愛，讓孩子學會愛。但是孩子有沒有從父母這裏感受到愛，學會愛呢？其實，從父母和孩子能否處理好早戀這件事就可以了知問題的答案。

對於中學階段的孩子，早戀是一件性命攸關但又很容易被錯誤引導的事情。性命攸關的説法並不是一個聳人聽聞的比喻，它是真有可能發生的。在《問題學生診療手冊》中提到，引發學生自殺的可能因素的第一項就是早戀，很多時候孩子自殺的一個重要原因就是在熱戀時被干預了。

早戀問題的嚴峻性及其後果

2016 年，河南的一所高中學校，一名女同學因為課間和男同學在教室單獨相處時有「過激動作」，被老師通過監控發現，然後被全校通報勒令退學，聲稱：超出男女同學之間的正常交往，影響極壞，予以通報批評，並且勒令退學。當天晚上，這名女生就在家中自殺了。一個 17 歲的女孩子，一朵鮮花就這麼凋謝了，多麼糟糕的後果！

現在的孩子比父母年輕時要早熟很多，早戀已經成為家長特別頻繁關注的問題。根據中華兒科學會發佈的中國兒童成長發育專項調查結果顯示[1]：2009 年中國女孩青春期發育的平均年齡為 9.2 歲，比 30 年前提前了 3.3 歲，並且這個趨勢還在延續，預計每十年提前一歲。這意味着

1　《羊城晚報》2009 年 4 月 23 日。

現在的孩子比父母當年早熟 2—3 歲。更明顯的是，女孩子的初潮愈來愈早，現在的女孩子普遍在小學三四年級就有初潮，而男孩子的夢遺一般會比女孩子稍微晚一點點，但也從初中就開始了。

青春期孩子大腦的丘腦垂體和性腺軸的發育，導致青春期的兩種性激素的發育，一個是男孩的睾酮素，一個是女孩的雌二醇或者叫雌性激素。這兩種東西的發育就會讓孩子們真正地長成一個大人，出現第二性徵。在性激素的刺激下，男孩和女孩們自然就會對異性產生好奇和幻想，自然而然被異性吸引，並且開始有性幻想，進而就有了所謂的早戀現象。

2016 年 1 月 12 日北京大學發佈的一份《2015 年中國人婚戀狀況調查報告》中提到，初戀的平均年齡已經到了 12 歲，也就是大約小學五、六年級孩子就開始有初戀了；而第一次偷嘗禁果的平均年齡是 17 歲，也就是大概在高二時候。注意，這還只是個平均值，還有更早的案例。同時，現在新聞報道中提到的，最早因為初戀導致流產的孩子剛剛上小學三、四年級，這是一件多麼可怕的事情。究其原因，隨着青春期的提前，早到的青春期讓父母和孩子們都沒有做好準備，沒有做好面對早戀的性教育，自然而然就會產生很多的問題，引發家長所擔心的一系列後果。

有關早戀的誤區：早戀真的影響學習嗎？

很多家長談早戀就色變，好像早戀一定會把孩子的一切都給毀了。其實我希望大家可以帶着寬容的心看待這件事情。因為早戀是一個不受大人的意識控制，極其普遍的現象。數據顯示早戀對孩子學習的影響並沒有想像的那樣嚴重。

一般家長認為孩子心智不成熟，早戀會分散很多的注意力和精力，

這會大大地影響學習，孩子會因此一敗塗地。但實際上，一些關於早戀對學生的影響的大數據是有點令人吃驚的。胡序懷等人在 2012 年的深圳中學生早戀發生及影響和關聯因素調查中，以深圳的中學生為樣本，研究了上萬個的初高中孩子們的早戀情況，發現早戀的確在初中階段對於初中生是有負面影響的。但有趣的是，在普通高中有了早戀現象的孩子們，其平均學習成績實際上是高於那些沒有早戀過的孩子，而重點中學則沒有差別。[2]

學校性質	分類	學生人數	成績分值均數	標準差	T 值	P 值
普通初中	早戀	475	5.80	2.27	3.347	0.003*
	未早戀	3549	6.12	1.91		
重點初中	早戀	103	5.65	2.28	3.647	0.000**
	未早戀	870	6.43	2.01		
普通高中	早戀	353	6.32	1.81	2.792	0.005***
	未早戀	1288	6.04	1.65		
重點高中	早戀	295	6.29	1.91	0.156	0.876
	未早戀	1680	6.31	1.82		
職業高中	早戀	623	5.87	1.92	0.431	0.667
	未早戀	1274	5.84	1.75		

2　胡序懷、陶林、張玲、何勝昔：〈深圳中學生早戀發生及影響和關聯因素調查〉，《中國性科學》第 21 卷第 1 期（2012 年）。

澎湃新聞在 2017 年對當年高考狀元做了問卷調查，發現幾乎一半的高考狀元都有戀愛經歷，並且他們都認為談戀愛實際上對學習並沒有影響，在很多時候反而是互相促進的。因為那時候有了一個更好的目標，戀愛雙方都想要考到一起，你追我趕，反而促進了大家的學習。

兩組不同源頭的數據幾乎都指向了一個可能性，即早戀在初中的時候有影響，但在高中的時候影響幾乎就沒有了，甚至有的還有正面影響。

據我觀察，早戀這個稱呼本身就是一個特別有誤導的概念，因為在上大學之前的戀愛好像都叫早戀。但實際上，在國外或者國際學校並沒有這樣的觀念。那裏的孩子們很早就已經開始接觸戀愛了，並且家長和老師也不是十分反對。但是在中國有個特殊情況，我們有高考，高考大於天，所以很多時候家長和老師都過分擔心孩子的情況，尤其擔心青春期的不理智情況。

早戀的確很有可能引發很多負面的事情，但其最大的影響並不是在學習成績上，而是早戀或早愛導致的更大的身心問題，甚至是生死問題。實際上，真正導致問題的並不是戀愛本身，而是家長老師對於孩子開始成長起來，開始步入感情時，所表現的強烈反感或激烈反應，讓孩子產生了「羅密歐與朱麗葉式」殉情的激烈反抗，最終導致悲劇的發生。社會新聞中就有不少的孩子選擇自殺是因為學校和家長沒有處理好孩子早戀的問題，他們用特別粗暴的方法進行干預，導致了孩子的決絕，導致孩子產生殉情的想法。

早戀最大的隱患是它有可能給未成年人的身體和心靈帶來傷害。這個傷害除了自殺之外，還有一件很可怕的事情，那就是性教育缺失下的早戀往往會伴隨着早愛，也就是早期的性行為。

性教育缺失下的早戀後果

現在的早戀、早愛情況不容樂觀。

《廣州日報》依據一份調查報告談到,半數以上的中學生支持未成年性行為。「10 歲的小學生懷孕流產、15 歲的中學生書包裏放避孕套、廣東一個初一女孩產下一個男嬰、北京十三歲女孩生下一個足月嬰兒……」[3]

寧波市通過分析三所高校 370 份調研數據發現,64% 的青少年認為婚前性行為是可以理解和接受的,並且他們周圍有戀愛現象的比例達到 68%,而能夠正確回答並使用避孕方法的比例只有 30%,也就是說 70% 的人是在十分懵懂的狀況下開始了人生的第一次[4]。2010 年的《中國青少年生殖健康可及性調查報告》顯示,在中國 15—19 歲的青少年中,8% 的女孩有過性經歷,而在有過性行為的女性青少年中懷孕比例達 21.3%,重複懷孕比例達 3.9%。寧波的這份調研則顯示,周圍同學發生過意外懷孕的佔比達到 47.6%。這是一個很令家長震驚的數據,甚至很多家長根本不知道此事的發生。因為同樣的調研顯示,如果意外懷孕了,孩子是不會尋求幫助的,近七成的青少年選擇自己去解決。也就是說,很有可能孩子已經早戀了,並且有了性行為,甚至墮過胎,但家長卻毫不知情。

2012 年 5 月 20 日《廣州日報》刊登了一篇文章,講的是中國社科院社會學研究所教授、著名青少年心理教育專家陳一筠和她的團隊,從 1997 年開始與北京一家大型婦幼醫院合作,追蹤了 15 年,發現在該醫院做人流手術的女性中未成年人的比例竟達 40—50%,幾乎一半做人

3　唐黎:〈試論未成年人性行為問題〉,《四川教育學院學報》第 28 卷第 5 期(2012 年)。
4　〈青少年引產比例逐年昇高　聊起墮胎史毫不羞澀〉,《華商報》2005 年 6 月 7 日。

流手術對象是未成年的初、高中生。此外，近年來，低齡化趨勢愈演愈烈，做人流手術的對象年紀愈來愈小 [5]。一位在一線工作的婦產科醫生也分享了他們的無奈 [6]：幾乎每次門診都會遇到來諮詢流產的年輕女孩，很多甚至未滿十八歲。自己還是個孩子，卻懷了孩子。在詢問她們為甚麼不採取避孕措施之後，他們的回答讓人特別的痛心：

「不是說第一次不會懷孕嗎？」

「不是說不射進去就不會懷孕嗎？」

「不是說只是蹭蹭不會懷孕嗎？」

「甚麼是緊急避孕藥？吃了會尿急嗎？」

……

孩子還沒有接受過性教育，還沒有準備好，就開始了早戀和早愛。更讓人痛心的是，不僅孩子沒準備好，家長也沒準備好。「有一次，我和一個剛滿 18 就需要做人流的女孩子說：『你千萬記住，以後一定要採取措施，記得使用避孕套，千萬不要有僥倖心理！』話還沒說完，她媽媽就說：『哎呀，你跟她講這個幹甚麼！你還讓她再幹這丟死人的事嗎？』」面對孩子的早戀，如果家長沒有為他們準備好，他們很可能會陷入巨大的麻煩。

青少年墮胎現狀

我接觸過的絕大部分家長都不清楚少女懷孕的危害性之大，不僅是身體層面，還包括心理層面。孩子更是如此，他們甚至能很容易找到學校周圍各種被經濟利益所驅使的鋪天蓋地的關於墮胎的小廣告，然後被

5　《廣州日報》2012 年 5 月 20 日

6　颯姐：〈中國的性教育有多匱乏？這可能造成哪些影響？〉，知乎網。

這些小廣告嚴重誤導。他們覺得似乎墮胎可以是無痛的,只是睡一覺而已……這導致青少年墮胎現象十分嚴重。

四川大學學者的研究發現,1998 年以來,接受中期引產手術的女性中,一半左右未婚,其中 20 歲以下的女孩子達 14%;做大月份引產的女性中,50% 為 18 歲以下的少女[7]。因為女孩子性教育的缺失,對自己身體的不了解,大部分接受婦產科援助的少女,其實已錯過了終止妊娠的最佳時機,她們不得不接受更大的手術,導致給自己的身體帶來了更大的傷害。很多父母、老師和孩子一般都知道墮胎對身體有害,但很多人沒有意識到墮胎對於身體中的非生殖系統也有巨大的影響。

墮胎對女性的身體健康的長期影響

德國癌症研究中心的科學家 Elham Kharazmi 研究了 11500 多名女性中關於流產與心肌梗塞、心臟病和中風之間的關聯性。他的《心臟》雜誌線上版發表的一篇文章中說到:「流產一次會使女性日後罹患心臟病的危險增加 40%。流產超過兩次的婦女罹患心臟危險比其他女性高出四倍。」[8]

美國癌症研究所在 1994 年研究發現,對於沒有生育過的婦女來說,癌症的患病率是 20%,而那些同樣沒有孩子但經歷過流產或人工流產的婦女的患病率接近 50%,高了 2.5 倍[9]。在 1981 年的乳腺癌雜誌上,Pike 及其同事的一項研究發現:在 33 歲以前墮過第一胎的婦女患乳腺

---

7 唐黎:〈試論未成年人性行為問題〉。

8 《心臟》雜誌綫上版,發佈時間:2010 年 12 月 2 日

9 Daling JR, Maline KE, Voight LF, White E, Weiss NS, "Risk of Breast Cancer Among Young Women; Relationship to Individual Abortion, J Nat' l". *Cancer Inst*, Vol. 86(1994).

癌的幾率很明顯高了 2-4 倍[10]。墮胎使得女性心臟病和乳腺癌的患病率成倍提高，但很多人還沒有意識這個危害。

此外，人工流產對於女性後續懷孕影響非常大。醫學科研已經有大量的數據證實了，人工流產與後期懷孕失敗的正相關性。根據 1993 到 1997 年上海 15 家醫院關於 2891 位人工流產女性的後期流產率與未流產對照結果顯示：人工流產女性的後期流產率是對照組的 1.55—1.72 倍[11]。另外一個針對中國 1960 年計劃生育政策實施前後上海懷孕失敗比較的研究發現：15% 的懷孕失敗可能與人工流產的影響有關[12]。所以，有經驗的婦產科醫生常常會在人工流產之前提醒患者這一點。

由此看來，墮胎不僅會對女性非生殖系統產生很大影響，包括癌症心臟病的患病率增加，而且也會直接對生殖系統造成影響，增加後期懷孕的失敗率。

墮胎對女性心理的嚴重影響

墮胎對於女性最致命的影響其實是在心理層面。這也許可以解釋墮胎為甚麼會更容易引發心臟病和癌症。英國皇家婦產科學院（Royal College of Obstetricians and Gynecologists）曾經對現有的心理學以及心理醫學研究進行總結並指出，墮胎導致嚴重且持久的心理影響的比例

---

10 Pike MC, Henderson BE, Casagrande JT, Rosario I, Gray GE, "Oral Contraceptive Use and Early Abortion as Risk Factors for Breast Cancer in Young Women." *Br J Cancer*, Vol. 43 (1981) .

11 Yuelian Sun, Yan Che, Ersheng Gao, Jørn Olsen, Weijin Zhou. "Induced abortion and risk of subsequent miscarriage." *International Journal of Epidemiology*, Vol. 32, Issue 3 (2003).

12 Wu ZZ, et al. "An investigation of sexual behaviour, pregnancy and induced abortion among premarital women in Shanghai." *China Public Health*, Vol.6(1990).

可達 59%[13]。

《美國心理醫學刊》（*American Journal of Psychiatry*）也報導了一個對 500 個墮胎婦女的研究：43% 的墮胎婦女在墮胎之後馬上有不良的心理反應，感到痛切的憂慮；31.9% 的人有比較強烈的沮喪感；26.4% 覺得十分內疚；18% 感覺很久不能減輕痛苦[14]。

另外美國喬治敦大學醫學院精神病學系 Anne Speckhard 博士的研究發現：81% 的墮胎者經常會想念孩子並且哭泣；77% 的墮胎者感覺到自己變得不願意跟人溝通；69% 的墮胎者會出現一種可怕的「瘋狂」的感受；65% 的墮胎者常常有自殺的念頭，開始到了生命攸關的地步。[15]

「人流後總是很難控制自己的情緒，莫名其妙地哭，晚上會睡不着覺，變得甚麼都不在乎。包括男友、感情，跟男朋友已經分手。」

「墮胎之後我像變了一個人，吸引我的是那些具有自我毀滅的行為。很快地，我開始帶槍與刀子，帶着武器，跟着幫派，騎着重型機車到處飛嘯，做其他更糟的事。我跟着這羣具毀滅性、偷竊、自殘的人在一起。這些都是我想對他人與自己所做的傷害。」[16]

研究還發現，有近 60% 的婦女在墮胎之後容易陷入憤怒之中，並在憤怒中採取過激的行為，具有暴力傾向，而墮胎後的女性有 24% 遭遇意外。美國加州的一項研究發現，墮胎女性在墮胎兩年內的過世比例是懷孕生產婦女的兩倍。因為墮胎導致很多身心各方面的問題，改變了人的性格，讓人變得經常做傷害自己、傷害別人的事情，所以死亡率高

---

13 John Ankerberg & John Weldon, *The Facts on Abortion* (2011).

14 Ibid.

15 https://www.annespeckhard.com/

16 Amy R. Sobie, *The Risk of Choice – Studies Document the Physical and Emotional Danger*

了兩倍。此外，在墮胎之後的 8 年之內自殺的比例是一般懷孕生產女性的 1.5 倍。[17]

因為我在美國加州呆過，我覺得生產與墮胎醫療福利給付紀錄（Medi-Cal）在加州不是特別有代表性，因為領取墮胎醫療券的一般都是低收入人羣，並且墮胎之後 2 年到 8 年的跨度似乎太久了。所以進一步研究，我又發現了一個更加客觀數據，就是芬蘭政府國家財政與健康發展研究中心在 1997 年開始的一項探究墮胎與女性死亡的關係研究，該研究發現墮胎有可能使女性死亡的危險性大大增加。墮胎婦女於墮胎一年內，遭遇意外死亡的比例是懷孕生產婦女的 3 倍；墮胎婦女於墮胎一年內選擇自殺的比例，是正常懷孕並生產婦女的 6 倍；墮胎婦女於墮胎一年內，遭遇他殺的比例，是懷孕生產婦女的 13 倍[18]！

一項美國明尼蘇達州的研究顯示，墮胎的少女（青少年）在半年內自殺的比例是未墮胎少女的 10 倍。芬蘭政府的同份研究報告也顯示：墮胎婦女於墮胎一年內自殺過世的數字約佔芬蘭全國一般自殺過世婦女的 50%。報告中也指出，墮胎婦女中 30%—55% 曾有自殺的念頭，7%—30% 嘗試自殺[19]。

這數據極其觸目驚心。大多數時候，我們只看到了表面上墮胎帶來的生理問題，其實心理的問題才是更巨大的問題。

---

17 Reardon DC, Ney PG , Scheuren FJ, Cougle JR, Coleman, PK, Strahan T. "Deaths associated with pregnancy outcome: a record linkage study of low income women." *Southern Medical Journal*, Vol. 95,No. 8 (2002).

18 David C. Reardon, Ph.D. "Abortion Is Four Times Deadlier Than Childbirth, New Studies Unmask High Maternal Death Rates From Abortion." *The Post-Abortion Review,* Vol. 8, No. 2 (2000)

19 Ibid.

早戀嚴峻後果的啟發

少女墮胎的高危險性、高致死性或高自殺性也令家長、老師明白性教育的重要性和時效性。沒有保護的性行為對女孩子來說是一個身心的雙重殺手，會造成很多身心問題。

那麼如何避免孩子早戀早愛帶來的身心傷害呢？

作為家長、老師，至少可以早一些給孩子普及生命教育和性教育，讓青少年有機會更全面地了解生命的真相，敬畏生命，預防早愛。其實，特別要預防的不是早戀，而是早戀導致的沒有保護措施的早愛，以及懷孕對青少年生命造成的危險。如果發現孩子已經早戀，最重要的是高度關注其身體狀況和心理狀況。因為很多時候孩子早愛引發的問題，他們往往選擇自己處理，一旦出了問題，家長還被蒙在鼓裏，以為孩子是突然發生變化，然後疾言厲色地批評，但此時孩子往往更加脆弱，更加需要父母的關愛。

如果知道了生命的起點，就會知道早戀早愛不但對女孩子身體影響很大，並且對女孩子的心理影響也極大。對男孩子而言，早戀早愛的生理影響也許不大，但對心理的影響與女孩子不相上下。熱戀中的雙方情緒都容易波動，容易失控，這時候更需要理性和克制力。因此，熱戀中的男孩子一定要充分了解早戀早愛對女同學身心各方面的影響。雖然從生理上早戀也許很難抑制住，但是性愛盡可能緩一緩。如果一定要進入到下一步，也要特別注意以安全為主。如果你的孩子是女孩子，那麼一定要盡早進行性教育，叮囑女孩子要特別好地保護自己，保護好自己的身體健康和保護好自己的心理健康。最好不要輕易超過最後的底線，這是早戀男女對彼此的責任。

孩子早戀的原因及對策

　　想要減少早戀問題，減少早戀對孩子的影響，首先要知道它是怎麼發生的。很多家長老師可能會認為是生理上激素水平的提高導致早戀的發生。那為甚麼只有部分的孩子早戀呢？其實，學者早就發現早戀還有其他相當重要的原因。

家庭環境造成的早戀

　　2009 年 4 月至 6 月，學者胡序懷等人對深圳市普通中學、重點中學和職業學校的初中二年級和高中二年級學生進行抽樣，共抽取了 10766 名學生進行匿名問卷調查。他發現有大量與早戀相關的因素 [20]，其中一個因素是父母的感情狀況。研究發現孩子早戀的比例與父母的感情狀況成反比。父母感情狀況包括和睦、常常爭吵、鬧離婚、已離婚和有外遇這五種情況，而父母情感關係愈差，孩子早戀的比例愈高。[21]

20　比如年齡、學校性質、父母職業和學歷、是否獨生子女、學習成績、父母和班主任老師對待早戀的態度、家中能否上網、父母感情是否穩定以及是否接受過學校性教育等等。
21　胡序懷、陶林、張玲、何勝昔：〈深圳中學生早戀發生及影響和關聯因素調查〉。

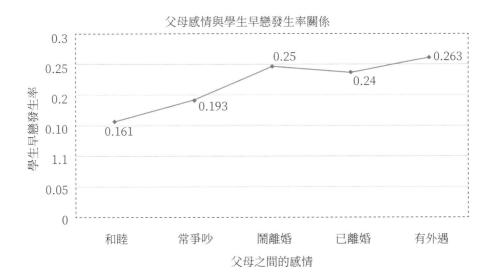

父母感情與學生早戀發生率關係

上圖可以看出，中學生早戀發生率，在父母關係和睦的家庭最低，只有 16%。父母經常爭吵的是 19%，鬧離婚的是 25%，已離婚的是 24%，外遇的則達到了 26%。

這組數據傳達了孩子早戀的一個原因 —— 需要愛，因為家裏沒有提供足夠多的愛。如果在家裏感受到足夠多的愛，也許孩子就不那麼着急在他的同齡人裏尋找他人一點點的喜歡。缺愛的孩子一旦收到一點他人的示愛，就馬上開始有了反應。

獨生與非獨生子女的早戀數據也顯示了類似的相關性。胡序懷等人調查後發現，非獨生子女的早戀的比例高於獨生子女，獨生子女是 12.4%，非獨生子女是 19.5%[22]，因為獨生子女會得到特別多的關愛。這個數據表示足夠的關注和愛有可能減少早戀的比例。讓孩子感受到來自家庭的愛，也許孩子就不會如此着急去外面尋找愛了。

文俏在 2012 年一項對城市小學高年級學生早戀傾向預測與父母教

---

22 同上註。

養方式的關係的研究中發現：孩子的早戀與父母的教養方式有非常顯著的關係。如果父母的教育方法不是正面的教養，而是經常拒絕、否認孩子，溝通的時候也總是帶着負面情緒，總是嚴格地嘮叨、指責孩子，那麼當孩子進入小學高年級時，其早戀傾向就遠遠高於那些不受這種教育方式的孩子。換句話說，如果父母能夠用正向教育、開心教育的方式培養孩子，就有機會大大減少孩子早戀的可能性 [23]。

所以，請給孩子足夠的愛。如果家庭給了孩子足夠的愛，孩子就更能學會了如何去愛，也不會輕易去找那種不成熟的愛。

防止孩子早戀的對策

在我看來，早戀其實是一個偽命題，嚴格來說沒有甚麼早戀和晚戀，青春期男女孩子之間的戀情早晚都會發生的，並不存在一個真正的早和晚。真正需要預防的是不成熟的戀愛帶給孩子身心和未來的傷害，這才是最重要的。所以不應該去想方設法引導孩子們不戀愛，而是應更早進行生命教育和性教育，教會他們更好、更負責任的戀愛，引導孩子們懂得愛情的真諦 —— 責任。

如果實在不希望孩子太早戀愛，那麼對策是甚麼呢？對於父母，首先儘可能給孩子充分的關愛，建立起孩子與父母的信任關係，然後保持日常溝通的形式和渠道的暢通。如果能讓孩子平常在家中暢所欲言，父母可能會對孩子的朋友狀況瞭如指掌，那就很難有甚麼猛然的早戀突襲。

實際上，每個孩子自然而然會去親近異性，就像交朋友一樣。其實

---

23 文俏：〈城市小學高年級學生早戀傾向預測與父母教養方式的相關研究〉，《長沙鐵道學院學報：社會科學版》第 4 期（2012 年 ）。

小孩子是分不清男朋友、女朋友的深層含義，他們認為只要是朋友就可以。而且到了青春期，孩子的荷爾蒙、雌激素昇高是很正常的。如果發現孩子早戀，對於家長而言，我覺得重要的一點是要放鬆，因為青春期的孩子不可能沒有對異性的好奇，這是自然的感情需求。對待早戀，堵不如疏。首先，早戀是絕對堵不住的。其次，堵很可能導致羅密歐與朱麗葉的悲劇，所以老師和家長們一定要疏導。

針對早戀問題，家長、老師或學校可以嘗試扮演不同的角色。比如，父母理解，學校嚴格。因為在心智不成熟的時候，在價值觀還沒有完全形成的時期，孩子們很容易互相模仿，他們會覺得戀愛是很有面子的事情，然後互相攀比。如果學校有可能略微嚴格一些的話，校園內便難以形成戀愛風氣，早戀的可能性就會低很多，但這時家長要能夠給予孩子充分的理解和關愛。如果兩者都嚴格可能把孩子壓得喘不過氣，然後更想要尋求他人的愛，甚至為愛殉情。

有的家長表示不知道怎樣和孩子談性的話題，其實最好直接與孩子們溝通。借着性教育，可以特別好地幫助孩子理解生命、敬畏生命。一旦開始敬畏生命，孩子自然而然就會對生命負起責任。當孩子們開始負責任的時候，他就會通過愛培養責任感，培養對生命的責任。從而對自己的身體負責，對自己的未來負責，對自己所愛的對方負責。實際上，父母和老師真正要做是教會他們愛，教會他們健康地去愛，教會他們通過愛讓自己昇華，教會他們在愛中得到智慧。

如何儘早展開性教育

不要做性教育的老古董

實際上，性教育是關於理解生命、敬畏生命的教育。接受過性教育的學生的早戀發生率是低於沒有接受過性教育的，也就是說性教育在某種程度上可以減少學生的早戀。

很多人都有一個巨大的誤解：好像只要不告訴孩子性，不讓孩子接觸性，孩子就不會早戀。其實正相反，對待孩子的早戀問題要知己知彼，要儘早開始兩性教育。因為性教育的展開是生命中最重要的一環——了解生命從哪裏來。一旦這一環被理解透徹，許多問題都迎刃而解。不幸的是，很多父母和老師，倘若沒有做過研究或者沒有扎根教育界比較長的時間，無法把握其中的分寸。

「我都快 18 了，我爸看到電視裏動物世界節目上動物交配的場景都會換台。」這是多麼可悲的事情，孩子都 18 歲了，還不對他進行兩性教育，是要等到甚麼時候呢？難道等着別人教育嗎？

《國際性教育技術指導綱要：采用循證方式》這篇文章提到：廣泛的科研和實踐文獻都強調了一個結論，即學校內外的性教育都不會增加性活動、高風險性行為、性傳播感染或艾滋病病毒感染率。也就是說，愈早進入到性教育，孩子的未來愈安全。此外，性教育減少了孩子們對兩性關係的好奇，增加了一些理性，反而會更好防止早戀。

因此，父母們千萬不要做性教育的老古董。最近有一個新聞說，家長看到關於學生的性教育教材裏面出現了人體器官的插圖，馬上去學校申訴，去教育局申訴，鬧得驚天動地。這真是太老古董了，太不與時俱進了。實際上，性教育愈早愈好，甚至不需要等到孩子們已經開始有第

二性徵了再開始進行。

早期性教育讀本和教材

過去，很多父母會騙孩子說：「你是從垃圾桶撿來的」「你是我充話費送的」……這沒有任何的益處，甚至有時候對小孩的傷害極大。目前，國內外已經有大量關於學齡前性教育的書籍。有一本名叫《小威向前衝》的書，講的是一個孩子的生命是怎麼開始的，小威就是一個精子，向前衝，最後成為冠軍，在媽媽肚子裏發芽、成長。類似的書籍還有《我們的身體》《小雞雞的故事》等。

北京師範大學的劉文利教授主編的《珍愛生命 —— 小學生性健康教育讀本》中，人怎麼誕生的這部分內容已經出現在小學二年級的教材裏了。在小學二年級的教材中關於「人的誕生」一節中已經有了男女性器官的描述，以及關於精子是怎樣進到陰道裏，怎樣結合卵子成為受精卵的描述。

當孩子愈小受到性教育，他就會愈早減少對性的好奇和震驚，明白人體性器官就像手和臉一樣，只是普通的器官，也能更好的保護自己。

中學生階段的兩性教育

對於中學生的兩性教育，則可以做得更深層一些。因為中學生的大腦發育程度完全可以接受一些更抽象的概念，甚至他們這時候對死亡的關注比成年人還熱切。其實這是家長、老師與孩子一起成長的好機會。在學校可以通過生物課，將兩性教育進一步深化，嘗試通過兩性教育進入到生命教育，進入到最核心的甚至是哲學的深度，從「我從哪裏來」「我到哪裏去」「我是誰」的人生三問入手。即便家長和老師只從生物學角度解答人生三問，孩子都有可能自然而然產生對生命的敬畏。此外，

還可以從心理學角度，再一次更加深入地探究生命的奧祕，探尋生命的本質，促使孩子敬畏生命。

科學視角的人生觀：人生的起點在哪裏？

家長和老師常說孩子對生命沒有敬畏，實際上大人就對生命有敬畏嗎？就對孩子的生命有敬畏嗎？換句話說大人對孩子有敬畏嗎？如果父母、老師還沒有建立起對孩子、對生命的敬畏，那自然孩子也難以敬畏生命。

許多青少年沒有真正理解生命，沒有理解生命的價值與意義。生命的神聖性在當代青少年的眼中逐漸被淡化了，所以遇到稍微不如意的事，他們就想着用死亡來解決。這在某種程度上來說，就是對生命的不敬畏。輕視生命也因此成為青少年自殺的深層原因之一。

那麼在生命教育中該如何建立起對生命的敬畏呢？由性教育引申出來的生命的起點問題，其實是一個很好的切入點。

人的生物學起點

從生物學角度來說，人的生命何時開始？從形成受精卵的瞬間，還是形成胚胎之時？是長出身體形成大腦的時候，還是可以感受到胎動之時？在中國的文化中，存在虛歲的說法，即孩子生下來的時候就已經是一歲了。我曾經做過一個調研（2020 年），在中國有 59.28% 的人認為是受精卵形成的一瞬間開啟生命。

人的心理學起點

胎兒的意識是從何時開始的？

我們常常認為，是否存在意識是區別生命體與非生命體的特徵。意識最簡單的心理學解釋或理解是人類個體對其內部和外部存在的感知或認識。

剛剛初生的嬰兒都是具備意識的。但意識是出生之後才有的嗎？做過母親的朋友大都能夠感覺到，胎兒其實在出生前就已經有意識了，至少可以借着胎動的反應和肚子裏的寶寶互動。但是學者從孩子視角的探究到的答案，可能讓我們更加吃驚。

日本橫濱市婦產科的池川明博士因為助手的孩子在幼兒時期的一篇描述在胎中生活的作文，讓他知道了胎中記憶的可能性，並促使他對胎兒記憶展開研究。在其著作《父母是孩子的選擇》中寫到，他發現有 33% 的孩子在 2-3 歲前都有着比較清晰的胎內記憶。一個 3 歲女孩描述「像漂浮在水上」，另一個 2 歲的小女孩則説「被繩子拴住」，還有一個 4 歲小男孩説「裏面黑得難受，總聽到媽媽的説話聲」。這部分記憶大多集中在 2—3 歲，之後開始慢慢淡忘 [24]。

另外，福島大學的副教授飯田史産在其著作《生存意義的創造》中提到，調查發現有 53% 的小孩有胎內記憶，41% 的小孩則擁有出生記憶。

其實你自己也可以做一下類似的試驗，不妨問問你的孩子（三歲前最好）是否記得在媽媽肚子裏做甚麼了，你有可能得到一些很有趣的答案。

宮內記憶在某種角度證實了孩子實際上不是生下來才有意識的，而

---

24 池川明著《父母是孩子的選擇》

是在子宮裏就有意識，就能夠感知並且記住外面發生的事。也就是説，胎兒的意識是遠遠早於出生這個時間點。

海外學者羅森博士（Carista Luminare-Rosen）在其《育兒從懷孕前開始》中提到：胎兒擁有情感和直覺能力，能夠感受到父母的愛。他説「胎兒在子宮中，會看、會聽、會感覺、會記憶、會品味、會思考。」[25]

此外，針對胎兒意識出現的時間點，還有更加前衞的非主流研究，並發現了更加不可思議的可能性。

耶魯大學醫學院的布萊恩・魏斯博士在《回到當下》一書中描述了他的患者在催眠療法中回溯從前所看到的景象。患者安娜在催眠中不但記起小時候，甚至進一步描述了自己在母親的子宮裏，看見了美麗的金白色亮光，能夠感知母親與自己身邊的事物。患者凡妮莎則説她能夠在子宮內深刻感知許多事情，她也知道為甚麼選擇這對父母。最有趣的案例是，博士的兩位學生都是心理學家，他們在胎兒四個月大的時候，同時做了一個相同內容的夢，夢裏女兒告訴了爸爸媽媽她為甚麼會選擇他們作為父母。

在池川明博士的另外一個著作《在雲彩上看到媽媽時》中他進一步發現，幼童不僅有子宮內的記憶，甚至有在進入子宮之前「選擇媽媽和爸爸」的記憶。

書中有這麼一段對話：

醫生：甚麼時候開始選擇媽媽的？

小龍：是需要排隊的。有很多小天使（小朋友），一團團的人。

---

25 Carista Luminare-Rosen: *Parenting Begins Before Conception: A Guide to Preparing Body, Mind, and Spirit For You and Your Future Child* (2000).

一個仙女飛來了，就可以帶着小天使去了。所以需要等，等待很長時間，一直等到仙女回來，輪番排隊。到我的時候，我就選擇了媽媽。

醫生：怎樣選擇媽媽的？

小龍：與仙女一起在天上往下看，然後找到的。覺得媽媽最好，於是飛到媽媽那裏了。

醫生：有沒有看到爸爸？

小龍：也有看到爸爸。

醫生：有沒有覺得爸爸好啊？

小龍：兩個都好……就進入媽媽肚子裏了。[26]

這些研究對我們有甚麼啟發？

也許可以理解在我們古老文化中關於虛歲的習俗背後的原因。孩子的意識也許開始於很早以前。

如果你的孩子和你抱怨：「你生我的時候根本沒有經過我的同意。」你就可以把前面提到這幾本書默默地遞到孩子手中，輕聲地說：「或許，你可以先看一看科學研究？」

實際上，是孩子選擇了父母，而非父母選擇了孩子。孩子是借父母而來，而非是為父母而來。正如紀伯倫的《先知》所講：

你的孩子不是你的，

他們是「生命」的子女，是生命自身的渴望。

他們經你而生，但非出自於你，

---

26 池川明著《在雲彩上看到媽媽時》

他們雖然和你在一起，卻不屬於你。²⁷

性格獨特性來自於哪裏？

很多科學案例已經證實，性格是一生下來就有的。很容易看出剛出生的嬰兒有不同的性格，尤其是家裏有兩個及以上的寶寶，父母會發現孩子的性格是一生下來就不同。有的母親也會發現孩子在胎動時期的反應方式也不同。

曾經有一個母親分享了她的雙胞胎孩子，在照 B 超的時候，一個在活潑地鬧，另一個本來在睡覺，但一下被惹急了就開始拳打腳踢打另外一個，兩個寶寶就這樣在媽媽肚子裏打了起來。如果說孩子的性格來自於先天，來自於父母的 DNA，那為甚麼同卵雙胞胎的性格差異也如此大呢？

事實上，同卵雙胞胎的性格很少相同，更進一步來說，連體雙胞胎的性格也存在很大差異。生活雜誌曾經報道過雙頭連體姐妹阿比蓋爾和布列塔妮的故事。她們的身體完全連在一起，同用一個心臟，一個身體，但她們倆人的性格完全不一樣。她們倆駕照有兩個，考試考兩份。而且工作以後在學校當老師，也是拿兩份工資，因為她們的工作內容都是不一樣的。同卵連體雙胞胎，同樣的胎教，同樣的出生時間，所有的境遇環境也都一樣，她們的性格依然不一樣。這說明，她們性格的獨特性可能並非來自父母的 DNA。

瑞典科學家弗羅姆斯研究了 2500 對同卵雙胞胎和 2500 對異卵雙胞胎的性格，用 5 個不同指標來對比判斷。他發現同卵雙胞胎的「大五人格特質」比異卵雙胞胎更為相像。即在同一個家庭生長的和在不同家

---

27 卡里爾・紀伯倫《先知》第四章

庭甚至不同國度生長的同卵雙胞胎，他們的性格相似性比異卵雙胞胎高出 25% 左右的平均值。也就是說同卵雙胞胎在 DNA 完全一樣的情況下，他性格的相似性只有 50%。那麼決定它獨特性的另外 50% 來自於哪裏呢？至少不是來自於父母。

這個問題在主流的科學界裏似乎已經找不到答案了。換句話說，這貌似已經是一個哲學的終極問題，我到底從哪裏來？我是從父母那裏來？還是從別的甚麼地方來，只是借助於父母的身體？

正如前面同卵雙胞胎的性格差異性問題所展現的那樣，每一個孩子都有與生俱來的特性，因此人們應要尊重孩子的獨特性，尊重生命的獨特性，這才能讓孩子、家長、老師，甚至這個世界不斷成長和進步。

孩子的天賦來自於哪裏？

每一個生命都是獨特的，性格獨特，興趣愛好獨特，天賦獨特，還有很多其他與生俱來的不同於父母的獨特東西。那這些獨特性來自於哪裏？

世界上有很多的神童，比如莫扎特 4 歲開始演奏鋼琴，5 歲開始作曲，6 歲開始在歐洲演出，8 歲寫出奏鳴曲交響樂。非凡的才能有的是天生的，有的要經過長時間的磨練才能學到，尤其是語言，不僅要經過學習，還需要大量的練習才能得到。但 1988 年 1 月 27 號的《解放日報》上報道了一個保加利亞的女嬰索非亞，她不滿 2 個月已經能夠奶聲奶氣地說 8 種語言，並且她的形態老練的像成人一樣。而語言學家、著名兒科專家安東哥夫醫生觀察後認為，在這個年齡的嬰兒通常只能發出簡單的聲音，絕對不能像索菲婭一樣沒經過任何學習就能純熟地運用多種外語說話。那麼先天的語言能力來自於哪裏？如果是天賦，那天賦又來自於哪裏呢？

美國精神病學家、醫學博士伊安・史蒂文森博士在他的《不學自會的語言－對特異外語能力的新研究》一書中記錄了兩個案例。一個案例是美國基督教循道公會的一個牧師格雷琴。1970 年 5 月丈夫用催眠法給她治療背痛時，問她：「你的背痛嗎？」她竟出乎意料地用德語回答「不」。從那以後，她便在催眠狀態下愈來愈多地記起前世在德國某地的生活，前世的名字叫格雷琴（Gretchen），並用德語講述出來。她的德語雖然不太流利，有些語法錯誤，但確實描述了許多往世的事情，特別是關係到宗教和家庭生活的細節。直到 1973 年伊安・史蒂文森博士去參與調查，為了證實她確實沒有通過常規方法學過德語，不但去她老家訪查鄉親，還專程去了紐約作測謊儀實驗，證實她的確沒有撒謊。

伊安・史蒂文森博士研究了 30 多年關於輪迴的可能性和前世的可能性，他找到了大量的案例來驗證，但依然不是目前的主流學說，主流科學對此暫時無解。這也不是我想要給大家講清楚的一件事情，但是至少提供了一個探索方向 —— 也許每個人都已經活過了很多次的生命。

這在育兒方面也可以給我們一些啟發：父母老師在教育孩子時，往往喜歡對比，總是說鄰居家的孩子、隔壁班的孩子各種方面的長處，其實那可能是他們上輩子積攢的能力。父母因此給孩子留下深深的心理陰影是完全沒有必要的。希望看到這裏的朋友們，可以嘗試反思自己對孩子的要求是否存在一些合理呢？

與生俱來的恐懼來自於哪裏？

很多人其實都帶着與生俱來的心理痕跡，包括很多莫名其妙的恐懼，比如：

1. 恐高症（乘機恐慌症）

2. 幽閉恐懼症（恐黑）

3. 恐蛇症

4. 恐水症

⋯⋯

為了治療這些心理障礙，很多人不得不求助精神心理學的醫生們，而很多學者也變成了輪迴現象的研究者。

美國邁阿密西奈山醫療中心主席、著名精神心理學醫生布萊恩·魏斯博士（Dr. Brian Weiss），他就是從一位完全不相信輪迴的嚴謹學者，最後成了這個領域的專家。他的代表著作有 *Many Lives, Many Masters*（台灣有中文譯本題為《前世今生》）其中提及了一個案例：

魏斯博士的女病人名叫凱瑟琳（Catherine），是魏斯醫生所在的邁阿密醫療中心的一個實驗室化驗員。文化程度不高，人老實單純，在天主教的氛圍裏長大的，對輪迴的概念也很淡漠，甚至根本不相信。凱瑟琳當時還不到 30 歲，她患有抑鬱症，總是神經緊張、恐懼，經常做相同的噩夢，甚至有夢遊現象。她很怕黑，怕被關在屋裏，所以不敢坐飛機，覺得飛機艙關閉起來悶得慌。她怕水，甚至連藥都不敢吃，怕嗆着水，整天擔心自己要死了。於是她來找魏斯醫生治病。

魏斯醫生最初決定用現代醫學的催眠法對病人治病。凱瑟琳在醫生引導下進入深度安定的催眠狀態，開始描述自己見到的情形：「我見到一個白色的大建築，有步階上去，建築沒有門。我穿着長衫，在幫助搬運泥沙。我的名字叫阿羅德（Aronda），現在 25 歲。今年是公元前 1863 年（這個時間比釋迦牟尼佛和孔子的時代還早）」。病人還說：「我有一個女兒，很小，叫克萊斯托（Cleastra），她是我現在的侄女雷托（Rachel）。」雷托是女病人凱瑟琳的侄女，同凱瑟琳的關係很密切，原來這種親密的緣分是前生就結下的。

病人在催眠狀態中繼續説：「我們村子生活在一個山谷裏，很熱，

很乾旱。有一天從山上突然沖下來大洪水，把村子淹了，連大樹都掀倒了。水很冷，人無處躲避。我這時緊緊地抱住女兒，想要逃生，但是我一下子被大水淹沒了，水嗆得我好難受，我無法呼吸。我的女兒被大水一下子給捲走了。」當說到這裏，凱瑟琳在催眠狀態中用手在空中掙扎着要抓住甚麼，呼吸顯得很困難、很痛苦的樣子。魏斯醫生在旁邊引導她說：「這個事件結束了，你可以放鬆休息了。」凱瑟琳的身體才從緊張慢慢放鬆下來，呼吸逐漸恢復平緩。這一個療程以後，凱瑟琳對水的恐懼消失了。

凱瑟琳的另外一個心理病徵是害怕被關在黑屋子裏，也有前世的原因。在另一個催眠療程中，凱瑟琳說自己曾有一世在一個古老的部落裏生活。當時很多人都患了一種可怕的瘟疫，只要患上就必死無疑。他們當時認為這是神對他們的懲罰。人們將患了這種瘟疫的人抬入山洞，封起洞口，把病人活埋在裏面。凱瑟琳那一世也染上了這種瘟疫，被人封入山洞。她當時感到四周很黑，身體很痛苦，心裏非常害怕，在恐慌無奈中死去[28]。

如果前面提到的這些研究對孩子來說太深了，理解存在困難，那這裏有一本適合兒童的繪本叫《活了一百萬次的貓》，講述一隻死了一百萬次，又活了一百萬次的貓。他一直不斷地重複着自己的生命，直到最後他學會了一件非常重要的事情 —— 愛。我覺得每個父母都可以帶着自己的孩子一起看一下。或許可以更好地理解生命循環的意義。

---

28 科學證明的三則真實因果輪迴案例 -2017-10-15. https://kknews.cc/emotion/ynoo35g.html

理解生命，敬畏生命

如果孩子的性格，天賦等等很多東西都不是來自於父母，那麼對父母的啟發是甚麼？為甚麼父母會希望孩子能夠變成像自己這樣的人？如果能夠想清楚這一點，那對孩子的教育方式肯定會大不相同。

帶着這樣的疑問，這樣的可能性，借着兩性教育，可以試圖理解孩子從哪裏來，為甚麼從生物學角度的墮胎會產生這麼大的問題。這至少說明，墮胎結束的是一個十分珍貴的有獨特意識、獨特天賦、獨特性格的生命。

前文從生物學的角度，從心理學角度，從精神的層面，從意識層面精神，並且從教育層面分析了孩子的天賦是從哪裏來的。經過層層探索，發現這些都是孩子自己帶來的，而不是來自於父母，這也給親子教育帶來了非常多的啟發。

如果孩子天賦都是先天帶來的，每一個天賦都是獨特的，那孩子也一定是獨特的，完全沒必要去跟別人家的孩子的天賦做比較。

至少前面提到，當想要使用正面教養的方式對待孩子時候，很多父母只是知道要表揚孩子的努力而不是表揚孩子的天賦。了解這些之後，父母可以進一步理解天賦是與生俱來的，是孩子已經具備的。而每一個生命到來，也許還有一個更大的使命就是不斷成長，比原來的生命更加成熟，那麼顯然應該關注那些可以讓他們繼續成長的層面。

如果孩子的意識也是與生俱來的，他們只是借父母而來，那麼父母為甚麼一定要按照自己的意志，來安排孩子的未來，來安排孩子的一生呢？是不是應該給孩子更多的空間，去探索他們自己未來的可能性？那些可以完全超越於父母，甚至無從想像的可能性。也許社會，甚至人類，就是如此不斷的迭代，不斷創造超越於前輩，超越於自己的可能

性的。

　　如果可以理解每一個孩子都有自己生生世世的從前，那麼每一個孩子都是獨特的個體。於是也就沒有甚麼好，沒有甚麼不好，只是每個孩子的特點。有了這樣的心態，便能夠更加充分尊重孩子的獨特性，尊重孩子的天性，儘可能不把父母的標準和期望放在孩子身上，因為是孩子選中了父母，藉由父母來到這個世界。在選中父母的時候，他的能量頻率和父母已經是達到一致，這意味着父母孩子之間是有很多的緣分，還意味着父母已有的東西，孩子其實是已經不在意的，他都曾有過，甚至已經習以為常。

　　那麼孩子來到這個世上追求的是甚麼呢？其實是在父母的沉澱和積攢之上的，其他更加輝煌的東西，而不是父母現在所擁有的東西。

　　孩子選中父母，是因為他們與父母已有的東西可以產生共鳴，他們需要的是借助這些東西走到更高的地方去，而非重複父母的生活，遵循父母的目標和判斷。孩子應該是站在父母的肩膀上，看得更遠，飛得更高。所以父母們一定不要用孩子去實現那些自己未能實現的夢想，不要因為自己這一輩子的不如意或不滿意，就把這些期望轉移到孩子身上。父母的成功或失敗是自己的功課，和孩子其實是沒有太大關係的。因為每一個孩子都有他自己的夢想，那個夢想很有可能是遠遠超越成年人的想像力。只有帶着這樣的態度去養育孩子，才可能充分尊重孩子，敬畏孩子，感恩孩子的選擇和到來，才會更加深愛孩子。

　　其實，父母唯一能做真的就是全然地給予愛，給予孩子去探索自己夢想的安全感。然後他們才能放心大膽地去探索自己的人生之路，而不是重複父母的人生路。他們永遠屬更輝煌、更宏大的未來。正如紀伯倫所說，父母給予孩子的應該是生命之箭，父母應該做一張拉得很滿的十分穩定的弓。「你的孩子不是你的，他們是『生命』的子女，是生命自

身的渴望。他們經你而生，但非出自於你，他們雖然和你在一起，卻不屬於你。」[29]

　　孩子只是跟父母有很深的緣分，藉着父母的身體來到這個世界上，他並不是因為父母而來，他有自己的使命，有自己的渴望，所以他們雖在父母身旁卻並不屬父母。父母與孩子更好的關係，應該將孩子當成是自己生生世世的老朋友。希望所有的父母都牢牢記住，孩子絕不是父母的附屬物，孩子的靈魂與父母一樣的古老，甚至更古老，所以在精神層面上孩子與父母是完全平等的。在中國許多地方會稱呼又闖了禍的孩子為：「哎呀，我的小祖宗啊」，也許這不無道理。如果是這樣，對孩子敬畏是不是就很容易昇起一些呢？因為你不可能去打你的爺爺和奶奶吧。如果他是一個古老的靈魂，父母可以給予最好的東西就是陪伴和愛，而不是自己的想法。孩子有着自己的思想，他的思想可能從很久遠以前就在積攢了，來到這裏父母可以庇護他們的身體，而不是遮蓋他們的靈魂，因為他們的靈魂屬於明天，那是父母無法看到，甚至是夢中都無法企及的明天。

　　雖父母可以拼盡全力變得像他們現在的這樣「成功」，但卻不要試圖讓孩子們變得和父母一樣。因為本質上父母給孩子的只是自己的DNA，而孩子們的靈魂所擁有的可能遠遠比父母多很多。生命從不後退，也不會停留於過去。如果父母把甚麼都強加給一個孩子，得到的只會是一個殘次的翻版自己而已（因為無法與自己一模一樣），而不是未來更多的可能性。所以請家長們牢牢地記住這一點：你只是弓，孩子才是飛向遙遠的遠方的生命之箭。真正偉大的父母應該是那位屹立於天地之間、頂天立地的射者，遙望着無窮未來的目標，用盡力氣將自己這張

29　卡里爾‧紀伯倫《你的孩子其實不是你的孩子》

弓拉滿，使弓上的箭可以飛得又高又遠。在那更加龐大遼闊的世界，也許是每一個生命都有的一個目標，一個更加輝煌宏大的目標。也就是所有靈魂共同具有的目標，只是很多父母自己也還未看到。這個目標就是後面會提到的，人生的使命、目標和意義。有了這些，孩子才會真正有力量去面對世間所有的痛苦。

因此，父母們，請強健自己的身心，緊握手中弓，開心從容地彎弓發力。為甚麼要開心呢？因為親子關係最重要就是打開心扉，深刻地意識到孩子和父母不是附庸關係，孩子不是父母的所有物，對孩子要能夠放手。這個過程最重要的就是親子之間可以開心，可以開啟心扉，以穩定的情緒和心態，一起為孩子和後代創造一個安全溫暖的環境。

最後，如果能問那只活了一百萬次的貓：「為甚麼要一遍一遍地來到這裏，不斷地選擇父母，不斷地經歷生命？」如果我是那隻經歷了百萬次生命的貓，現在我的答案也許是：生命教育的本質就是愛的教育，而愛的本質是給予，是付出，是最終對最愛的孩子的放手。讓孩子從父母這裏感受到愛，去成就屬於他們自己的愛！

|第六章|

死亡教育

　　在了知生命的出處之後，本章開始了解死亡教育，
這是本書的核心和精華部分。從我自己親身的死亡經歷，
到現代科學對死亡的研究，了解死亡的過程，明白死亡的
不可逆行，探尋死亡的本質，從而了知生命的珍貴。珍惜
生命，決不能把自殺作為解決問題的選項。了解從壓力到
自殺的心理過程，更有機會在不同階段干預幫助自殺者。

「記住你即將死去」是我一生中遇到的最重要箴言，它幫我指明了生命中重要的選擇。因為幾乎所有的事情，包括所有的榮譽、所有的驕傲、所有對難堪和失敗的恐懼，這些在死亡面前都會消失。我看到的是留下的真正重要的東西。你有時候會思考你將會失去某些東西，「記住你即將死去」是我知道的避免這些想法的最好辦法。你已經赤身裸體了，你沒有理由不去跟隨自己內心的聲音。只是在死亡剎那，或經過死亡體驗後，我們才開始有了真正的生命。

—— 史蒂夫・喬布斯《記住你即將死去》

2005 年斯坦福大學畢業典禮演講

為甚麼要孩子在年輕時思考死亡？

在中國的文化裏，一般是忌諱死亡的。父母不會輕易跟孩子討論這個話題，但是如今孩子成熟得愈來愈早，碰到的各種各樣要命的問題和誘惑愈來愈多，於是我們看到的觸目驚心的死亡案件也愈來愈多。

死亡教育的緊迫性

據《新京報》2021 年 11 月 15 日報道：江蘇啟東實驗小學 15 日有 3 名小學六年級女生，相約一起從 5 樓跳下來。據稱，3 人疑似在玩網絡遊戲。《南方周末》則在 2018 年 11 月 10 號報道：湖南衡陽市成章實驗中學的初三 293 班的班長，因為月考成績退步了 10 分，受到了老師的批評，家長也讓他寫檢討。於是在 QQ 羣組與其他同學討論，邀請同

學一起自殺，居然有 2 名同學響應，決定一起服藥自殺。最終 14 歲的班長搶救無效。

其實早在 2012 年 5 月 4 日就發生過類似事件，巫峽小學 4 名 11—12 歲小學生集體服毒自殺。搶救過來後，了解到最主要提起自殺的孩子的父母迷戀打牌，輸掉幾萬元，夫妻倆在家鬧得不可開交，造成孩子心情不好。孩子覺得活着很沒有意思，父母也很不愛他，於是和很要好的朋友抱怨（包括另外三個自殺者），這幾個孩子深有同感，一拍即合，於是他們產生了集體自殺的念頭。

如果不了解死亡，很多小孩認為自殺好像就是玩一個遊戲。有學者研究發現，有 20.4% 的學生都曾有過自殺意圖[1]。他人稍微一鼓動，很有可能就會有幾個同學一起自殺。此外，很多青少年把自殺作為一種手段來對付老師和父母。在知乎相關的問題互動中總是可以看到：「我就要報復你」「我要讓你得到處分，我讓你當不了班主任」「我一定要讓你難過，我要讓你活在內疚中」等等評論。

為甚麼孩子會有如此不正常的思維呢？

這就回到了大部分人對於死亡的態度。在十餘年的死亡教育過程中，我碰到的成年人對死亡的態度往往分為幾類：最多的人屬無知無畏類別，他們根本沒有了解過死亡，他們對死亡無所畏懼的表現就是漠視生命，放棄生命，更明顯的是虐待動物、自殺、虐待他人等等。另一類是那些試圖了解死亡的人，因為沒有甚麼途徑去了解，於是死亡變成了一種恐懼。一些人無知無畏，一些人無知而為。還有一類是迴避型，因為死亡令人畏懼又無法了解，於是選擇儘量迴避，甚至迴避與死字諧音的「4」和「10」，迴避所有與死亡有關的事情。

---

1 劉褘霞：〈上好生命教育這一課〉，《湖南教育》第 11 期（2018 年）。

實際上，我們並不是天生畏懼死亡或者對死亡不感興趣。學者們（比如心理學家皮亞杰）的研究發現，其實孩子在很小的時候就開始關心死亡的問題。在兩歲三歲的時候，就會有很多小孩開始試圖理解死亡的相關問題，但是這個時候的父母往往還沒有準備好如何回答這個問題。於是乾脆迴避，顧左右而言他，或是用各種各樣的方法應付小孩。當父母迴避死亡時，孩子就會覺得死亡很可怕，爸爸媽媽都這麼怕死亡，看來死亡這件事可以拿來嚇唬父母，甚至可以來懲罰父母。或者，有的孩子會覺得死亡這麼神祕，爸爸媽媽都不知道，看來是很有趣的，於是就會輕易被鼓動去嘗試。也就是說，如果父母或者學校的老師沒有系統性給孩子們介紹死亡，孩子又對死亡很感興趣，他們會從父母含含糊糊的語句中得到一些誤導，或是從動畫、電視劇、網絡遊戲中關於死亡輕率的處理，形成自己的一套關於死亡的理解。尤其是青少年喜愛的槍戰、打鬥類網絡遊戲，因為遊戲中經常有一擊打爆對方，或者自己受傷快死了還可以買點血以後再接着打，被擊斃之後還可以再復活的設置，這就好像給孩子們造成一種假象，他們會覺得好像生命是可以隨時終止，隨時復活的，生命可以當成遊戲一樣來玩的。

所以我們面臨着一個很嚴峻的問題 —— 青少年的死亡教育，這是一定要正視的問題。傳統的教育裏都不願意面對，但是到了現在，不得不面對了。如果再不重視死亡教育，以後出現愈來愈多的問題，而且問題會愈來愈大、愈來愈麻煩。

死亡教育的挑戰

對於青少年的死亡教育，雖然有些家長和老師已經意識到了緊迫性，但是卻難以把握好分寸，不知何時適合和孩子們討論。依我之見，父母應該時刻準備着，因為孩子何時會對死亡好奇和恐懼是無法預測

的，關於死亡的討論往往猝不及防，甚至處於比較情緒化的狀態之中。

記得在孩子們還很小的時候，我們全家去柬埔寨旅遊。在吳哥窟裏一處古木參天的建築塔布籠寺（Ta Prohm）前，導遊介紹：「這是國王為紀念母親建造的，當國王思念母親的時候，就會來這裏坐很久。」大女兒一直拉着我的手，仰着頭問我：「爸爸，甚麼是思念啊？」我說：「思念就是你很想一個人，但是見不到他了。比如這個國王很愛媽媽，但是國王的媽媽已經去世，再也見不到了，國王就只能到這裏來思念他的媽媽。」沒想到女兒一下側過身來，抱着我的腿嚎啕大哭：「爸爸，我不想思念，我不想爸爸離開我。」那時候女兒才 4 歲。雖然我早就做了知識上的儲備，等着給女兒講生死，卻沒有意料到，這一天來的如此早，來得如此驚心動魄。不僅自己，這麼令人憐愛的孩子，也有可能離開這個世界，這是所有的親人的功課啊！我趕緊蹲下身來，摟着孩子，紅着眼圈，結結巴巴開始了面對死亡的第一次討論，好在我已經準備了很多年。

4 歲還不是最早討論生死的年紀。在我的生命教育課堂上，曾經有一個家長說他的孩子兩歲半，因為侄子的媽媽去世了，於是總問他小哥哥的媽媽去哪裏了，小哥哥的媽媽為甚麼不來看他等問題。這讓作為父母的他們很為難，雖然自己了解一些關於死亡的知識，但畢竟孩子才兩歲半，要不要和他談論死亡的事情呢？談論到甚麼樣的程度……

很多父母也會遇到這樣的場景：在玩耍的孩子會猛然停下來，「媽媽，我不想你死。」可能是兩歲，可能是三歲，你該怎麼回答呢？如何充分利用好這個機會，讓他不畏懼死？

下文將嘗試從認知心理學的角度，了解一下孩子心中對死亡的態度，分析一下要在甚麼時候開始理解死亡，以及如何與孩子談論死亡的事情。

甚麼時候應該開始跟孩子談論死亡？

　　兒童心理學家皮亞杰以 4—10 歲的兒童為最初的被試對象，研究兒童對生命概念的發展，並將兒童對生命概念的認識劃分為 3 個階段。

　　階段 0（0—2 歲），一般兩歲之前的孩子沒有生命概念，兒童不能區分有生命的物體和沒有生命的物體。這時候的孩子會對着玩具、枕頭咿呀咿呀地說話。

　　第一階段（3—5 歲）：兩歲後的孩子開始關注到死亡的事情，並將死亡看成一種睡眠或者暫時的狀態，將「死亡」擬人化（死亡先生、死神），此階段的兒童還不能認識死亡的本質，不能認識到死亡的不可逆性。

　　第二階段（5—8 歲）：剛上小學的時候，孩子就開始逐漸認識到死亡是人類最終的結果。但是此時的兒童將死亡看成是變化莫測的，暫未形成對死亡真正的理解。這時候孩子會對死亡產生恐懼和悲傷情緒。如果這個時候家長不開始介入讓孩子所產生的恐懼和悲傷，有的孩子就會很小開始對死亡焦慮。實際上，人類不開心的一個很重要因素就是焦慮，而所有焦慮的最大來源就是對未來和對死亡的不確定性。這種焦慮有可能會根深蒂固地藏在孩子心中很長一段時間，如果此時可以開始對孩子展開死亡教育，這對青少年的健康成長會非常有益。

　　第三階段（9 歲以上）：孩子已經到了可以像常人一樣了解死亡，能夠進行推理，並意識到死亡是不可避免的，是任何人都要經歷的。孩子開始思考死亡的意義與啟發。出現這種狀態以後，愈早讓孩子了解死亡，對增加孩子心理安全感、降低焦慮程度等等都有很多好處。

　　因此，在孩子還很小的時候，比如三歲到學前，父母就可以比較善

巧地順着孩子的年齡階段來進行一些死亡教育，讓他在自己認知的基礎上能夠稍微更了解一些非常重要的死亡知識。

在家父母對學前兒童的死亡教育準備

很幸運的是，現在已經有一些工具書了，有適合學齡前兒童的畫本或繪本，爸爸媽媽可以和孩子一起看。比如《一片葉子落下來》，從植物的角度，展現完整的生命歷程，歌頌生命在於經歷美好的事物，在於給別人帶來快樂，死亡不代表終結，而是另一種新生。還有《獾的禮物》，雖然獾離開了身體，但是他的身體留下了很多的禮物，很多的小動物靠着他的身體繼續存活。還有前面提到的《活了一百萬次的貓》用比較詼諧的方式，把輪迴的概念介紹給了小朋友，並且把死亡如何發生和死亡後會到哪裏去介紹了一遍。還有《我永遠愛你》講的是一個小朋友跟他的小狗，每天小男孩都和小狗說我愛你，小狗去世後小男孩很難過，但很快就接受了現實，因為他的小狗每一天都活在他滿滿的愛裏。還有《爺爺變成了幽靈》，爺爺忘了跟小外孫說再見，於是變成幽靈回來和小孫子告別的故事。

這些繪本用童話寓言的方式切入，由淺到深，慢慢給孩子們介紹死亡。當孩子問到死亡的時候，可以認真地坐下來和孩子們討論的。而且最好儘早和孩子說説死亡這件事，不僅是讓他們知道死亡是人生中一件正常的事，更是為了讓他們知道及時表達自己的愛的重要性，這樣當永別來臨時就不會有那麼多後悔了。

還有一些適合孩子們看的動畫、電影或紀錄片，比如 pixel 出品的《Coco》，又叫尋夢環遊記，以及後來推出的《心靈奇旅》。無論對孩子，還是大人都會很有啟發，而且這種動畫比擬的方式，非常便於孩子理解。

還有一系列的紀錄片也能讓大家更加理解死亡，比如《*Life in the*

Undergrowth》（灌叢下的生命）、《*Life*》（生命）等等，不僅讓大家珍惜人類的生命，還看到大自然生命的豐富多彩，了解在大自然中成長的動物們的新生命是如何開始的，在成長過程中又是如何面對各種各樣的挑戰的，又是如何面對死亡的，這可以擴展孩子和家長對廣義的生命的理解。

寓言式死亡教育的弊端

對於學齡前的孩子，可以通過帶他們一起看繪本、看動畫等方式進行生命教育，但一定要留意這種教育方法的時效性。因為現在的孩子愈來愈早熟，如果只是用這種寓言式的方式教育孩子，有可能給孩子留下一些錯誤的認知。比如，孩子們會覺得死亡像寓言裏所講，是一件很輕鬆簡單的事，是一件很神祕很好玩的事，這就有可能導致他們自己去嘗試死亡，這是家長萬萬不願看到的情形。所以，一旦孩子進入到第二個階段（5—8 歲），一旦他們能夠理解到死亡是失去時，並且知道死亡是正常現象以後，可能需要開始更進一步、更正規的死亡教育了。這種正規的死亡教育並非一定要等到孩子上小學才開始，而是根據每個孩子對死亡的接受、理解程度而定，愈早愈好。

以下將從另外一個視角來了解不同年齡孩子對死亡理解程度，來指導我們對孩子生命教育的分寸的把握。上海師範大學心理學系的李丹教授，在其「兒童生命認知和生命體驗的發展特點」的研究中，以上海市某區六所中小學的 2、4、6、8、11 年級學生為研究對象，回收了有效問卷 736 份。測試中讓孩子以自由書寫的方式造句和補充句子，使用「生命」和「死亡」各造一個句子，並分別將句子「我的生命中充滿了⋯⋯」和「死亡讓我感到⋯⋯」補充完整。以此來了解兒童對生命及死亡現象的基本認識和心理體驗。最後總結出兒童對於死亡認知一共有

5 個不同的階段。

　　第一階段是模糊認知，兒童還不能用死亡造出完整的句子，或對死亡現象存在錯誤的認識。第二階段是對死亡有了具體形象的認知，但需借助具體事物來表達。第三階段則是對死亡本質的認知，能夠理解死亡的普遍性，認為死亡是不可避免的，死亡是人生的終點，每個人都會經歷死亡。第四階段是非理性的認知，部分兒童認為死亡是一種解脫，甚至也有個別兒童寫出了「我喜歡死亡」這樣的句子，類似的句子說明這部分兒童對死亡的認知不夠理性。第五階段是表達態度的認知，兒童不但能夠理解死亡的含義和特性，還能表達自己對死亡的態度[2]。

　　由此可以看出，有很大一部分的兒童對死亡的認知是不夠理性的。但到了一定地步以後，孩子們不僅能夠理性地理解死亡，還會開始表達對死亡的態度，開始有一些情緒化的反應。實際上孩子在特別早的時候，大概一、二年級的時候，雖然對死亡的認知是以具體的形象為主，但對死亡的本質已經將有近一半的認知了，這意味着根本沒有必要遮遮掩掩，完全可以和這個年紀孩子展開死亡的討論。到了六年級以後，兒童對於死亡的認知和對於死亡的本質及它的必然性、不可逆轉性都已經有很深刻的理解，所以到了這個時候，死亡是完全可以展開討論的，並且要充分允許他們表達對死亡的情緒。

　　另一方面，兒童對死亡的心理體驗的發展過程也有一定的指導意義。兒童對死亡的心理體驗也可以概括為五個類別：恐懼、悲傷、迷茫、解脫、哲理性。恐懼就是常說的「死亡讓我感到害怕」「我討厭死亡、恐懼死亡」等。一、二年級的學生經常有這種心理體驗。後來到了悲傷，

2　李丹、陳秀娣：〈兒童生命認知和生命體驗的發展特點〉，《心理發展與教育》第 1 期（2010 年）。

知道死亡必然會發生，這時候兒童會產生悲傷，通常會説「死亡讓我感到難過、悲傷，讓我感到想哭」等。悲傷之後就開始迷茫，開始思考死亡，但又找不到答案，於是對死亡現象充滿了疑惑，但又不知所措，感到無助和迷茫。隨着對死亡的一知半解，認為死亡是一種解脱，這時候的兒童會對死亡有種嚮往，如「死亡讓我感到興奮」「死亡讓我感到解脱與放鬆」「死亡讓我感到有趣」等。這是一種不夠理性的體驗。等到比較了解死亡之後，孩子會進一步開始哲理性的思考，進而引發對生命的珍惜，他們不但了解死亡令人悲傷和恐懼的一面，也了解死亡背後要重視生命的意義。

有些孩子認為死亡有可能是解脱，甚至對死亡還有一種嚮往，這是一種對死亡不究竟的理解，並且是有一定危險性的。

有數據顯示，小學生對於死亡的恐懼的心理體驗呈現鐘型，即低 - 高 - 低。小學的恐懼是 34%，到了初中達到了恐懼的最高峯，隨後又慢慢下降。而悲傷的心理體驗則是在最早的時候達到最高，從小學低年級的 64% 到四年級的 38%，再到六年級的時候 22%，從高到低，慢慢平穩 [3]。這是因為悲傷慢慢被哲理性取代。讓成年人有點吃驚的是，從六年級開始，很多孩子其實已經開始思考死亡背後的哲學含義了！此後孩子們對於死亡的哲理性的要求會愈來愈高，呈直線上昇。雖然現在很多成年人對死亡的哲學含義都還沒有搞得很清楚，但實際上小時候都感興趣過，但可能因為家長對死亡的迴避，所以沒有得以深入探討，由此失去了解死亡的機會。

3　李丹、陳秀娣：〈兒童生命認知和生命體驗的發展特點〉。

各年級兒童死亡體驗各類別所佔人數及比例

對死亡的體驗	2 年級	4 年級	6 年級	8 年級	11 年級
恐懼	44(34.40)	84(59.60)	108(63.50)	83(54.60)	49(33.80)
悲傷	82(64.10)	54(38.30)	38(22.40)	27(17.80)	29(20.00)
哲理性	0(0.00)	3(2.10)	16(9.40)	29(19.10)	37(25.50)
迷茫	0(0.00)	0(0.00)	4(2.40)	9(5.90)	13(9.00)
解脫	2(1.60)	0(0.00)	4(2.40)	4(2.60)	17(11.70)
總計	128(100)	141(100)	170(100)	152(100)	145(100)

另一方面，孩子認為死亡是一種解脫和快樂，這種心理體驗數據也是從五、六年級開始逐步上昇的。這是非常令人擔憂的現象。假如孩子對於死亡的好奇沒有得到解答，他們會按照自己的理解去探討，有可能就會認為死亡是一件很好玩的事情，甚至認為通過死亡可以得到解脫，從而導致中小學生輕易選擇自殺。

從表中可以看到從小學到高中，孩子們對死亡大部分的心理認知依然是以恐懼為主。恐懼意味着對死亡、對未來的不確定性的害怕，意味着孩子還沒有真正的了解死亡的本質。

因此，生命教育一定要愈早愈好，在小學的時候就完全可以展開，可以把所有關於死亡的真相介紹給孩子，讓孩子們意識到死亡的必然性。愈早展開對死亡的探討，孩子愈可以儘快用理性和知識來對治對死亡的恐懼，他們也不再需要刻意逃避死亡，不再像很多缺失死亡教育的

成年人一樣，下意識逃避死亡。

認識死亡的必然性及其積極意義

我在前面的章節，一直在強調生命是如此來之不易，每一個生命都是父母的心血，是每一個母親用自己的身體滋養、撫育出來的。生命其實充滿了各種各樣的可能性，而如此美好難得的生命卻不會一直持續下去，這是每一個家長和孩子都要面對的事實。孩子從出生開始，很多事情都是不確定的，比如將來是不是幸福，是不是快樂，過得好不好，是不是有好的工作等等，這些都不確定。但有一件事情絕對是確定的，那就是死亡。

孩子呱呱墜地，發出第一聲嘹亮的哭聲，是有哲學含義的。因為這是一件很痛苦的事情。生下來的瞬間意味着生命的展開，也意味着死亡之旅的展開。恩格斯曾經說過生就意味着死，我們唯一能確定的就是死亡。

美國精神分析學家弗洛姆對此有精闢論述：「人，無論是人類或個人，一旦降臨斯世，便被『拋入動蕩不定、開放無拘的境遇』之中。其間僅有一點是確定的：過去以至未來的盡頭 —— 死亡。」死亡是生命當中唯一確定的，是隨着生的到來必然開始的，也是被很多人迴避的。但它不會因為迴避就消失，愈迴避，它愈有威脅性，威脅人的潛意識。而生命也不會因為迴避或者假裝的遺忘而停止走向死亡的腳步。這聽起來有些悲慘，但這是一個事實，並且是被很多人故意忽略的事實。實際上，任何的「悲慘」背後都有可能引發深思，帶來積極意義的內涵。

生命的真相是甚麼呢？

法國作家、哲學家加繆說：「死是唯一重要的哲學問題。」關於死亡的問題實際上就是「我從哪裏來、我到哪裏去、我是誰」的哲學問題。每個人一生下來，無一例外都得到了一張死刑判決書，還是死緩的判決，即緩期執行死亡。然後，人們還不知道執行的時間、地點和方式。如果從每一個人都是死緩的犯人角度來看人生是十分消極的。

但家長可以通過死亡的必然性，讓孩子看到看似很消極的死亡背後的積極含義。其實不僅人會死，地球會死，太陽系會死，宇宙應該也會死。假如一切的存在都將走向死亡，那存在的意義是甚麼呢？這是想到死亡後，必然會思考的，死亡的意義。當然也許孩子還沒有思考到意義這個程度，但父母至少可以幫助孩子，把對死亡的無奈轉化為珍視彼此的生命，愛惜自己的生命，愛惜爸爸媽媽的生命，愛惜其他生命。如果可以珍惜生命，便可以更加積極的生活，讓生活充滿更多的愛。

前文提到，當 4 歲的女兒在吳哥窟，抱着我的腿嚎啕大哭，說：「我不想思念，不想爸爸離開我。」我當時就蹲下來，緊緊地摟着還在啜泣的孩子，親着她沾滿了眼淚鼻涕的小臉，告訴她：「你看這裏的房子是不是很好看，這麼好看的房子時間長了也會壞掉，會被樹包起來，沒有人再住。我們每一個人也都是一樣的啊，我們的身體也會變老，最後也都會離開這個世界。就像國王的媽媽那麼愛國王，但是也會去世，國王老了也會去世，爸爸媽媽十分愛你，但是也會像國王的媽媽一樣離開這個世界。但是我們現在都還好，這個時候我們可以做些甚麼呢？」

於是旅行剩下的那一天，一有時間我們就商量如何更好地用好我們都在的時間……我輕聲地與女兒交流：「當我們還在一起的時候，就好好地在一起，爸爸媽媽好好愛我們的寶寶，寶寶也好好愛爸爸媽媽，然後也學着去愛別人，以後去愛自己的寶寶。雖然我們都會不在，但是我們的愛還一直在啊。」

從那以後，我們決定每次分開都好好地說再見，好好地說我愛你，好好地說告別⋯⋯也是從那以後，孩子每天早上出門上學，我每次出遠門去上課，我們都會很認真地相互道別。因為誰也無法保證那一天不是我們在一起的最後一天。每每離家去機場，我都會蹲下來摟着女兒，對她說：「爸爸要走了，爸爸很愛你，希望爸爸能夠早點回來見到你。」

孩子漸漸長大之後，我發現因為知道所有的存在必然要死去，反而讓活着的人更加珍惜彼此。每當女兒耍小孩子脾氣的時候，我太太也會跟女兒說：「你看爸爸也許馬上要出差去上課了，出差以後都不知道能不能回來，所以我們不要讓爸爸擔心。」每每這個時候，孩子馬上會有所觸動，想發的脾氣也會收回來。對我們而言，死亡教育變成了對世事無常的理解，成為更加珍惜彼此的契機。

當我們開始正視自己必然要面對死亡的時候，它也給我們帶來一個積極意義，讓我們更好地去愛，讓我們變成一個更好的人，更有智慧的人。當我們變得有智慧之時，我們就會變成一個幸福的人。幸福也就意味着家庭幸福和事業成功。這也是死亡帶給我們最大的禮物了。

智者眼中的死亡觀

因為在商學院教 EMBA 班，也給很多企業做內訓，我接觸過各行各業的成功人士，也接觸過很多智者、高人、高僧大德。我發現那些特別有智慧的人，無一例外都有一個特點 —— 他能夠坦然面對生死，而且最重要的是能夠向死而生。

《金剛經》中說「一切聖賢皆以無為法而有差別」。根據我的理解，一切聖賢因面對生死的態度的差別而有差別。你仔細研究就會發現，各個理論體系、各個宗教流派，甚至是個人，想看出他思想境界層次的高低，就是去他聊聊生死。把生死看透徹的人，首先他是一個善良的人，

其次往往是具有大智慧的人。這是我發現的一個試金石。

向死而生，也是德國哲學家馬丁·海德格爾在其存在論著作——《存在與時間》中，提出的重大的死亡哲學概念。這其實是站在哲學理性思維的高度，用「死」的概念來激發內在「生」的慾望。他認為死亡是兩個概念——死和亡。每一個人生下來就在走向死，這是死是過程，最終是亡。但是在亡之前，人可以選擇怎麼樣去經歷這個過程，選擇權在自己，人可以借着死，激發生的力量，去更好地生。中國有句老話：置之死地而後生。在所有的退路都斷了的死境，會激發人更大的生的慾望。海德格爾清楚地知道，與人的貪戀慾望的本能力量相比，如果不在思想上把人逼進絕路，人在精神上是無法覺醒的。而直面死亡是一個最好的在思想上把人逼到絕路的契機。當人們不得不面對死亡的時候，人在精神上才有可能覺醒，如果完全生活在物慾之中，這樣的人是沒有辦法覺醒的。愈早的面對死亡，他在精神上才有可能愈早覺醒。

如果沒有面對死亡，沒有思考死亡，其實就沒有真正的活着，沒有在精神層面活着，沒有在心的層面活過，只是活在動物性的生存本能層面而已。

關於死亡的問題，一直可以追溯到古希臘。大部分有名的古希臘哲學家，如蘇格拉底、柏拉圖、亞里士多德等等，無一例外都在強調一件事情：人的身體是由肉體和靈魂組成，死亡的是人的肉體，不死的是靈魂。

古希臘哲學家畢達哥拉斯（Pythagoras），也是發現了勾股定理的數學家，他提出靈魂超越於肉體而不斷輪迴的觀念。正因為如此，他認為所有的人甚至動物都是相關聯的。因為靈魂會不斷地交融在一起，成為一個大家庭。在這樣的理論基礎上，他甚至創建了一個共同生活、學習、研究的小社會。這個小社會不分男女都可以參加，財產是公有的，

一起通過研究數學進化心靈。這幾乎是最早的共產主義社會的雛形了。

蘇格拉底和他的學生柏拉圖也都認為死亡不是結束，死亡的是身體，而靈魂會繼續旅程。他們因此得出靈魂的「至善」追求，他們確信「善」的存在，認為智慧就在於對善的知識把握。也就是說，最終所有人生的目的就是喚起靈魂的善良。後來亞里士多德綜合了前人的倫理思想成果，提出了幸福論倫理思想體系，認為善良會導向你的幸福，導向你靈魂的愉悅。

然而，伊壁鳩魯作為唯物主義者，他認為人死了就甚麼都沒有了，所以追求此生的快樂才是最重要的事情。如果對死亡、對靈魂，沒有足夠的認知，很可能就會像早期唯物主義伊壁鳩魯學派那樣，把快樂和幸福作為人生追求的目的，尊崇享樂主義。

實際上，人類歷史上，幾乎所有的主流宗教也都相信靈魂的存在，宣揚生命的目的要讓自己的靈魂變得更加的高尚，更加的聖潔。作為各個宗教的信徒，都應該利用此生塑造更加聖潔高尚的靈魂。

面對死亡的價值觀

家長都希望孩子未來能夠成功和幸福，但未來的幸福在於很多決策背後的價值觀。《基業長青》這本書指出，那些基業長青的企業都有一個共同的特點，就是都有一種超越於物質的價值觀。而只有當你意識到生命必然會死亡，想到生命的意義的時候，你的價值觀才開始。

日本經營之聖稻盛和夫先生一生都在思考如何才能正確的思考和做人。在他成名以後，有人曾問他：「人生的意義是甚麼？」稻盛和夫先生回答：「提昇心性，磨練靈魂。」他說：「如果有人問我為何會來到這個世界？我會毫不含糊的回答，是為了在死的時候，靈魂比生的時候更純潔一點，或者說帶着更美好、更崇高的靈魂去迎接死亡。」

喬布斯在斯坦福爾大學的演講中講了三個故事，第三個故事就是關於死亡。他說：「當我十七歲的時候，我讀到了一句話『如果你把每一天都當作生命中最後一天去生活的話，那麼有一天你會發現你是正確的』。這句話給我留下了一個印象。從那時開始，過了 33 年，我在每天早晨都會對着鏡子問自己：『如果今天是我生命中的最後一天，你會不會完成你今天想做的事情呢？』當答案連續多天是『No』的時候，我知道自己需要改變某些事情了。」對喬布斯而言，面對死亡變成了更好去追求自己內心的指路明燈。

「如果你把每一天都當作生命中最後一天去生活的話，那麼有一天你會發現你是正確的。」這句話來自於古羅馬哲學家馬可・奧勒留《沉思錄》。「道德的完美無缺，在於把每一天當作生命的最後一天來度過。」這句話的含義其實就是向死而生。

喬布斯也曾經說過：「只有真正的死了以後，你才可以開始生命。當你一無所有，開始赤裸地面對事件的時候，你才有可能聽到心的聲音。」死亡是和理性，和心的聲音，和精神的覺醒連在一起的。所以喬布斯才會在每天早晨對着鏡子問自己。

在我看起來，成功的人不能只有三觀，應該加入一個死亡觀，一共四觀：人生觀、世界觀、人死觀、價值觀。人生觀、死亡觀和世界觀加在一起才有了價值觀，有了價值觀才能長久地做一系列正確的判斷，才會導向關係的和諧、事業的成功和真正的幸福。

當意識到這點以後，死亡教育就變得極其重要。因為只有意識到人固有一死，才會開始思考生命的意義，才會開始追求生命的價值，才會產生經過思考的價值觀。

認識死亡的嚴肅性和不可逆轉性

前文從理性的角度知道了死亡的必然性，以及由此引發的對生的思考和向死而生的生活態度。同時還要從感性和理性的角度，認識死亡的嚴肅性，意識到死亡的不可逆轉性。

一般來說，很多人是沒有機會接觸到死亡的，更沒有機會接觸到死亡的過程，和死亡之後的屍體。因為我本科是醫學生，所以我很早就有這個機會接觸到死亡，也很早就對死亡有了敬畏。

記得在醫學院，我第一次上解剖課。在開始之前，按照學校的傳統，老師和學生一起都要先圍着解剖台站好，先隆重地給我們要解剖的屍體（我們叫大體老師）鞠躬。當時那個肅穆的場景，讓我感受到了前面躺着的曾是一個活着的、和我們一樣的人，甚至有可能也是老師。但他現在躺在了這裏，完全沒有了生氣。當我意識到他以前也是一個活着的人的時候，立刻變得小心翼翼，每一刀下去都輕輕的。當然每次只要上過解剖課，在之後好幾天裏，都是完全不能吃肉的，也聞不了蘋果的味道，總感覺是一股福爾馬林的味道。對於醫學生來說，特別早就有機會接觸到死亡，那時候你就能意識到生的可貴。因為大家可以清楚看到，死亡之後，活生生的肉體馬上就變成了一堆沒有生氣的蛋白質。

死亡之後我們會經歷甚麼？

在醫學上，一般病人的呼吸、心臟、脈搏均停止，瞳孔放大。這幾個條件合在一起醫生就可以宣告醫治無效的臨牀死亡。但也不少死而復生的案例，有人呼吸停止了很長時間但又繼續活過來了。所以更加嚴格的臨牀死亡則會增加腦死亡的概念，除了前面傳統的臨牀死亡的心跳呼吸停止，腦死亡還包括腦幹的神經反射（顱反射）消失，腦電波呈一條

直線，腦血液的循環消失，腦血液中的含鹽量變化，這樣才能判斷已經腦死亡，也就是臨牀死亡。

死亡之後會發生甚麼呢？這對人的影響是甚麼呢？可以用一個水果或者動物死亡之後的動圖，讓孩子們想像下面的場景：如果你最喜歡的人或者是你自己死了。當醫生宣佈你已經死亡之後：

一個小時以後，由於血液停止流動，屍身會開始僵硬並且愈來愈硬。

4 個小時以後皮膚開始變黑，開始有一些屍斑出現。

8 小時以後身體出現屍冷，體溫平穩下降，直到 48 小時左右與環境溫度相同。

8 個小時到 12 個小時屍體的僵硬程度不斷增加，四肢變得僵硬，難以移動或擺動；

24 小時以後因為身體內存在着大量的細菌，屍體開始腐爛，開始有死人的味道，並且臭味愈來愈大。

3 天到 5 天以後，開始浮腫，有巨人觀，並且開始有液體從鼻子口腔裏流出來。

一個月以後，屍體的所有軟件組織會腐爛，變成液體，這時候只能看到骨頭。

一年以後如果是在室外的環境，連骨頭可能都會風化，隨風而去。

理解這個過程的重要意義在於，可以借此從理性層面感受到死亡是一件很嚴肅的事情。因為死亡是不可逆轉的，死亡意味着物理的人體慢慢消失掉了，再也不會回來了。死亡並不是像遊戲那樣，可以輕鬆重啟計算機，或者退出遊戲，再開一局重新來過，也不是買點血就可以續上命。真實的死亡是一個活生生的、充滿生氣的個體，慢慢腐化、消失，或者變成一把灰，隨風而去，不復存在。

在校的體驗式死亡教育課堂設計：讓孩子們體驗死亡

如果想要讓青少年儘早意識到死亡的嚴肅性和不可逆轉性，讓中小學生去醫學院的解剖課堂體驗死亡的嚴肅性和不可逆轉性也許不太可能，但是也許可以通過親子教育和學校的生命教育課程設計來間接讓學生理解人的死亡，理解自己的死亡。

對於「死亡是生命的終止」這樣一種常識，抽象的講解永遠抵不上具體的感受。用前面的理性方法了解死亡之前或之後，便可以引領孩子們感性地面對死亡，體驗死亡。儘可能從體驗入手，從輕到重，從植物到動物，從動物到人，一步一步地讓孩子們了解死亡的概念和過程，且愈早愈好。

學齡前家長可以有意識地讓孩子種植一些喜歡的植物，或飼養一些孩子喜愛的小動物，讓他們知曉生命的萌芽、發育、成長的不易，感受生命成果受損甚至凋零的痛苦。

在學校，可以結合生物課的教學，增加對死亡的理解。班級同學可以一起養幾株植物，可以有不能食用的果實的植株最好。從小植株到大植株，觀察植物的生長周期，在北方可以從觀察樹葉的萌發、生長、變色和脫落。或者觀察果實的形成、脫落和慢慢的腐爛。或者在花盆中放上一個比較大的鮮豔的水果，觀察果實的腐爛過程。這樣可以讓孩子更早地意識到死亡是一件很嚴肅的事件，是不可逆轉的事件。

班主任還可以嘗試組織同學飼養一些壽命比較短的小動物。尤其是可愛的、壽命比較短的、行動受限的動物，例如金魚（這是美國的小學校常用的）、小倉鼠（可能會有些味道）、小兔子等等。在與動物的互動中，讓孩子們意識到動物有着和人類一樣的喜怒哀樂的情感和靈性，然後了知牠們也和人一樣有着生老病死。

在小動物死亡的時候，可以為小動物寫悼詞，舉行追悼會，寫墓志銘等，借此體驗生命，體驗生老病死，然後昇起對生命的尊重和珍惜。

還可以借助周圍的環境，比如抗災救災過程中湧現出來的那些令人感動的案例，帶着孩子們到烈士陵園、紀念館去了解那些為了更多人的生命和幸福而奉獻自己生命的英雄們，讓孩子們理解到生命的可貴和偉大。

年紀再大一些的孩子，可以嘗試去醫院急診室體會生命的無常，去ICU 病房的門外體會親人眼中生命的珍貴，去臨終關懷病房陪伴將要離世的孤寡老人，甚至走訪火葬場等等。

日本的中小學會給學生分發雞蛋，然後在雞蛋上寫上名字，在孵化器中孵化之後，認領回家撫養，寫撫養日記。在小雞長大之後，統一帶回學校，交給學校廚房，做成午餐，一起吃掉。還有學校在班級中養比目魚或小豬仔的。最後也是交給食堂處理。

學生們在最後的環節，往往是一邊吃，一邊哭。

這種類似的死亡教育很有可能幫助孩子更深刻地理解生命的過程，理解死亡，讓孩子們不再輕易地去選擇自殺，而是更加珍惜鮮活的生命。

从生死經歷出發了知生命

我自己對於生命的理解幾乎全都是體驗出來的。雖然我本科學醫，但是現代醫學的知識體系主要是想辦法讓人活下來，儘量不死，所以很少有關於死亡的內容。

我一直認為讀萬卷書不如行萬里路，這一點對死亡教育也特別適用。因為我對死亡的探索之路完全是從體驗來的，而我對死亡的體驗，

幾乎都是發生在旅行的路上。如果有可能，最好也帶着孩子離開熟悉家庭和學校，在旅遊路上，你一定會碰到很多的生死。

我記得我第一次近距離的接觸死亡並沒有特別大的感覺，甚至沒有意識到那時離死亡已經相當近了。小時候我曾經住在都江堰的河邊，都江堰的水特別多。有一次我和表哥在水邊玩，看到一個花裙子從上面飄下來，到了近處，發現是一個臉朝下一動不動趴在水面上的女孩子。雖然不知道發生了甚麼，但我們覺得這很危險，因為再往下就是水面更寬、水流更湍急的主河道。當時我倆毫不猶豫地一個人扶着岸邊，伸出手，另一個人拉着手沖下水，水很冷，但還是一把抓住這個女孩，兩人配合着把人從河里拉上岸。當我把她抱起來時，我覺得她很輕，她雖然臉色慘白，但居然還有些笑意，或者說還對我笑了一下。後來緩過來，我們問她為甚麼趴在水裏不動，她居然說：「從岸邊滑到河裏了，剛開始很難受很怕，後來在水裏覺得很舒服。」當時覺得這個女孩子好奇怪。多少年之後，我開始研究死亡過程才知道，小女孩這個時候其實已經距離死亡很近了，是瀕死的第一步反應。她是與死亡擦肩而過。

另外一次，我是真正感受到了死亡的氣息。那是剛剛進入大學後全班的一次春遊活動，我們全班去天津的楊柳青公園，旁邊還有來春遊的其他高校的學生。當時旁邊有一條 10 米左右寬的小河，我聽到隔壁班的幾個女同學高聲慫恿：「不要怕，游過去！不要怕，游過去！勇敢！勇敢！真勇敢！」過了一會兒，我就聽見女生大聲地哭起來，說有人沉下去了。原來去游泳的同學裏，有一個人突然游不動了，另外一個人去幫助他，結果兩個人全都沉下去了。很久以後，人才找被找到。出水的時候，我抬着他的胳臂，剛剛離開水面，我就覺得這個人死了，因為我感受到一個詞 —— 死沉。那個同學的身高和我差不多，按理來說我是能揹起來的，但是當時我們兩個人一人抬一條胳膊，我感覺根本就抱不

動，太沉了。那時我心裏極其沉痛，我知道他已經死了。片刻的光景，兩個和我一樣大的，活蹦亂跳的大學生，就變成了兩具躺在河岸上的慘白慘白的，毫無生氣的屍體。女同學們在一旁哭得死去活來，因為是她們慫恿同學們下河游泳的，她們也許並沒有意識到生命是如此的脆弱。當時那種極其沉重的感覺，讓我意識到有個叫生氣的東西，如果人的生氣沒有了就會死沉。這也就是為甚麼一抬出水，我就覺得那位同學已經走了的原因。

我後面經歷的死亡都是在旅行的路上。

在非洲的大草原上，死亡給了我一次巨大的視覺衝擊。這是我在非洲的攝影。左邊的照片，是我在長鏡頭中拉過來的一頭對我們充滿了好奇的斑馬，它充滿了生氣和活力，那是甚麼讓我們覺得它充滿了活力？（請停頓 3 秒鐘思考）。

（攝影：趙越於肯尼亞國家公園）

右邊這張照片是斑馬羣剛剛經歷了一場驚心動魄的獅子圍獵之後的場景，圖片記錄了一頭剛剛失去生命的斑馬。左右圖片區別在哪呢？除了姿勢，請大家留意它們眼睛的區別。放在在長鏡頭下的取景框中，我感到相當震撼。左邊照片裏的斑馬眼睛是如此的清亮、有光澤，但右邊圖片中它的眼睛慢慢失去了光澤，變得渾濁，能夠明顯看到有一樣東西從他身體裏抽走了，那就是生氣。

喜歡攝影的朋友也許會知道，出彩的動物、人物的攝影，一般都是捕捉到了他們的眼神，因為眼睛是心靈的窗戶。抓住了眼睛，往往可以反應出生命的靈動。但是這只剛剛死去的斑馬，它心靈的窗戶（眼睛）因為沒有了內在的心靈，黯然失色。你幾乎可以肉眼看得到死亡的過程，眼睛暗淡下來了，它變成了屍體了。通過這兩張照片，你能清晰地感受到死亡是完全可以反應在眼睛裏的。

我的一個高中同學曾描述他父親離世時眼睛沒有完全合上。他説他本來以為自己會很害怕親人的屍體，結果當他看到父親的眼睛的時候，反而一點都不怕了。因為他知道這已經不再是他的父親了，因為他的眼睛裏已經甚麼都沒有了，是空的。他知道他的父親已經走了。

所以我相信有一樣東西，叫生氣。它讓你能透過生命體的眼睛看到心靈的東西，它會離開身體。它離開身體以後，生命體就只剩下一片死氣，死氣沉沉，這個生命體就真的死了。從旁觀者的角度，你會看着他的眼睛慢慢淡下去，感覺到生命慢慢消逝，於是一個生命就此變成了一個肉體，這就是死亡。這也給我一個特別大的啟發，就是在一個生命體裏有一個特別核心的珍貴的東西，那就是心靈或者靈魂，或者叫精神，或者叫生氣的東西。這個東西給我們生命，也正是這東西讓我借着死亡更加理解生命的全貌，理解超越於肉體的生命的概念。

這是我在南極的一個懸崖上拍到的畫面，中間是一塊巨大的鯨魚的脊椎骨。非常不可思議，這麼大的鯨魚骨頭是怎麼跑到懸崖上來的？這可能要經過成千上萬年地質變遷、冰雪的堆積才能發生。而在死去的鯨魚骨頭的陰影裏，一隻企鵝正在孵蛋，準備迎接新生命的到來。這就是生與死的交匯。我給這張照片起名叫生與死，在慢慢的歷史長河中生死不斷交替，生的邊緣就是死，死後有生，生後有死，互相交錯。整個世界其實都在演進着一曲生生不息的生死交響樂，通過生死，生命不斷的

演進迭代。

　　體驗死亡，讓我進一步思考：死後是不是一片寂靜，甚麼都沒有了？人死了後，意識真的會消失嗎？我一直在尋找問題的答案。當我在旅途中看到那雙失去光澤的眼睛之後，更加加深了我的懷疑和我對死亡之後的好奇。但很久以來，我一直沒有找到答案。我在本科學醫的時候沒有答案，我博士畢業以後在矽谷做腦神經科學的研究也沒有找到答案。或許，這在科學上似乎是找不到答案的，科學認為意識是以大腦或身體為基礎的。我做過幾次全麻手術，的確是一片死寂。但死亡之後真的是甚麼都沒有了嗎？

　　假如生命真的是以大腦和肉體為基礎，假如人死後真的甚麼都沒有了，假如這是最後一輩子，你會怎麼過呢？如果是我的話，我可能會採取享樂主義。反正死了就都沒有了，還在意甚麼，醉生夢死花天酒地活就好了。但是，在旅途中有一件事情徹底改變了我，讓我重新開始認識生命，了知如何活着的答案。

2002 年，我帶着攝影設備一個人來到了新西蘭環島自駕攝影[4]。新西蘭絕對是我去過的近百個國家中最瘋狂、最刺激，也是離死亡最近的地方。有世界上最早和最高的蹦極，高山滾落，翼裝飛行和各種各樣的極限運動！

我在做攻略的時候，在《孤獨星球》發現一個很有趣的地方「New Zealand's most spiritual place, Cape Reinga, where Maori souls rest」。在新西蘭最有靈性、最北邊的地方，叫 Cape Reinga 半島。這個地方是土著毛利人認為的靈魂離開肉體的地方。「雷恩加」（Reinga）一詞來源於毛利語，意為「陰間[5]」。毛利地名中的 "Te Rerenga Wairua" 在毛利語中的意思是靈魂的飛躍之地。在毛利人的信念中，雷恩加角是人死後的靈魂離飛離肉體，進入陰間的地方。

我當時還沒有找到關於生死問題的答案，看了之後我就很好奇，靈魂怎麼會離開肉體呢？他們怎麼知道的呢？因為這是在新西蘭島最北邊的島，也是我的整個旅程的最後一站。兩天之後，我應該回到機場飛去開課了，所以稍微有點兒趕時間。但即便如此，我這個開遍了各個大洲（除了南極是在船上），且從未出過事故的老司機開車依然很謹慎，從來都是留意路邊警示牌（為了攝影常常一個人開山路，我知道這些路牌都是用來保命的），並且即便趕路，超速絕不超過 10%。

這裏的公路上本來人就極少，接近黃昏時分，更是空無一人。路況也很好。限速記得 90 公里，我以 100 公里左右的合法安全高速開着。沿途風景也很好，牧場很開闊，然後慢慢進入到了丘陵地帶。車開始沿着山邊開，一邊是山壁，另外一邊是樹林和下面的不知道多深的溝壑。

4　摘自 趙越：〈死後重生 - 新視角〉，https://zhuanlan.zhihu.com/p/348126654。

5　Historic Cape Reinga（頁面存檔備份，存於互聯網檔案館）(from the DOC website)

路上幾乎完全沒有別的車，周圍人很少，岔路也少，也沒有太多的路牌。正在悠然地開着高速的時候，我瞥到一個交通牌：潮濕打滑。可當時並不潮濕，但我依然會習慣性保持安全，所以鬆了一些油門。但是我猛然感覺到車已經開始高速漂移了！大家可以從下面這張事後的照片看一下這個路段有多麼的兇險！

　　原來平整的柏油路在這個拐彎的地方竟然變成沙子路！除非有標識提醒減速，如果正常行程車輛到這裏，一定會側滑的啊！當我正在震驚於新路況的時候，馬上感覺到車已經沿着原來的切線在側滑衝向路邊深不可知的樹叢溝壑。親愛的朋友們，牢牢記住，這個時候千萬不能踩閘、猛打方向盤啊！但是如果沒有專門經過特殊車輛駕駛訓練的話，一般人第一個習慣性的生存反應肯定是踩閘、打方向盤。但是高速尤其還是沙地上，踩下閘，車輛馬上就失去控制。這個時候，只好鬆開剎車，反向打方向盤。在兩個錯誤操作下，車馬上一頭斜過來卻開始直直的衝向山壁。估計如果真的撞山我肯定是難以保命，我當時的反應是絕不能撞山，又急忙鬆了一下方向盤，反轉一下，於是車無可救藥地開始衝向路邊不知深淺的山崖。這時候，我已經意識到沒法再控制了，於是決定不再折騰了，雙臂伸直抓緊方向盤，等待最後時刻的到來。

但是，就在我放棄努力的那一瞬間，發生了一件極其不可思議的事情。猛然周圍一下子變得十分的安靜，時間一下似乎停滯了，周圍的一切變得十分緩慢。慢到了甚麼地步？按理說 100 公里的高速，越過幾米寬的馬路需要多少時間？也就 0.1 秒吧。看一下車胎痕跡，從最後一次踩閘到路邊不過 4—5 米。

　　可是我當時的感受似乎有一輩子那麼長！因為當時做了太多的事情，我當時甚至有時間「轉頭」往旁邊副駕駛看了看，還好太太不在，如果太太在第一件事肯定是首先保護太太。太太不在，就不用管她了，好好準備最後的時刻就好了。但是這最後的時刻好像就是不來，好像一輩子的事情似乎都在我眼前一一過了一遍，還不是很快的那種，你甚至可以停下來仔細品味一下當時某個場景的感受。過了一遍之後，當時的感覺好像覺得：「嗯，這輩子過得還行，沒有太大地傷害過誰，也沒有甚麼遺憾。」事後想起來，人這一輩子還真不能做十分對不起別人的事情，不然最後的這一刻可能會很不安心，並且不知道這種羞愧的情緒會持續多久。

　　但是還是有些小遺憾，心想：「自己就這麼突然就結束了？唉，就這樣吧，也只能這樣了。」車還在極慢地移動，好像依然沒有到盡頭。

我居然等得開始有些無聊，無聊到我開始盯着車前面那些造成我現在麻煩的沙子看，一顆顆灰暗的沙子，組成一片灰暗的路面，緩緩地向我移動。還有些無聊，我就盯着幾個沙子看，好像沙子變得很大，一顆顆很清楚。於是我盯着幾顆沙子的運動，看到沙粒慢慢地退退退，退退退，居然慢慢退到了我車的保險桿下方，我到現在還記得那種昏暗的，就是黃昏的時候，那個沙子退到閃亮亮的保險桿下面的那種反差很大的怪異的感覺。這時候我猛然回過神來，發現不對頭，我是坐在駕駛室裏，怎麼可能看到保險桿下面的沙粒呢？

我腦子裏突然產生了一個問題，我在哪裏？因為我如果坐在駕駛室裏，我是不能看到沙子退到保險桿下面的，那我在哪裏？大家看一下我與這輛車的比例：

我愕然地發現，我居然在外面！當時一想到我在外面，我腦子產生了一個判斷，這不對！一想到不對，這個判斷的念頭似乎一下把「我」

從那個時空,「唰」的一下拉回到了現實的時空。(事後回想起來,當我判斷的時候,是大腦起作用了,大腦一起作用似乎一下就回到了大腦所在的熟悉的時空)。一旦回來,車又回到了超高速,一瞬間已經越過公路,一頭撞到路旁一棵碗口大的樹上。

事後回想起來十分奇怪的是,我完全沒有聽到撞擊時應該發出的巨大的聲音,以及在撞擊瞬間的記憶。我應該是全程睜着眼睛等着撞擊的到來,並且在放棄努力的這段「漫長」的時間裏,我還很浪漫地想着,這輩子總算在死前可以感受一下被氣囊打一下的滋味!結果,結果,結果……那輛破日本車居然連氣囊都沒有配備(或是氣囊沒有彈出來),我現在還記得那車是桑尼 Sunny 品牌。

撞倒大樹之後,我和車應該是沿着樹幹飛起來了,在天上,眼前看到的是黑的白的,黑的白的,飛快交換(巨大的衝擊力下,我居然依然活着,甚至沒有被嚇得閉眼)。因為車在天上轉圈,天上是亮的,山崖下的溝壑樹叢是黑的。在天上轉了很多很多圈以後,一頭扎在下面很深很黑的地方,完了以後就甚麼都沒有了,一片駿黑、死寂……

不知過了多長時間,好像聽見收音機裏面沙沙的靜電聲音,我醒過來了。當時往四周一看,我十分恐懼!扭曲狹小的空間裏面一片狼藉,

玻璃碎片、汽車零件、食物⋯⋯車完全毀掉了，再看看自己，居然一點事兒都沒有。

有此大難不死的經歷，我能夠活下來就是有機會告訴世間每一個有緣分的朋友，死亡的時候可能會發生了甚麼！肉體的死亡也許不是結束！回到人間，回到機場的第一件事情就是買了一個日記本，帶着敬畏心，把剛剛發生的事情，原原本本地記錄下來。所以這麼多年，我的記憶依然清晰。

這以後我依然牢記那個感恩的瞬間，我的承諾，我的使命。每一次上課，不管是 EMBA，還是企業內訓，我都會專門用我自己晚上的時間，做一個關於生命的公益課，把這段故事分享給大家。並且發願要為 10 萬人面對面地講授關於生命，關於生死的課（這個目標已經在 17 年後，2019 年實現了！並且現在我有了更大的目標）。

我死後重生的感悟是：死亡很有可能不是結束，那個真正的「我」（不管稱為意識、靈魂、心識、自相續、末那識⋯⋯）會離開那個可能馬上或者已經開始出問題的身體，會進入一個超越於這個時空的更高層次的時空或者更高的維度。在更高的維度那裏，你的一生會像一張張照片那樣清晰地放在你的面前。

在那個臨死前無聊的等待時刻，我了悟到另外一個人生的真理：離開肉體的靈魂似乎有一種本能的對善惡的判斷性（一生的事件都在眼前重新放映一遍），並且離開身體的靈魂似乎充滿了善良與正義，去評判當時的行為。知道這一點之後，我有一個巨大的感悟，就是慶幸自己前半生還算個好人，而此生餘下的時間不管有多久，一定一定要做一個善良的人！千萬不要在生命的最後時刻充滿了悔恨，因為在死亡之前超慢的回顧時光之中，你很有可能會在那個悔恨中滯留很久很久（不知道是不是永久？）！如果離開人世的最後一個念頭是悔恨，這樣的人生不管

多麼的富有、風光，應該都不是一個有遠見、有智慧的人想要的。

這一次的經歷讓我更加願意做一個善良的人，更加願意儘可能善待人生中遇到的每一個人。並且儘可能早些對那些在生命過程中自己曾經有可能誤傷過的朋友，沒有機會走到一起的戀人，創業的合作夥伴，説一聲對不起，祝福你們。不要等到生命的最後時刻，再開始陷入無盡的悔恨中。這個經驗也讓我由衷希望我在臨終到來的時候會讓我的靈魂欣慰地説：「這一輩子過得還行！至少，讓那麼多人知道了死了以後可能會發生甚麼，讓那麼多人願意相信善良！」

前沿科學對死亡過程的探索

體內意識與體外意識

2002 年在新西蘭的車禍，那次死亡經歷激發了我的思考：死亡的那一刻到底發生了甚麼？我離開自己身體是不是幻覺（真實到我不認為是幻覺）？雖然接觸的科學（醫學、腦神經）還沒有涉及到這種現象，但其他領域學者們有沒有在研究這個問題？最前沿的科學是如何解釋的？

於是我開始了探索之路，關於那一刻到底是我的幻覺還是真實發生的事情的疑問，我找到了很多角度的答案。

首先，我發現心理學上有一個概念叫解離（Dissociation），比較貼合當時的情景。解離是一個心理學感念，指的是自我意識或認知的功能上的抽離。解離通常被用來描述相互關聯事物之間的分離或連接缺失，是一種常見於尋求心理治療的人身上的心理過程。解離狀態可透過多

種不同的方式出現，比如你可能感覺與身體和情感體驗的分離，你也可能會感到自己脫離了身體，或身處在一個不真實的世界。或是像多重人格一樣覺得自己好像被「其他人」控制，覺得自己身體內好像有不同的人存在[6]。但我的經歷並不像解離狀態或多重人格，在車禍的時候我離開了身體，用我身體以外的另一個視角在看這個世界。這時我能感覺到脫離了身體，也會感覺到這個世界極其不真實，更像是一個更高維度的世界，整個時間空間都改變了，但是我還可以觀察到原來的世界。但就是如此不真實，速度等各方面都不對。

隨後，從生物學角度，我發現有更多人在研究這個現象。神經科學有一個概念叫 OBE（Out of body experience）或者叫體外意識、出體體驗。不同於心理學的解離狀態，它的描述更仔細，就是意識離開了生物學的肉體，在肉體外活動，並且特別重要的一點是在肉體外以不同的視角看自己。這一點也許可以排除解離來自於幻覺或者濫用藥物後出現的幻想的可能性，因為當事人在不同的角度看到了自己，看到的是一個實實在在的自己和一個實實在在的真實世界。

而這樣的解離狀態或體外意識發生概率有多少呢？蘇格蘭・羅戈1984 研究發現有 10—20% 的成人有過這樣的解離體驗或出體體驗[7]；布萊克摩博士 1984 年的研究統計也發現有 15—20% 成年人曾經有過這種體驗[8]。

那麼這種體驗究竟是在甚麼情況下發生的呢？大量的研究發現有幾種情況：一種是受到巨大程度的傷害，有過創傷性經歷，比如車禍。

6　參考出處：MindHK（ t.ly/d0B4 ）
7　D. Scott Rogo: *Leaving the Body Paperback* (1984)
8　Blackmore, Susan J.,*Beyond the Body: an Investigation of Out-of-the-Body Experiences*(1982).

還有一種是在睡眠的時候，當睡眠狀態不是特別深沉的時候（由於疾病、噪音、精神壓力、疲勞等），約一半人會有睡眠癱瘓的感覺，民間也叫鬼壓身。此時你特別清楚周圍發生了甚麼，但身體就是醒不過來，就是動不了。因為這時候你的意識已經醒過來了，但你的身體還在睡覺。另外一種需要注意的、有些危險性的情況叫非自發性出體，它是利用化學麻醉劑或致幻劑，或使用物理方法進行官能剝奪（如受虐、捆綁）或官能超負荷（如超重、窒息）引發的感受。

出體體驗的還有一個高發時間點就是瀕死之時。目前還有一個專門的學術研究方向，稱之為瀕死體驗，就是人在即將死亡之時，意識可能會離開身體的體驗。當發生意識離開痛苦的肉體的一瞬間，往往會感受到一種欣快感。雖然我在車禍的現場沒有體會到欣快感，但前面提到的我在都江堰河中救起來的小女孩，她趴在水面一動不動的時候就有欣快感，但這種欣快感是很危險、很致命的，已經離死亡很近了。所以，大家千萬不要嘗試，一定要避免各種各樣跟死亡相關的遊戲，還有任何通過捆綁約束你自由的遊戲，因為很有可能在下一瞬間你就永遠離開了這個世界，因為一旦出體，就很有可能無法回來。

這麼多年來，我一直在探究這件事情的真假，也找到了很多這方面的研究。

美國心理學家和超心理學家、加州大學戴維斯分校的心理學教授查爾斯·塔特（Charles Tart）博士，曾經在實驗室對一位自稱經常有「出體體驗」經歷的婦女（Ms. Zee）進行了嚴格的實驗測試。Zee 女士自述睡覺的時候經常出現靈魂離體。當時理論界還沒有定論，塔特博士告訴她當時關於「出體體驗」有兩種理論，一種認為人的思想的確短暫離開肉身，另一種則認為完全是某種幻覺。博士建議她可以通過以下辦法區分兩者：在十張紙條上寫上一到十這十個數字，把它們面朝下放在桌子

邊的盒子裏，睡覺前隨機挑出一張翻過來，但是不要看。如果她睡覺時真有「意識離體」經歷，就看那張紙條並記住上面寫着的數字。第二天早上再檢查她記憶中的數字與紙條上的數字是否吻合。幾個星期後，塔特博士再遇到她時，她告訴塔特博士，她試了 7 次，每次記住的數字都準確無誤。

接着塔特博士決定在他的睡眠實驗室中用更加嚴謹的方法來重複實驗，於是請她到他的實驗室進行了四個晚上的測試。每天晚上博士用常用的能分辨睡覺不同階段的腦電圖儀對她進行了測試，連續記錄下她每天晚上睡覺時的腦電圖資料。他同時還用儀器測試她眼睛的活動、皮膚的電阻、心律、血壓等。

為了確定她在有離體感覺時是否真的出體，博士用了以下程序：每天晚上等受試者躺到牀上，儀器指示她即將睡着後，博士走到辦公室，隨機打開準備好的隨機數字表，在表上拋下一個硬幣，選取硬幣落到的隨機數字，立即在一張小紙條上記下前 5 個數字，然後把紙條裝入一個不透明的夾子裏。回到受試者所在的實驗室，在受試者沒看到紙條的情況下把紙條放到一個架子上。如果一個人眼睛離地面高於約 6.5 英尺，他可以清楚地看到紙條的內容，除此之外受試者無法看到紙條。然後博士告訴受試者入睡，要求她如果出現出體體驗現象後，請她試圖在出體體驗現象結束後立即醒來告訴自己，以便他知道出體體驗現象發生時的儀器記錄。同時，博士還要求她如果靈魂漂浮得足夠高，請她記下紙條的內容，在出體體驗現象結束後立即醒來告知博士其內容。

在四個晚上的測試中，Z 女士共報告了 5 次有出體體驗 ——「靈魂漂浮」的感覺，其中有三次她感覺她似乎意識部分離體，有兩次真正的「靈魂離體」經歷。在前三個晚上，Z 女士報告雖然她偶有意識漂浮或離體經歷，但她無法控制漂到足夠高的位置去看到紙條上的數字（數字

隨機變化，每晚都各不相同）。

到第四個晚上測試，從早晨 5:57 分開始的 7 分鐘內，腦電圖顯示有時像第一階段睡眠，有時像短暫的清醒。然後 Z 女士醒過來告訴博士紙條上的數字是 25132，博士記下這個數字，並證實了這的確是紙條上的數字[9]。而隨機猜中五位數的幾率是十萬分之一！

塔特博士的研究證明了意識有可能在特定情況下離開身體，這個體外的意識還能看到這個客觀世界並且記住所看到的內容。或者說這個體外意識是有記憶的，但卻並不依靠於大腦。

死後意識存在的可能性

很多神話和民俗都表示出人在死後依然存在意識，現代愈來愈多的學者也開始從科學的角度探討是否存在死後的意識呢？以下將通過瀕死體驗和「再生人」的死亡記憶等案例展開討論。

瀕死體驗的研究

在近代醫學上，對於死亡有一個非常有意思的研究方向 —— 瀕死體驗（NDE: Near Death Experience）。有兩個關於瀕死體驗或臨死體驗的定義：

瀕死體驗定義：是一種在接近死亡時一些人所經歷的現象。這些現象包括靈魂出體，看見天堂或地獄，看見親人，看見宗教人士或上帝，回顧一生的生活，極度的恐懼，完全的平靜，安全感，溫暖，徹底的破碎感，一道亮光的出現，甚至看見超我和超時空的東西，以及其他超驗

9　CT Tart, "A Psychophysiological Study of Out-of-the-Body Experiences in a Selected Subject." *Journal of the American Society for Psychical Research*, Vol.62.

的現象[10]。

用最淺顯的語言描述，就是有不少人在臨牀宣佈死亡之後又因為各種原因活過來了，並且很大一部分人還記得「死後」看到了甚麼或發生了甚麼。

請注意這裏的瀕死體驗研究指的是符合臨牀死亡。從醫學角度的臨牀死亡包括了心跳停止、呼吸停止、瞳孔放大、對光無反應等一系列的體徵，是可以作為法律上頒發死亡文件的條款。所以有的朋友說自己在做手術的時候深度麻醉，沒有體會到甚麼，就像睡了一覺，這並不矛盾。因為這時候人還有心跳呼吸和身體症狀，還沒有完全能夠觸發靈魂逃離肉體的機制。

很多人覺得瀕死體驗十分神祕的原因之一，是瀕死體驗並不是百分之百出現在每一位重傷、昏迷者的身上，就像不是每一個睡着之後的個體都馬上開始做夢一樣。但是瀕死體驗出現的比例也還是高到了不容學者忽略的地步。

2014 格雷森布魯斯博士在美國心理學會發表的文章《異常經驗的科學證據》，提到研究顯示在接近死亡的人羣中有 10-20% 的人經歷了瀕死體驗[11]。

截至 2009 年，Zngrong 博士團隊在來自四個不同西方國家的九項瀕死體驗的前瞻性研究中，發現 17% 的危重患者有過瀕死體驗[12]。

---

10 Bush NE, Greyson B. "Distressing Near-Death Experiences: The Basics". *Mo Med.* Vol. 111, No. 6.

11 格雷森布魯斯：〈第 12 章：瀕死體驗〉，載 卡德尼亞，埃策爾、林恩，史蒂文杰、克裏普納，斯坦利：《各種異常經驗：檢查科學證據（第二版）》（美國心理學會，2014 年）．

12 Zingrone, N L . "Pleasurable Western adult near-death experiences: Features, circumstances, and incidence". In Holden, J M; Greyson, B; James, D eds., *The Handbook of Near-Death Experiences: Thirty Years of Investigation (2009 ed.).* (Santa Barbara, 2009)

2001 年在《柳葉刀》(*The Lancet*) 上面被大量引用的研究中，Dr Pirnvan Lommel 及其團隊在荷蘭 10 家醫院裏針對心臟驟停後成功復蘇的心臟病患者進行了一項瀕死體驗的研究，發現其中 62 名患者 (18%) 報告了瀕死體驗[13]。

　　1980 年，心理學家肯尼斯・林格博士，訪問了 102 位瀕死獲救的生還者，他發現其中 18% 的生還者曾出現瀕死經驗。

　　1981 年，肯耐斯・瑞恩博士 (美國康涅狄格大學教授) 的研究小組在幾百名接近死亡的調查對象中發現大約 35% 的人接近死亡時有瀕死體驗。

　　1980—1981 年，根據美國蓋洛普民意調查 (Gallup poll) 在美國的調查，有近 15% 的人有瀕死經驗現象[14][15]。一些時事評論員，例如辛普森[16] 認為這一數字可能被低估了。經歷過瀕死體驗的人可能並不樂於與他人討論這些體驗，特別是當瀕死體驗被理解為一種超自然現象時[17]。

　　2001 年 12 月，全球醫學界最具權威性的核心科學期刊《柳葉刀》刊登了一篇荷蘭心血管外科醫生皮姆・范・羅梅爾遞交的瀕死學研究論文[18]。文章內容圍繞羅梅爾醫生及其同事在 1988 年至 1992 年間救助的 334 位年齡在 26 至 92 歲之間的突發性心肌梗死症患者的瀕死經歷而

---

13 Pirnvan Lommel , Ruudvan Wees, VincentMeyers, IngridElfferich, "Near-death experience in survivors of cardiac arrest: a prospective study in the Netherlands", *Lancet,* Vol.358, Issue 9298 (2001).

14 格雷森布魯斯:〈第 12 章:瀕死體驗〉。

15 Zingrone, N L . "Pleasurable Western adult near-death experiences: Features, circumstances, and incidence".

16 Pirnvan Lommel , Ruudvan Wees, VincentMeyers, IngridElfferich, "Near-death experience in survivors of cardiac arrest: a prospective study in the Netherlands"

17 https://zh.wikipedia.org/wiki/%E7%80%95%E6%AD%BB%E7%B6%93%E9%A9%97

18 Pirnvan Lommel , Ruudvan Wees, VincentMeyers, IngridElfferich, "Near-death experience in survivors of cardiac arrest: a prospective study in the Netherlands"

展開。這項研究成果一經發表，就在國際醫學界引起了巨大的轟動和持續不斷的引用。

羅梅爾在其研究報告中指出：瀕死經歷中最為引人注目的意識脫體現象根本無法通過神經生理學知識予以解釋！因為在很多患者經歷瀕死體驗時，他們已經處於臨牀死亡狀態 —— 即所謂的腦死亡狀態。心跳和呼吸已經完全停止，甚至是已經停止了很長一段時間，腦電波消失，整個神經系統失去了任何生理或病理性電衝動。如果按照現有科學的觀點，人類的意識是經由腦神經的生理電活動而產生和運行，那麼當患者處於臨牀死亡狀態時，不可能具有獨立於其軀體的意識或者任何類似於思維的活動，更不要說瀕死體驗報告當中經常會出現的一系列清醒而有秩序的認知和奇妙感受！

羅梅爾在論文中提到一位 40 歲的心臟病患者。此人心臟病突發，摔倒在路邊草坪。路人看到後，立即叫來了救護車，將其送往醫院搶救。在救護車上，這名患者漸漸喪失了所有臨牀醫學的生命指徵，走入了科學意義上的臨牀死亡。羅梅爾在該病人心電圖和腦電圖已徹底為零後，又繼續堅持了一段長時間的「無謂搶救」，並在實施心肺復甦術時將患者口中的假牙摘掉。大約一個半小時之後，該患者恢復了血壓和心跳，但是仍然處於深度昏迷狀態之中。數星期後，該患者重新醒來。他見到羅梅爾醫生的時候，感謝了羅梅爾所實施的敬業搶救，並告訴羅梅爾他很清楚自己的假牙現在被放在甚麼地方：

「我被人抬到醫院時，看見你在那裏，將我的假牙從我嘴裏拿出並放在了一輛小車上。車上有許多藥瓶，車下方有個抽屜，你就把我的假牙放在那個抽屜裏面了。」

羅梅爾醫生萬分驚訝，因為他知道在整個搶救過程中，該患者一直都處於深度昏迷或臨牀死亡狀態，絕不可能有傳統意義上的意識或者認

知能力！而通過進一步交談，羅梅爾從該名患者口中得到了最為標準的瀕死體驗模型，即俯視自己在病牀上的「屍體」和周圍忙碌的醫護人員。該患者甚至異常準確地詳細講述了他本人「俯視」急救車和搶救室時曾發生的每一件事，其中還包括極其專業的搶救程序。羅梅爾不知道究竟該怎樣解釋。

當然，總會有人站出來質疑「這些都是幻覺」，認為只不過是「恰好符合具體事實」。為了徹底消除這些基於統計的妄斷，肯尼斯·林聯手心臟外科專家邁克爾·薩博（Michael Sabom）共同設計了一套幻想試驗：邀請患心臟病及其他重病的一組病人去努力想像自己在觀察醫護人員為病人實施搶救的情景，並將其想像具體細節完整地描繪出來。

而試驗結果讓叫囂巧合論的人大跌眼鏡：這些因患重病而常年有機會接受搶救性臨牀治療的試驗參與者都在其描述中犯下了明顯的錯誤！沒有人（只要參與者本身不從事醫學工作）能夠完全準確地描述搶救的正確程序！這項試驗説明：若非曾親眼仔細觀察過臨牀搶救的具體實施方法以及一系列複雜而且有序的步驟，僅憑藉在影視劇中所曾經見到的救護情節而展開個人想像，絕對沒有一丁點可能將專業的搶救過程描述得如此天衣無縫！該試驗結果與瀕死體驗者所能夠提供的精準描述形成了極其鮮明的對比。唯一可能的解釋就是有關懸浮於房間上方俯視着自己接受搶救的經歷，即所謂意識離體經歷，是某種曾經真真切切發生過的事實。

還有另外一篇從腦科學角度的研究證實了這個推測：「意識離體經歷，是某種曾經真真切切發生過的事實。」

視力障礙人士的瀕死視覺體驗

1984 年 8 月，康涅狄克大學心理學教授肯耐斯·瑞恩（Kenneth

Ring）在其著作《走向奧祕迦 —— 探索瀕死體驗的意義》（*Heading toward Omega: in Search of the meaning of the Near Dearth Experience*）一書中，講述了一位四十八歲婦女的瀕死體驗：

「砰，我離開了，接着我漂浮在天花板上，在向下看時，我能看到醫生的帽子和頭。我能分辨出我的主治醫師，因為他的帽子上有特殊的標誌，那景象十分清晰生動，我近視得十分厲害，別人在 400 英尺以外就能看見的東西，我須走到十五英尺附近才能看見，所以這件事（看見醫生帽子上的特殊標誌）令我十分吃驚。他們把我和一個處於我頭後方的機器連起來，我的第一個念頭是：『天啊，我看得見，我簡直不能相信，我看得見。』我能讀出那些機器上的數字，而這機器在我的頭後方。所有的東西都很明亮和清晰，從我所在的地方，我能向下看到燈罩，燈罩頂上很髒，都是灰。我記得我當時在想：必須把這個告訴護士們。」幾乎是這個念頭讓她重新回到自己的身體，在搶救中蘇醒了過來。

無影燈上有灰塵的「記憶」讓她無法忘懷，於是她真的告訴了護士長，並且護士們真的發現了無影燈上面存在沒有擦乾淨的灰塵！[19]。

這個案例讓耐斯・瑞恩教授完全相信了瀕死體驗的真實性，從而開始收集和研究更多這樣可以被證實的瀕死體驗的案例，就有了其著作《走向奧祕迦 —— 探索瀕死體驗的意義》。

先天性全盲者的瀕死視覺體驗

這個案例也受到了其他讀者的質疑，比如女士的視力依然存在！雖然這位有着瀕死體驗的婦女的視力十分微弱，只有 0.3% 的視力，但是

---

19 肯耐斯・瑞恩 (Kenneth Ring)：《走向奧祕迦 —— 探索瀕死體驗的意義》（*Heading toward Omega: in Search of the meaning of the Near-Death Experience*），1984 年。

她還是具有視覺能力。而盲人，尤其是先天盲人，眼睛是 100% 看不見的，這就從科學的角度把上個實驗的 0.3% 的可能性給取消掉。於是就有了耐斯・瑞恩教授的下一本書《意識的視覺—盲人們的瀕死和離體體驗》(*Mindsight: Near-Death and Out-of-Body Experiences in the Blind*)，他把關於瀕死體驗的研究又推向了一個新的高度。

瑞恩教授居然專門找到了 146 個有瀕死體驗的先天盲人作為實驗對象，而這些盲人 80% 都看到了 [20]，都在瀕死時有了視覺體驗。先天盲人的世界是黑暗的，他雖然能描述形狀，因為可能他摸過，但他無法描述顏色。實驗中如此清晰的視覺體驗，一定不是肉體看到了，而是在肉體以外看到了。那是甚麼在肉體以外看到了呢？這應該是他們的靈魂了吧。

瑞恩教授的書中，詳細介紹了一位天生全盲女性 Vicki Umipeg 的瀕死視覺體驗。 1950 年 12 月， Vicki 出生於加利福尼亞。因為是早產兒，所以被放在帶氣閥的保育箱裏。那時，保育箱供氧過度，導致從 1947 年到 1952 年間約有 5 萬美國早產兒因視神經損傷而全盲。這個女性兩眼的視神經都破壞了，所以一次也沒有過視覺體驗。沒見過光影，也不知道光與顏色這些概念，在夢裏也沒有包括光影色在內的視覺形象。她有過兩次瀕死體驗。

12 歲時， Vicki Umipeg 因闌尾炎和腹膜炎接受急救治療，她從天花板附近看到金屬手術台上準備接受手術的自己的肉體。她發現那是自己的身體。她不知道甚麼是顏色，但發現手術台上的牀單發出不同亮度的光芒（後來她發現那是顏色。她不是看到了顏色，而是感知到了光的變化。顏色的識別對於先天性全盲人來説是不可能的，這一點很重要）。

---

20 Dr. Kenneth Ring. *Mindsight: Near-Death and Out-of-Body Experiences in the Blind.*

然後她被吸入黑暗的隧道中。在穿過隧道的時候她看到了有着身體姿態的人們，她看到前方人們的臉和上半身。隧道的前方閃耀着明亮的光芒。進入光芒時，全身都感覺到這裏是家。然後回閃了過去的場景：盲校時代的女性朋友 Bunny（那時已經去世）珍視的十字架上的基督像被 Vicki 偷走了。Bunny 焦急地尋找它。Vicki 在體驗中充分體會到了當時 Bunny 的哀傷之情。Vicki 看到了自己作為盲人的行為，有生以來第一次能看到。她深深地被敬畏之情打動了。隧道的盡頭充滿着光芒。她還看到了花和草，遇見了盲校時代的另一個女性朋友 Debby（那時已經去世），鄰居 Z. 夫人（那時已經去世）也在那裏，還遇到了名為 Diane（那時已經去世）的盲校時代的女性朋友。Diane 和 Debby 看起來很幸福很美。Debby 生前很胖，但現在不胖。Debby 見到 Vicki 非常高興，並向 Vicki 伸出雙臂。最後出現了比其他人擁有更耀眼光芒的人物（Vicki 認為是基督），用愛和安寧包裹着她。那個人說：「你要回去，學會愛和原諒。」下一瞬間，她回到了自己的肉體[21]。

1997 年出版的《生命的另一面：瀕死體驗探索》中描述了一位在科羅拉多州丹佛市任職的叫弗雷得‧斯庫恩梅克（Fred‧Schoonmake）的醫生碰到的不可思議的案例。在路克斯（Saint Lukes）醫院擔任心血管主任期間，他的一位女病人在經歷瀕死體驗時有離體經歷。該病人是位盲人，但卻在靈魂離體時「看到」房間中有十四個人。雖然她不能辨別色彩，但卻在靈魂離體時「看到」物體，並能準確地描述手術室中發生的事情。斯庫恩梅克醫生說就好像這位女病人真的看到了一樣，她的描述與事實完全相符[22]。

---

21 肯耐斯‧瑞恩：《走向奧祕迦 —— 探索瀕死體驗的意義》，1984 年。

22 Evelyn Elsaesser Valarino, *On the other side of life: Exploring the phenomenon of the Near-Death-Experience Evelyn Elsaesser Valarino* (1997)

「再生人」的死亡過程記憶

所謂再生人，就是傳說中「靈魂」的「輪迴轉世投胎」現象。他記得自己前生前世的事，姓甚名誰，家住哪裏，父母是誰，怎麼死的等經歷。李常珍先生 2016 年深入湖南和廣西交界的侗族居住區實地考察後，寫出紀實文學作品《坪陽再生人 —— 100 個侗族轉世訪談案例》。本書包含坪陽及周邊幾十個侗族山寨的 100 名再生人採訪案例，寫作完全忠於當事人原意，幾乎都是作者親自上門訪問，並輔佐以音頻視頻記錄。

其中一個案例（案例編號 10.2 石詩雷）對理解死亡以及死亡之後的過程有不少啟發。

石詩雷，1990 年 6 月 16 日凌晨 3 點出生於坪陽村，其前世死於兩天后的 18 日凌晨，屬罕見的靈魂投胎於已出生嬰兒的案例。

石詩雷在三歲前沒有談及任何前世。三歲的某一天，他在曬穀坪上和小朋友玩遊戲，跑來跑去。因跑得太快，他失控衝進了曬谷坪邊上的泥水溝，頭朝下陷進泥裏，很像其前世的死亡狀態，於是其前世所有的記憶立即恢復。他便向周圍人講起他前世的姓名、籍貫、死亡過程等詳細情況。據石詩雷回憶，他的前世是外地（可能是湖南衡陽）的一名 26 歲左右的未婚青年，和同鄉三人在坪陽工作。1990 年 6 月 17 日晚 10 點左右，他同老鄉及坪陽本地人共 5 人在坪陽街某處打牌。打牌至凌晨左右，幾個人突然想去本村池塘偷魚，方法是用電線電擊。此外鄉青年自告奮勇地從某農戶家偷得七米長的鋁電線一根。魚塘旁邊有高壓線經過，他把電線兩端暴露出電芯的一端掛到高壓線上，另一端連進魚塘，很快便電死一條魚。但不知何故，不久，這根電線從高壓線上掉了下來。他立刻手持電線一端，爬上高壓線桿至中段，把帶勾的一端拋上高壓線並成功勾住，但他卻忘記了其左手還攥着電線的另一端。於是他立即觸電，從桿上摔下，頭部先着地，插進稻田泥巴裏，全身燒焦並死亡，

而此時電線仍未離身。幾個同伴發現偷魚不成，還電死了人，於是一哄而散。

約 18 日凌晨兩點，村民石建和等人發現有人觸電身亡，電線與屍體仍未分離，石建和便用竹竿撥開電線。此外鄉青年覺得自己的靈魂此時才得以離開已燒得面目全非的身體。他因此對石建和非常感激，其靈魂跟着他回了家。進了石建和家之後，又很快出去看自己的遺體。他看見有人用繩子套着自己遺體的脖子，拖到附近某個地方後，點上火開始連夜焚燒。火焰一昇起，他對前世的記憶就終止了。

領悟死亡真相後的感悟

從我的親身經歷以及目前前沿科學關於出體體驗和瀕死體驗的研究成果，我認為存在一種很大的可能性，那就是死亡並不是結束，而是另外一個旅程的開始。讓青少年愈早了解這個認知，愈可以減少青少年悲劇的發生。很多時候，當一個孩子或者成年人面臨很多痛苦時，他們會把死亡當作一種結束痛苦的手段，這其實是十分不明智的。如果青少年對死亡有了這樣的認知，他們很有可能會有一種全新的理解、對待自殺的視角。

第七章

理解自殺，干預自殺

　　本章將從諸位智者、各大教派對自殺的態度出發，
了解自殺的可怕後果。通過了知自殺後被挽救的人對死
亡的敘述，探究自殺前的非理性心理狀態和自殺後的真切
感受，更好地理解自殺，甚至學習如何智慧地干預自殺。
所謂：救人一命勝造七級浮屠。那些想要自殺的人很可
能已經瀕臨絕望，在等待一隻光明與溫暖的手。

青少年自殺問題的嚴峻性和挑戰

生命教育一項十分重要的責任就是降低自殺率，幫助那些想自殺或者已經有自殺傾向的人放下自殺的念頭。前面提到過在中國從 1998 年以後，自殺已變成青少年死亡原因的第一名[1]，並且數據顯示大約 20% 的中學生有過自殺的計劃，而他們的自殺往往來自於和家長、老師的矛盾。而且青少年自殺與抑鬱症也有着高度的共鳴性和相關性。

那麼引發抑鬱和引發自殺的共同的因素是甚麼呢？根據《2022 年國民抑鬱症藍皮書》裏的數據，86% 的患者認為是情緒壓力。而大部分情緒壓力來自於家庭，親子關係、親密關係的不和諧。情緒壓力產生的痛苦是極其巨大的，尤其是外界不斷的刺激產生了巨大的持續的痛苦。對於生命個體，遇到痛苦，都會自然而然的選擇規避，如同無意碰到火的神經反射。一個心智不成熟的孩子更是如此，如果在家裏或者學校，沒有留給他表達情緒、舒緩痛苦的可能性，他可能逃離家庭或者學校，如果不讓他離開家門，他也許就會跳窗，跳樓，選擇死亡。因為當他沒有其他辦法反抗，他只有逃避或逃離，拒絕溝通或直接離家出走，甚至逃離生命。所以自殺的人其實是想結束痛苦，而不是生命。

所以我認為不要譴責那些有自殺念頭或者自殺未遂的孩子們，因為這是生命教育的缺失，他們往往是感受到了極大的痛苦，走投無路才會選擇自殺。自殺者的認知往往是死了就一了百了，不會痛苦了。自殺真的可以擺脫痛苦嗎？答案是否定的。

讓我們直面自殺這個問題。縱觀古今中外，那些智者們、哲學家們大都已經告訴我們不能選擇自殺！

1　柴民權：〈2009 青少年自殺行為研究〉，《企業導報》第 8 期（2009 年）。

如何看待自殺

智者們對自殺的態度

　　早在古希臘時期，那些達到了人類智慧巔峯的先賢們就大多認為不能自殺。畢達哥拉斯説：「身體就是靈魂的墳墓，然而我們絕不可以自殺以求逃避。」柏拉圖在《斐多篇》裏記述，先哲蘇格拉底認為自殺從來都是錯誤的。亞里士多德也認為，出於對社會倫理學的考慮，自殺是加諸社會的一種不義行為，而且常常反映出當事人在道德上的缺乏自制。絕大部分的古希臘唯心主義哲學家認為，人是由肉體和靈魂構成的，肉體會死亡，但靈魂並不會隨之死亡，因此大多反對自殺。

　　當然也有少數對自殺持無所謂態度的哲學家。比如，古希臘唯物論哲學家伊壁鳩魯認為：「死亡對於我們是無足輕重的，因為當我們存在時，死亡還沒有來；當我們死亡時，我們已經不存在了。」他認為靈魂是不存在的，所以自殺是一個可選項。

　　而以孔子為代表的儒家也反對自殺，如同前述，除非因為忠君孝親、救國救民等正當理由，其餘視為殺人。《孝經》：「身體髮膚，受之父母，不敢毀傷，孝之始也。」所以自殺犯了不孝的大罪。

　　由此可以瞥見，對自殺的態度其實反映了一個人對死亡的態度，對人生觀、人死觀的態度。

各大宗教對自殺的態度

　　所有的傳統宗教都是反對自殺的。比如基督教的《舊約全書》「十誡」中的第六誡就是「不得殺人」，不僅不可以殺他人，即使殺死自己也是不被允許、違犯戒條的。《新約全書・哥林多前書》則記載了使徒保

羅的話:「豈不知你們是神的殿,神的靈住在你們裏頭麼,若有人毀壞神的殿,神必要毀壞那人,因為神的殿是聖的,這殿就是你們。」也就是說,身體實際上是靈魂的宮殿,如果靈魂還在就要毀掉肉體的話,上帝是會懲罰的。所以基督教絕對反對自殺。

伊斯蘭教對自殺有明確的禁令,認為自殺是一種嚴重的罪行。在《古蘭經》的《聖訓集》中穆聖說:「誰以鐵器自殺,他將在火獄中永不停止的用鐵器亂刺自己的肚子。誰服毒自殺,他將在火獄中手拿毒藥不停服毒,永不停止。誰從山上跳下自殺而死,他將永遠在火獄中跳下,永不停止。」也就是說,人會在死後一直重複着他死前的自殺動作。

在印度教中,自殺被視為對生命的褻瀆和違反天職(Dharma)的行為。在《摩奴法典》中:「不要因絕望或憤怒而結束生命,因為這樣做不僅不能解決問題,還會招致更大的痛苦。」印度教經文指出,自殺者將成為孤魂,在地球上游蕩直至他如果沒有自殺而最終死亡的那一刻為止。

佛教與印度教接近,除非是殉教、為公共利益或者為了拯救他人而自殺,其餘自殺視為殺害一人。釋迦佛制戒中,凡比丘自殺以相當於殺人罪。

道教和佛教都有共通的五戒,五戒之一就是不殺生,其中都包括了不能自殺。並且自殺者的靈魂每天都必須重複自己自殺的痛苦過程,此外,自殺還將有兩種下場,一是監禁於枉死城,待注定的年壽已到,再由十殿閻君依照殺人罪,打入地獄受刑。另一種下場則更加淒慘,靈魂被自殺處的靈氣所困,必須造成另外一個人身亡,是為替身,方能使自己脫身,投入下一次的輪迴。

學者對自殺的研究

西方一位給警員做心理輔導的心理醫生説 90% 跳樓的人，雙臂都是斷的，因為他們在落地的瞬間都在試圖撐住迎面而來的地面，都想活着。其慘烈程度讓碰到自殺事件出警的警員都會留下心理陰影，需要心理輔導。

那自殺的人會後悔嗎？

精神病學家理查德・塞登在一項研究中追蹤了 1937 年至 1971 年在金門大橋試圖跳橋自殺者的生活。他發現，在 515 名被勸阻自殺的人中，只有 25 個人（5%）會第二次自殺。也就是説，95% 的自殺者後悔了。克裏托弗等在 2005 年的研究中發現，「只有 3.5% 的蓄意服毒物者 16 年內自殺死亡」，也就是説，絕大多數服毒自殺的人在 16 年內不會再選擇自殺。亞歷山德拉等在 2010 年的另外一個研究中發現，「只有 7.6% 的自殺未遂者在出院後 18 個月內再次自殺」。這幾項研究説明，一般人認為，如果一個人想死，他就會想方設法地自殺，不管被救活幾次都不會放棄，但實際上並不是這樣，一個人自殺未遂後，再尋死的可能性就很小了。所以，如果碰巧遇到了想自殺的人，那就一定要想辦法把他勸回來，因為他在自殺的瞬間就很有可能追悔莫及了，而並不是每個人都能在自殺後被搶救回來。

那麼，為甚麼那些自殺未遂的人再自殺的可能性會很低呢？可以看一看美國金門大橋自殺者的情況。

金門大橋是自殺者的「聖地」，一個研究自殺心理的小組，曾架起攝像機，記錄自殺者最後的畫面，那些畫面很令人心酸。

自殺者剛剛跳下去的時候好像很鎮定，但是大橋離水面的高度有 81 米，留給了自殺者大概 4 秒的反應時間，下落片刻後，絕大部分自殺

者開始在空中揮舞四肢，試圖抓住、攀住甚麼。他們看起來很後悔，但是從近百米高跳下，以約 39 米每秒的速度撞擊水面，他們很難有機會告訴世人他們最後時刻的真實想法。

直到 2000 年 9 月，一位跳下金門大橋的名叫凱文・海因斯的人居然奇跡般地活了下來。他在不斷下墜旋轉後幸運地雙腳入水，之後本應沉入水底，卻奇跡般地被一隻海獅頂到岸邊，又奇跡般地被馬上發現、馬上被送到醫院。這一系列奇跡疊加，令人們有機會了解一位自殺者自殺之後剎那間的心理歷程：「『跳吧！』我腦海中的聲音催促我，於是我勇猛地跳了下去。可是，我在手指離開大橋護欄的一瞬間似乎就醒了過來，開始極其地後悔。這可能是我這輩子做過最後悔的事情，我真希望這一切不是真的。」此後，他開始在全美演講，講述他是多麼地後悔，勸告想要自殺的人放棄這必然會令自己後悔的行為。

自殺前的非理性心理狀態

眾所周知，所有的生物都有躲避危險、逃避死亡的強烈本能，但自殺的人似乎出於甚麼原因失去了這種本能的恐懼。根據一些學者的研究，我發現了一件很令人驚異的事情 —— 很多時候，抑鬱症患者在自殺時沒有辦法控制自己的大腦。

台灣心理專欄作家海苔熊在〈致陪伴自殺者的你：「他想結束的不是生命，而是痛苦」〉中分享了兩個案例。在第一個案例中，一位抑鬱症患者說：「我那天一個人坐在客廳，聽到有一個聲音一直叫我去廚房拿刀來刺自己的心臟。等回過神來的時候，刀子已經抵在我胸口了，皮膚上面還微微滲出血。」在第二個案例中，一位丈夫敘述了妻子抑鬱症發

作時的情況：「星期一晚上我剛回到家，就看到她在用頭撞牆。我趕快過去抱住她，發現她手腕上又有新的傷痕，而且她還是一直不斷地試圖去撞牆壁，嘴裏念叨着説『不想活了』。整個過程大概持續了 3 分多鐘，然後，她突然停下來，問我：『我剛剛在做甚麼？我怎麼在這裏？』」

　　從這兩個案例的描述中可以看到，有些抑鬱症患者的自殺、自傷行為並不完全是受自己控制的。為甚麼會這樣呢？

心理學角度對自殺的理解

　　這是一個讓許多學者費解的現象，目前還沒有定論，但抑鬱症與自殺有着高度的關聯性。從生物化學角度，抑鬱症是一種腦部血清素含量異常的疾病，很多抑鬱症患者會伴隨着血激素的減少出現認知的改變，比如走路容易撞到東西、健忘、很難做決定、出現幻聽、幻覺等，甚至會有輕微的解離狀態。研究表明，解離狀態與自殺念頭和自殺行為之間存在顯著關聯。解離狀態可能使個體感到與現實脫節，導致他們更容易採取極端行為 [2]。這些行為有時變得自己無法控制，例如無法控制自己把刀子插進心臟的想法，好像他的手不受自己控制，好像甚麼都不受自己控制一樣。

是甚麼在干擾自殺者的理性？

　　所以在這種情況下，想結束生命的也許並不是他的自由意識。但是這個時候不是他的意識離開了身體，而是有甚麼其他的東西或意識在影響着他的心智，影響着他做出決策，影響着他採取行動。

2　Lanius, R. A., Vermetten, E., & Pain, C. eds., *The Impact of Early Life Trauma on Health and Disease: The Hidden Epidemic* (Cambridge University Press, 2010)

其實，傳統文化中也有類似於「死者為大」的説法。因為當死者憤怒的時候，也許相關的人也會受到影響。這裏的描述和假設並不是希望把讀者朋友帶入虛無縹緲的玄學，而是希望讀者朋友可以意識到世界上關於死亡，科學還有很多未能觸達的地方。也許，死亡並不是意味着結束，自殺其實也不是結束。

如果對自殺者的心理狀況和各種可能性有了如此的了解，可能有助於智慧地幫助和干預自殺者。

如果有親朋好友對你説想要自殺，不管真假，請一定重視，不要輕易以為這是説笑或者開玩笑。因為他既然和你提到了自殺，説明他的理性還在，這是他的理性上希望逃離痛苦的信號。至少表明，他現在是處於痛苦的狀態，是在需求幫助的階段。這個時候，如果可以，請試着了解他的痛苦，理解他的痛苦，試圖幫助他，或者和他一起尋求幫助走出痛苦。因為這個時候他往往已經身心疲憊，十分虛弱。即便是簡單的陪伴，都有可能給與對方温暖和力量。

如果這個階段不能得到幫助，再進一步發展，很可能他的理性會被非理性的自殺願望所侵蝕。如果你發現他已經到了精神恍惚要做傻事的地步，或者已經在自殺的邊緣了，這個時候你要意識到他的理性可能已經十分弱，而非理性的外力的干擾比較強，這時一定要想辦法分散他的注意力，分散他對死的注意力，可以用各種方法，比如在常常有自殺發生的橋上面，莫名其妙的塗鴉或者標語「你知道非洲離這有多遠嗎？」「那隻狗吃飽了嗎？」「你想有隻貓嗎？」等等。一旦他的注意力從要自殺這件事情分散開以後，他的理性就有可能回來。所以面對自殺的人，特別重要的就是幫助他恢復理性，一旦理性回來了，就有可能克制住那些看不見摸不着的影響他的東西。

對於自殺者的幫助，很重要的一點是一定要用愛陪伴，全身心的接

受和陪伴。如果有可能，想辦法帶他離開原來的刺激源頭，或者離開孤獨的環境，帶着去人多的地方，因為人多意味着有各種各樣的事情在發生，在吸引人的注意力，讓他不再專注在自己的痛苦上。並且從傳統文化的角度，人多的地方陽氣旺盛，不容易受到負面事物的影響。同理，也可以去曬太陽，去爬山，去旅行，然後也可以收養一隻需要照顧的寵物，貓或狗。還有一點就是想辦法去做一些幫助他人的事情，因為幫助他人有一種不可思議的正向的力量。

記住這些事情，你可以幫助自己，也可以幫助那些向你求助的他人，因為這類衝動型和非自控的自殺是完全有可能被干預，並恢復理性的。一旦幫助到了他，他可能很久之後都不會再去自殺。

房地產行業的數據，也許會給出另外一個視角對的啟發。

在內地和香港，常有凶宅（指有人在屋裏自殺或兇殺的房子）往往低於市價 30%—59% 被流拍的新聞。那麼為甚麼凶宅的成交率如此低呢？覺得不吉利，或者心理因素？這樣的房子你敢買嗎？至少我自己可能不會考慮。因為我的健康應該也值很多錢，我也相信勞動人民來自於實踐的經驗。那些發生過自殺或他殺的房子往往會有很多的麻煩，比如住過的人說晚上的時候會聽見一些聲音，會看到一些人影，睡覺的時候常常會在夢中出現被甚麼東西壓着動彈不得（俗稱鬼壓身），會常常夢到那些在那裏自殺的人，甚至長相裝束都能和以前熟知逝者的鄰居合上。更重要的是，住凶宅的人可能會莫名其妙地情緒起伏激烈，久而久之，身體也會出現各種各樣的問題。科學雖然暫時對這些情況還沒有答案，但是你的邏輯和智慧有沒有告訴你可能發生了甚麼？有沒有可能那個拒絕生命的自殺者的意識會一直卡在不斷自殺的階段，一直卡在他自殺的地方？

因此，珍視自己的生命。

如何幫助那些死意已決的「理性」自殺者

假如有的人是完全理性地計劃了很久，就想要自殺擺脫痛苦，那麼請一定讓他有機會理解死亡之後會發生甚麼。可以嘗試問他：「你覺得死了就真能解脫嗎？」

其實，讓自己死是一件非常困難的事情，因為生物的本能中就有極其強烈的求生慾望。永遠不要低估了身體的求生慾望，也永遠不要低估了周圍人搶救、憐憫的程度和現代醫學的進步。那些實施自殺後又被搶救回來的人，往往經歷了不可思議的身心痛苦。

自殺帶來的肉體痛苦

一位用腰帶自縊的朋友表示，那種窒息感極其痛苦，於是他後悔了，開始掙扎，弄斷了腰帶才獲救。他說：「這時候我才意識到，能呼吸是一件多麼值得珍惜的事情。」他表示就算以後再苦再難，自己也不選擇自殺了。自殺失敗以後，他才知道身體的求生慾望是如此地強烈，痛苦是如此地深切。一旦進入瀕死狀態，身體就會盡力掙扎，在生和死之間，身體做出的努力會讓自殺者極其痛苦。那種肉體上的巨大痛苦是常人所無法忍受的，也許，這部分解釋了為甚麼自殺未遂者再次自殺的比例並不是那麼高。

還有一位服藥自殺未遂的朋友也說，他自殺失敗之後才知道身體的求生慾望是如此強烈，而痛苦是如此深切。他說，自己當時「腹腔裏疼得像刀割一樣，胃都好像要從嘴裏吐出來。」之後，他被送到醫院洗胃，這又是一次痛苦的體驗。所以 Chritopher 等人在 2005 年的研究中報道「只有 3.5% 的蓄意服毒物者在被搶救回來之後，在 16 年內再度自殺死

亡。」[3] 也就是説服毒自殺的人 16 年內幾乎都不會再選擇自殺。

很多人是因為痛苦所以選擇死亡，但如果真的了解過自殺的痛苦，他們就不會認為自殺是解決痛苦的途徑了，因為痛苦有兩種，一個是生的過程中體會到的精神的痛苦，一個是死的時候體會到的肉體的痛苦，沒有體驗過第二種痛苦的人是無法確定哪一種痛苦更難以忍受的。不過，至少前面的案例和數據都説明，千萬不要試圖用自殺的方式結束生命，自殺時肉體的痛苦強烈到生命體無法承受。那些自殺未遂的人一般都後悔不已，不再自殺，因為在離死亡很近的地方被搶救回來知道自殺是解決不了精神的痛苦的。中國有句老話叫「好死不如賴活着」，其實這句話説得非常對，即便設計得再好的死，也無法避免死之前的痛苦，也許比痛苦地活着還要糟糕很多。

自殺的精神痛苦

那麼，除了肉體的各種痛苦讓自殺未遂的人不再自殺，還有哪些原因呢？相信大家見到過或者聽説過不少自殺未遂的人彷彿一夜之間換了一個人似的，變得前所未有的通透和豁達。這些人是瀕死時發生了甚麼讓他們有這個轉變呢？

有一名自殺未遂者説出了自己臨死時的體驗，她名叫柯天驕[4]，從小父母關係就特別不好，她所有關於家庭的記憶只有無休止的爭吵和獨自的成長。她在 15 歲時被確診為嚴重的抑鬱，曾經兩次割腕，第二次割得特別深，失血過多陷入了昏迷。據她的描述：「而就在昏迷於手術台上的那一刻，我初次體驗了瀕死經驗。閉着眼睛，卻可以看見整個手

3　David O,Chritopher W, "Mortality and suicide after non-fatal selfpoisoning:16-year outcome study." *Br J of Psychiatry*,Vol.187,No.5 (2005).

4　〈這位靈動性的畫家 曾是重度抑鬱〉，《香港商報》2016 年 1 月 15 日。

術室，整個環境被一股極亮的光所籠罩，那光比陽光還要明亮，但卻沒有一點刺眼，那一刻，所有我愛的人一一浮現在眼前的空中，他們甚麼都沒說，只是微笑着看着我，好似給我力量，要我活下來。雖然昏迷，但意識卻異常的清醒，我可以感覺到醫生用針將我見骨的傷口縫合的拉扯，可以聽見醫生嘴裏一次又一次的低喃着：『這姑娘怎麼下的去手。』可以聽見自己一一地對半空中我愛的人們和身旁急救我的醫生說：『對不起』。最後，我聽見了自己和自己說：『對不起。』我重新醒了過來。」

其實很多人已經自殺成功又莫名其妙回來的人都有這種類似的體驗，那麼這種是幻覺還是真的「看到」呢？這就涉及到關於瀕死體驗的真實性的科學研究，我在《面對生死科學與智慧》裏展開了大量的研究，驗證了它的真實性。其中就有肯耐斯・瑞恩博士通過研究發現那些有瀕死體驗的先天性盲人在瀕死時也能看到這種現象，還有那些已經完全失去大腦功能的腦癌、老年痴呆病患者。有的腦袋已經完全被癌細胞侵佔，或者完全萎縮了。或者已經完全失去功能的患者居然在臨死之前迴光返照清晰地和所有人告別。還有很多幾乎已經被宣告臨牀死亡的人，在意外生還之後不少都體驗到了自己的意識離開肉體，體驗到了類似於上面這位小姑娘的經驗。

至於人死後有沒有意識現在並沒有統一的說法，但是很多科學試驗、心理學和生物腦神經學案例都證實是有這種可能性的 —— 死亡並不是結束，肉體死了以後會有一個精神或意識依然還在。自殺對於那些有過自殺經歷來說的人，這樣的體驗對他們是一個巨大的精神衝擊。至少他們體悟到了肉體的死亡有可能並不是精神的結束。如果肉體的死亡並不是精神的死亡，那麼對於因為精神痛苦希望自殺的朋友來說，這意味着自殺根本解決不了精神的痛苦！並且因為自殺，徒增了更多的身心痛苦。

所以，親愛的朋友們，大家一定要記住，不要自殺，這不是痛苦的結束，而是一個更大的麻煩的開始。

自殺者的哲學之問：我到哪裏去？

那肉體死後的精神、意識或心識會到哪裏去呢？

古希臘的智者們提出了一個「生之巨輪」。據說古希臘著名的哲學家畢達哥拉斯能夠回憶起他自己 4 次轉世輪迴的情況，他說：「靈魂是個不朽的東西，它可以轉變成別種生物；其次，凡是存在的事物，都要在某種循環裏再生，沒有甚麼東西是絕對新的；一切生來具有生命的東西都應該認為是親屬。」[5] 所以他覺得所有的人都來自於一個大家庭。

柏拉圖在他的《斐德羅篇》裏也說：「所有投生於肉體的靈魂，如果是依照正義而生活的話就可以獲得較好的命運，（人）若不依正義而生活的話，命運就會較差，如那些不去努力避免而是已經養成貪吃、自私、酗酒習慣的人，極有可能會投胎成為驢子或其他墮落的動物。」所以他覺得靈魂會投到其他物種的肉體之中。

從科學研究的角度來說，前面探討過關於胎兒的意識也許早於受精卵的可能性，以及性格可能並不是來自於 DNA 的可能性。也許這就因一個生命的巨輪 —— 輪迴的存在。如果這樣的假設成立，那麼對於大部分人來說，死亡之後應該按理成章地進入到下一個生命體。但是對於那些自殺的人來說，恐怕就很麻煩了。自殺者並不希望延續他的生命，當他們的意識離開身體之後，他們還會願意再進入到一個新的生命體

5　畢達哥拉斯：《西方哲學史》第三章（公元前 523 年）

嗎？他已經對生命失去了希望和信心，他要擺脫生命，他根本不願意再進入到另外一個生命。那麼這時候他的精神，意識，或者靈魂會到哪裏去？有沒有可能就在那沒有希望的、絕望的黑暗中不斷駐留？親愛的朋友們，仔細想一想這個問題背後的邏輯，你還敢自殺嗎？

總　結

　　本章探索了死亡，以及死亡後的各種可能性，認識到了死亡只是肉體的結束，還有意識可能會存留，或者靈魂可能會持續存留。此外，提出了自殺有可能是受到了外部的某種能量，或者說是體外意識的影響，並且自殺時會有各種痛苦，令人不再敢自殺。尤其是自殺以後，神識有可能就鎖在了自殺的念頭之中而不斷重複自殺的動作。當瞥見這些現象或真相，可見自殺並不是一個解決痛苦，逃離痛苦的好辦法。這個辦法有可能會導致更大更長久的痛苦，是任何一個理性的人都不會採用的。

第八章

挫折教育，如何讓孩子擁有強大的內心以應對壓力與挑戰？

挫折教育是為了讓孩子心理強大，讓孩子可以有能力面對壓力與挫折，從而避免壓力導致的心理崩潰和輕生的選擇。這一章從挫折感根本出處和心理學發展過程入手，從嬰幼兒的親子關係入手，探討如何培養孩子從容面對挫折的能力。為父母和孩子們提供了一套可操作的轉化挫折性思維的工具，使其不因挫折而崩潰，反而將挫折轉化為動力。

為甚麼現在的孩子這麼脆弱？

社會變遷下更加脆弱的一代

70 後、80 後的家長往往十分困惑，為甚麼現在的孩子這麼脆弱？為甚麼他們的逆商這麼低？好像七八十年代孩子輕生的現象並不是特別多。那時候的孩子好像都很抗壓，被罵一頓，甚至痛打一頓之後，過不了多久就過去了，該幹甚麼接着幹甚麼。同樣的事情，發生在現在，小孩就會因此崩潰，甚至自殺。這是為甚麼呢？

如果從社會發展角度來看，上述問題的原因之一就是社會經濟高速發展，生活水平普遍提高後，很多家長為了不讓孩子受以前自己受過的苦，儘可能地滿足他們所有的需求，尤其是物質需求。而這種做法帶來的結果，往往就是孩子理所當然地認為自己就應該享有這樣高質量的物質生活。一旦環境稍有變化，比如離開父母，離開熟悉的環境進入大學，孩子就有可能完全無法適應。我身邊就有因為大學宿舍裏沒有空調而自殺的案例。

孩子脆弱的另外一個原因可能來自計劃生育政策。20 世紀 70 年代起，該政策開始施行，在此之前，家裏往往有不止一個孩子，每一個孩子受到的關注不是 100%。而計劃生育政策之後，就出現了一種普遍情況，不光是父母會關注孩子，爺爺奶奶、姥姥姥爺的目光也在孩子身上，一家六口圍着一個孩子轉。在這種過度保護下，孩子在生活中遇到的問題都完全被家人處理了，家長對孩子的要求則只剩好好學習。與此同時，愈來愈激烈的學習競爭也讓家長一味關注孩子的成績，不讓孩子考慮學習以外的任何事情，對孩子的任性行為也是一味地遷就。

由此可以看出，對於孩子變脆弱的原因，除了物質條件豐富和獨生子女政策的施行外，更重要的其實是父母養育子女方式上的變化。不適當的養育使孩子逆商變低。

教養方式導致的低逆商

　　這個社會現象，在更深的層面上反應了抗壓能力與父母的教養方式之間的關係。

　　現在的孩子，在長大的過程中，碰到任何問題，要麼不能迅速行動起來解決，要麼想到的就是依賴父母。但隨着孩子的長大，他們碰到了更多問題和挑戰，當沒有機會或者無法從父母這裏得到幫助時，他們就無法自己對抗挫折。

　　那麼，父母甚麼樣的行為會讓孩子不去努力尋求解決問題的方法，即陷入前文提到的習得性無助呢？

　　其一，家長做得太多，過於溺愛。家長把孩子成長中該自己做的事情包辦了，替他們做決定，對孩子保護過度。這時孩子也完全喪失了自主權，孩子稍微有些自己的不同的處理問題的方法，就會受到父母的否定，父母甚至會使勁嘮叨個沒完，一定要孩子只能聽他的。在這種情況下，孩子往往只能悶悶地跟從父母的指示。我遇到過一些非常優秀的博士生，他們是清華、北大甚至國際名校的畢業生，但到了讀博士做研究的時候完全不能自主。這是因為他們從小都是父母和老師讓做甚麼就做甚麼，如果給他們一個科研項目讓他們獨立做，他們就完全沒有辦法做到。

　　其二，父母過於嚴厲，孩子曾經求助無果。在孩子尋求幫助時，父母不信任孩子，甚至反而批評他們，孩子的求助換來的是責罵而不是溫和的幫助，這使得他們不願再為自己的難題尋找解決之法。這類父母時

常讓孩子陷入各種各樣的說教、懲罰，和挫折之中，讓孩子心生畏懼，不敢求助。要知道，父母作為孩子的第一求助對象，如果不能第一時間給予幫助，對孩子的打擊是非常大的。知乎網站上曾有一個帖子，一位孩子小時候被學校同學欺負了，回來向父母求助，結果父母上來就是一句「你瞧你那窩囊樣，個子這麼高還被人欺負，你怎麼這麼沒用」。可想，孩子本來在學校就很委屈，回來求助還被父母罵，那麼以後碰到這種事他就會想「別人欺負我就欺負了吧，反正我回來求助也沒用」。同理，另一個成年人回憶自己小時候被同學欺負後，老師和爸爸都說了同一句話：「班裏那麼多人，怎麼就欺負你呢。」從此他任何事情都不再求助父母和老師，工作後也不會求助於同事、領導，凡事都自己忍着。

以上兩種情況帶來的後果，就是孩子內心脆弱。父母雖然都很愛孩子，但是沒有學會如何真正地愛孩子。父母包辦了孩子成長中的事務，卻沒有在孩子真正尋求幫助時給予適當的回應。

不同生源地因素對大學生焦慮影響區別

有研究發現不同生源地的大學生焦慮、抑鬱、自殺意念有明顯的差異，這也許對父母降低子女焦慮提供了新思路。其中，城市生源的學生比鄉鎮生源的學生表現出更多的焦慮、抑鬱和自殺意念。這可能與鄉鎮生源的學生幼時成長經歷、家庭生活方式、態度、非獨生子女等因素有關係。相比之下，農村大學生可能有更大的抗挫折能力和接受失敗的心理承受能力。

我個人的經歷也完全能夠驗證這一點。我曾經在八一中學上學，畢業後我們同學聚會時發現，同齡中上學、留學和工作比較成功的同學都有一個共同的特點，那就是都是在農村待過的，在上山下鄉時期被送到鄉下去，並且都有一段時間離開了父母獨自一人生活。這些當年在童年

階段吃過苦的孩子，學習能力、承受壓力的能力和社交能力都提昇很多。

　　所以，親愛的父母們，當孩子覺得自己已經獲得足夠的愛，感覺足夠安全的時候，可以把他們放出去，也許可以放到艱苦的地方，待上一段時間，這對孩子來説可能是一個珍貴的訓練機會，並且是值得一生回味得很好的體驗。

甚麼是挫折教育

　　西方學者有將挫折教育叫做逆商（Adversity Quotient）[1]。教育者普遍都知道要培養孩子的 IQ（智商，Intelligence Quotient）和 EQ（情商，Emotional Quotient），但很少有人知道孩子在生活中也需要 AQ。AQ 是 Adversity Quotient 的英文簡稱，在我國一般被翻譯為挫折商、逆境商或逆境商數等。它是在 1997 年由美國心理學者保羅・史托茲（Paul・G・Stoltz）在其著作中首次正式提出，指人們在逆境中或面對挫折產生的反應和處理能力。簡單説來，它就是承受和戰勝挫折的能力。保羅認為逆商是真正讓一個人成功的最大因素。他認為 IQ 只佔到了人成功的 20%，剩下 80% 的成功都是由這個人的逆商和情商合在一起創造的[2]。

　　現在，AQ 愈來愈被引起重視。一個人要成功必須具備高智商、高情商和高逆商這三個特質，在智商和情商差不多的情況下，逆商對一個人的人格完善和人生成功起着決定性作用。因此，挫折教育教給孩子的

1　Paul G.Stoltz. *Adversity Quotient: Turning obstacles into opportunities*(Wiley & Son, 1997)

2　Ibid,

不是挫折，而是教給孩子面對挫折的勇氣、積極的態度、承受挫折的能力以及解決問題、戰勝困難的方法，減少和避免不必要的傷害。

挫折教育缺失的反應

如果挫折教育沒有實施到位，面對碰到挫折，孩子們會有怎樣的行為反應呢？呂英和馮永剛在《新時期中學生挫折教育芻議》中，將青少年受挫後的情緒性反應分為以下幾大類[3]：

第一類是焦慮反應。當孩子面對困難、感覺到困難或受到挫折時，會有一種緊張不安的感覺，會讓他在生理和心理上各個方面都呈負面的表現，他會感到憂慮不安，或者有失敗感、內疚感等等。比如，有的中學生因同學關係不和諧就感到憂慮不安；或因考試不及格就覺得無顏面對父母和老師，而產生一種失敗感與內疚感。

第二類是回歸行為。指一個成年人或一個中小學生回到了嬰兒的狀態，一旦碰到挫折就會表現出與自己身份、年齡不符的、十分幼稚的方式。我記得網上有一個視頻，一位男士抱着一束花向一位女士求婚，但女士沒接受就離開了，那位男士居然大哭地躺在地上，拍打着地面，在那兒打滾。這是很令人震驚的一幕，但也是心理學上一個很自然的反應。這就是回歸行為。像一個幼兒一樣，嚎啕大哭，捶胸頓足，或是撕扯衣服，咬手指等等，以求得別人的同情和照顧。

第三類是逃避行為。受到挫折後，不是面對現實、正視挫折，而是放棄了原來追求的目標，選擇撤退到比較安全的地方，就像有些孩子受到挫折後就不願意再往前走，不願意去上學，不願意去考試等等。

第四類是攻擊行為。因為受到了挫折，又引發了憤怒的情緒，於是

3　呂英、馮永剛：〈新時期中學生挫折教育芻議〉，《教育探索》第 9 期（2003 年）。

對構成挫折的人或事物（就是他認為直接讓他受到挫折的東西）直接發起攻擊。比如考試成績不理想，就把卷子撕得粉碎或者砸鉛筆、鉛筆盒、計算機等，甚至可能攻擊旁邊的人。

第五類是自戕行為。如果當時沒有外人可攻擊，或者怯懦一點，不敢對外發作，或者沒有其他發作的渠道的話，有的孩子就可能會攻擊自己，出現自傷、自殘甚至自殺等行為。這類孩子受挫折後精神緊張，倍感痛苦，將失敗的原因歸結於自己，看不到自己的長處和優點，自暴自棄，甚至以跳樓、服藥、上吊來懲罰自己。

如果青少年沒有經過良好的挫折教育，那麼在遭受挫折之後，這些都是很自然不過的正常反應。但很多這些自發挫折反應的後果是很糟糕的，尤其是那些攻擊和自殺行為。

挫折教育為甚麼重要？

挫折是指個體由於客觀環境刺激導致行為動機受阻或者失敗而由此產生焦慮、憂鬱、煩惱等負面情緒的挫敗心理[4]。

對孩子進行挫折教育，讓孩子的心理強大是非常重要的。

前面提到的很多自殺悲劇發生的一個共同原因就是孩子們在碰到挫折，碰到家長和老師的批評，把死亡當作可以逃避挫折、麻煩和責罰一種方式。如今，這樣的案例愈來愈多，十分令人痛心。

2019 年，江蘇句容一名 9 歲的男童只是因為在學校不小心撞破了玻璃，因為擔心受到責罰就從 17 樓跳下去，自殺身亡。他用稚氣的口吻在作業本裏寫下遺書，有很多字都還不會寫，都是用拼音標注的：

4　楊思帆、龐貞艾：〈小學生困難與挫折教育的價值審視與實踐路徑 —— 基於新冠肺炎疫情影響分析〉，《教師教育學報》第 7 卷第 5 期（2020 年）。

「nǎi nǎi（奶奶），我前天把學校的 bō 裏（玻璃）zhuàng suì 了（撞碎），我之到（知道）要 chéng fá（懲罰），suǒ（所）以我跳 lóu（樓）了。」

2017 年 5 月，北京某附中初二學生李某因學習成績不理想，家長將其手機沒收，次日李某向父親索要手機未果，從家中 11 樓陽台跳下。

2018 年 4 月，河北某中學高一學生因交作業時受到老師批評，上完最後一節課後，獨自跑到學校實驗樓 4 樓跳下，次日死亡。

2001 年 9 月 17 日，廣州市海珠區某高校宿舍樓的一名新生，因為宿舍裏面沒有空調，連續失眠兩天后從宿舍樓 6 樓一躍而下，當場身亡。

在我們收集到的關於生命教育的家長問題裏，家長也面臨着這樣的困惑：

「孩子被老師批評，不想去上學了怎麼辦？」

「被批評後，孩子會説活着沒意思怎麼辦？」

為甚麼孩子只是因為被老師批評了就會產生這麼大這麼激烈的反應呢？因為很多孩子在面對這樣的批評教育，面對這樣的挫折時，好像完全不知道該怎麼辦，甚至用自殺的方式來躲避。

這是一種過激的挫折反應。所謂挫折反應，是人們在實現目標的活動或環境中遇到了與自己預想不符合的障礙和干擾而產生的一種心理現象。這種心理現象的背後是人的需求或動機沒有得到滿足而產生的一種緊張焦慮情緒和情感刺激。這種看似負面的情緒其實也有十分正向的功能。雖然挫折讓人失望、痛苦、消極、頹廢，甚至讓一些意志薄弱的人對生活失去信心，造成嚴重的人身事故，但挫折感也可以讓人認識錯誤，接受教訓，磨煉人的意志，並且給人行動的動機。因為所有負面情緒的背後都有未被滿足的需求，都有讓你去用行動來滿足需求的動機。

那麼，為甚麼有的孩子面對挫折會有這麼糟糕的後果呢？這反映了一件特別重要的事情：目前的教育體系中普遍缺失了挫折教育，甚至很

難找到一個比較周正的關於挫折教育的定義。

理解及提昇抗挫能力的三個層次

可以從三個層面，包括物質層面、心智層面和心性層面，對應人類認知的 3M 模型，來理解和提昇青少年的逆商，增強青少年應對挫折面前的能力，避免那些糟糕的挫折反應。

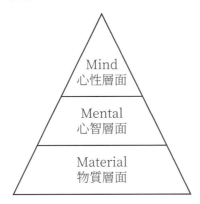

實際上情緒反應是以生物學為基礎的，如果在動物層面的感受會相當糟糕。那麼出路在哪裏？這時就需要從動物性的生理性反應提昇到心智層面，也就是用理智、理性來認識到挫折的來源，與挫折感對峙。如果抵達更高的心性層面，還有可能瞥見挫折感背後的本質，瞥見所有陰影（負面情緒）背後的光明。

本書將着重關注面對挫折時，個體從生理層面的情緒反應提昇到心智層面。在這個邏輯框架下，首先探究面對挫折的生理和心理反應機制，從而找到提昇抗挫能力、生存能力的方法，避免悲劇發生。

理解挫折反應：從挫折到崩潰的心理路徑

心理學家一直在研究孩子從受挫折到焦慮，到後面發生自殺行為的原因，其中大概包括以下幾點。

挫折背後的焦慮

國內外很多研究發現，逆商和焦慮程度，尤其是父母的焦慮程度，有很大的關係。比如，很多孩子一想到學習、考試，他就焦慮、不自信。其實在挫折發生之前，孩子就先感受到焦慮，當焦慮沒有辦法應對或者緩解，就會導致更強的挫折感，繼而導致更多的身心問題。以往也有研究顯示：焦慮也是自殺的高危因素。

2004 年陶芳標等人對合肥市城鄉中學生 3127 名進行無記名調查，發現從初中到高中，焦慮是依次增加，其中 6 個年級（初一到高三）焦慮症狀檢出率分別為 10.9%、11.6%、14.8%、12.1%、14.1%、17.7%。

陽德華等人針對四川省南充市三所普通中學 500 名初中生的焦慮情況研究，也發現初中生焦慮的總體水平表現出明顯的年齡特徵，即隨年齡的增長，其抑鬱與焦慮的水平不斷提高。其中，初二是初中生抑鬱和焦慮水平提高的轉折時期[5]。

國外有專門關於考試焦慮的研究，早在 60 年代末，Liebert、Suinn 等人就提出了考試焦慮的 2 維度理論，他們認為擔憂和情緒是其基本組成。1995 年，Wells 提出了焦慮的二型擔憂模型，認為焦慮是由擔憂引起，而擔憂可以分成 I 型擔憂和 II 型擔憂。I 型擔憂是指對特定

---

5 陽德華、王耘、董奇〈初中生的抑鬱與焦慮：結構與發展特點〉，《心理發展與教育》第 3 期（2000）。

情景的擔憂，是事件擔憂，如考試擔憂。僅僅有 I 型擔憂的人會使用不同的策略對待擔憂的問題，如逃避擔憂環境、解決擔憂問題等積極對待策略。II 型擔憂是在 I 型擔憂基礎上形成的，是經歷了一系列 I 型擔憂後而形成的一種對擔憂的擔憂，其特點是個體對擔憂有明確的認識，將擔憂作為一種對待策略，而且在行為方面採取消極地對待策略。其實，所有的焦慮都是導向動機和行為，而沒有導向的動機和行為的擔憂則會令人為了這個擔憂而焦慮，這是一個死結，這樣的擔憂會像滾雪球一樣愈滾愈大。

那孩子的擔憂來自哪裏？華南師範大學心理系的鄭希付等針對 400 名廣州初中和高中生的一項關於考試焦慮的主導因素的研究中發現。初高中生的考試焦慮要有三個來源：學校、家庭和同學。其中孩子擔憂的最主要源頭是家庭[6]。那麼減輕孩子焦慮的希望也主要在於父母。

焦慮背後的原因

2019 年青島教育頭條上就有一篇名為〈每一個「逆商」低的孩子背後，都有一個極度「焦慮」的家長〉的文章，文中提到「很多時候，孩子的逆商是從家長身上傳遞給孩子的。有的家長在遇到問題時會表現出情緒化、發脾氣，那孩子基本上也會模仿這樣的形式」。

從某種程度上來說，每一個孩子都是父母的複製品。逆商低、抗挫折能力低的孩子背後都有父母的影子，因為每個孩子都是看着父母的背影長大的。如果要提高孩子的逆商和抗挫折能力，父母首先要做一個不焦慮的家長，在孩子面前儘可能做一個可以從容解決各種問題的家長，這樣孩子才會有一個可以學習的正面典範。

6　鄭希付、高宏章：〈考試焦慮的認知因素研究〉，《心理科學》第 1 期（2003 年）。

實際上，很多大人遇到困難也常常情緒化，尤其在親子教育的時候。工作了一天的父母，十分辛苦，回到家裏又發現孩子惹了新麻煩在等待自己去處理，父母就更容易生氣了。

當親子交流遭遇挫折時，家長往往在用發泄情緒的方式處理問題。很多家長平常在外面彬彬有禮，是謙謙君子，但回到家裏輔導孩子做作業時，分分鐘就憤怒地拍桌子罵孩子，甚至把手拍到骨折，氣得高血壓、心臟病發作，氣得自己痛哭流涕……於是在孩子眼中，父母就是用失控生氣的方式應對挫折，那他們自然認為這就是解決問題的一個方式。當孩子遇到困難，他也就用極端粗暴的方式來解決問題，就像父母那樣。但是這樣情緒化的方式，不僅很難理性地找到解決問題的方法，很多時候反而會激化矛盾，放大挫折。

挫折教育，很多時候要首先從父母做起。至少，在親子溝通過程中，父母能以安然平穩的情緒處理親子衝突和矛盾，這是每個父母，每一個希望自己的孩子具備抗挫折能力、幸福快樂成長的家長要完成的功課。

除了家庭原因，還有其他因素影響青少年的焦慮程度。西北師大的馮永輝在探討中學生生活事件、應對方式及焦慮的關係研究中，對蘭州 2000 名中學生進行了調研。他將發現的一系列影響焦慮的因素根據回歸分析結果表達成了一個方便理解的簡單的線性公式[7]：

焦慮 =+0.131×自責 +0.124×逃避態度 +0.115×人際關係壓力 +0.074×受懲罰 -0.158×解決問題能力 -0.091×求助能力。

通過這個公式，可以看出焦慮的最主要原因是自責，佔了 13.1%；

7　馮永輝、周愛保：〈中學生生活事件、應對方式及焦慮的關係研究〉，《心理發展與教育》第 1 期（2002 年）。

其次是孩子的迴避態度佔了 12%，人際關係壓力佔了 11%，還有 7% 是受懲罰的程度。

從公式中，還可以得知有兩種因素是和焦慮呈負相關關係 —— 求助能力和解決問題能力。所以，可以從這兩個維度入手，提高孩子的求助能力和解決問題能力，減少其面對壓力時的焦慮，增強抗壓能力。因為焦慮是每個人面對挫折和壓力的自然反應，如果具備解決問題的能力，包括尋求幫助的能力，個體可以試圖解決導致焦慮的壓力源。但如果不具備解決問題的能力，那麼焦慮就有可能被不斷放大，甚至進入到前面提到 II 型擔憂，為了擔憂而擔憂，最終陷入失控的惡性循環。

既然壓力源能夠被解決，那為甚麼自殺者會認為沒有出路了？更加深入的研究發現，雖然焦慮表象是解決問題的能力不足，而非智力或精神障礙（如：抑鬱）所造成的，但是自殺者獨有的認知特點會干擾這種關聯，即個體對自身問題解決能力的評估水平較低，認為自己處理不了這個事情，於是就會在困境面前退縮、逃避，甚至傷害自己[8]。

個體對自己的問題解決能力的自信程度愈低，就愈容易產生絕望與自殺意念。並且這些人往往更加關注消極的方面，總是能看到消極的一面[9]。

也就是說，真正導致面對挫折時的無能為力是認知反應性問題，而不是能力問題。所謂認知反應性（cognitive reactivity，CR）是一種負性情緒與負性認知的聯結，指非病理性的情緒躁動（比如焦慮）激發負性信息加工增加，反映負性情緒及相關特徵，激發個體不良認知的程度。

8　杜睿，江光榮：〈自殺行為：影響因素、理論模型及研究展望〉，《心理科學進展》第 23 卷第 8 期（2015 年）。

9　Schotte, D E, and G A Clum. "Problem-solving skills in suicidal psychiatric patients." *Journal of consulting and clinical psychology.* Vol. 55, No.1 (1987).

認知反應性是一種習得性聯結，由一系列生活事件反覆刺激生成。這些事件誘發個體的負性情緒，同時激活他們的不良體驗以及個體與自我相關的不良感知。當負性情緒和負性自我的相關認知配對、反覆地呈現，個體就建立起不良的、非適應性的情感─認知聯結。這種認知易感性（負性情緒─認知聯結）是導致自殺發生的重要因素，還使得自殺意念容易再次發生。

習得性無助

有一位老師分享了自己有一次去其他學校支教看到的一幕。課間休息時間，他走出辦公室就看見一個瘦弱的小男孩被若干個身強體壯的同學追打出教室，小男孩看到他，反而一頭跑到了另外走廊的角落，蹲在那裏瑟瑟發抖，然後其他同學追上來把他圍在牆角繼續戲耍他。這位老師趕緊上去解圍，於是其他同學們嘻嘻哈哈地散開了，但小男孩已經被嚇得臉色慘白。老師說：「老師的辦公室就在那邊，你也看到我了，為甚麼不過來呀？」小男孩嚇得哆哆嗦嗦，連話都說不出來。這位老師只能告訴他以後再出現這種情況，一定要往老師的辦公室跑。因為她了解到這些老師都是很負責的，事後也嚴肅處理了這幾個欺負他的學生。

如果當時往老師辦公室跑，他是絕對不會繼續挨打的。為甚麼小男孩不去尋求老師的幫助呢？因為他不會求助，他似乎沒有想過在被同學追打的情況下要去向老師求助。這就是很典型的在挫折面前，沒有習慣於或者沒有意識到他是可以通過求助來解決問題的。這在心理學上稱之為習得性無助。

習得性無助解釋了為甚麼很多人在面臨人生的挑戰時不會尋求幫助，找到解決辦法，而是會選擇放棄。美國心理協會主席、著名心理學家馬丁‧塞利格曼為了探究這個問題，曾經做過一個很有名的心理自

救的動物實驗。他將參與實驗的狗分成三組：第一組狗用背帶綁住，並受到輕微的電擊，狗可以用鼻子按控制桿讓電擊停止，於是這一組狗很快就學會了如何讓電擊停止；第二組的狗也被同樣的背帶綁住，也受到同樣的電擊，但是在實驗中他們無法讓電擊停止，所以它們只能忍受痛苦；第三組是對照組，被綁住但沒有受到電擊。第二輪試驗，塞利格曼將三個組的狗都逐個放進一個半分隔的箱子裏，這個箱子中間立着一塊低矮的擋板。每隻狗都被放到擋板的一側並受到輕微電擊。它們只需要跨越矮擋板跳到另一側就能停止電擊。試驗目的是看它們能不能逃脫。

你覺得哪一組的狗能夠自救？實驗結果顯示，第一組和第三組的狗很快學會了擺脫電擊，而第二組的狗只是躺下來嗚咽哭泣，沒有嘗試逃脫。這是甚麼原因呢？

馬丁・塞利格曼對此的解釋是，第二組的狗在前面的階段依靠自己的努力無法阻止被電擊，因此產生了無助感，這種無助感在第二輪實驗中摧毀了它們採取行動的幹勁。由此，他提出了著名的「習得性無助」的理論。針對貓、魚、大鼠、蟑螂、小鼠等其他許多動物的類似試驗，也得出了相似的結果。

眾多科學家針對人類進行的相關實驗結果也類似。例如，俄勒岡大學的唐納德・廣田在他的實驗中，將人們置身於噪聲很大的房間裏，牆壁上有許多按鈕，然後讓他們學習如何關掉噪聲。第一組人所摁的諸多按鍵均不能關掉噪聲；第二組人若摁對了按鈕則能關掉噪聲；第三組人的房間裏沒有噪聲的。隨後，唐納德・廣田把他的實驗對象帶到了同一個房間裏，讓他們逐個把手放進一個控制箱內。在該箱裏，把手在一側，惱人的噪聲會持續，但倘若將把手掰到另一側，噪聲就會停止。結果是，即使時間、地點和條件變了，但此前無法讓噪聲停止的人大多就坐在那裏，並不試着終結這種令人痛苦的狀態。而此前能控制噪聲的那

些人則知道掰動把手，從停止噪聲。

另外，紐約州立大學奧爾巴尼分校的霍華德・泰能和桑德拉・埃勒與 49 名學生進行了一項研究，發現人們面對無解難題時就學會了無助。與面對有解難題的對照組相比，他們之後的表現較差。

由此，學者們最終發現習得性無助完全適用於人類。很有可能就是因為這種習得性無助，一種做甚麼都沒有用的想法，不斷地在心裏反覆地內化，從而削弱主體對事物的掌控感。這可以很好地解釋了為甚麼很多人在面臨人生的挑戰時不會尋求幫助，找到解決辦法，而是會選擇放棄。

習得性無助就是這樣一種做甚麼都沒有用的想法，而且他會被反覆地內化，從而削弱主體對事物的掌控感。而馬丁・塞利格曼等人進行的許多研究指出，在孩子很小的時候，家長的很多行為都容易讓他們產生無助感。比如，父母看似十分關愛孩子，為子女包辦各項事務，不讓他們應對自己的難題，但這其實無意間會讓孩子產生無助感。

提高抗挫折能力的研究

家，孩子的安全基地。

提昇孩子的抗挫折能力，家長要做的第一步就是幫助孩子減輕面對挫折時的焦慮感。這是對抗挫折感、不讓挫折感進一步加重的核心，也是真正的抗壓能力的基礎。英國心理學家約翰・鮑爾比的研究也許可以給許多父母以啟發。

約翰・鮑爾比在 20 世紀五六十年代提出了一個「安全基地行為」（security base behavior）的概念。根據鮑爾比的理論，一個嬰兒在感到足夠的安全時，會嘗試着走出父母的懷抱，展開對未知世界的探索，而一遇到陌生的東西，嬰兒就會立刻退回到父母的安全環護之中。有安全

感的嬰兒能夠把依戀對象作為探索的安全基地，作為恐懼、焦慮時的安全避難所。他們相信依戀對象能夠對他們的要求做出反應，相信依戀對象有能力成為自己的安全基地。由此，約翰·鮑爾比提出，親子教育的核心是為孩子提供一個安全基地，讓孩子可以安心地去探索外面的世界。如果父母能夠讓孩子知道，父母永遠在他的背後愛他、支持他，當他感到痛苦或碰到困難時，他可以從父母這裏得到平靜、得到安撫，那麼，孩子在面對不可預測的困難的時候，就會有一種積極向上的態度，因為他知道他有退路，他可以退到父母這裏。

在鮑爾比的依戀理論之後，眾多依戀研究結果表明，安全型個體在感到威脅、需要求助時，會使用安全基地策略。安全基地策略（securebased strategies）屬初級依戀策略，是當個體感受到威脅需要被保護和支持時，會尋求接近依戀對象，這是一種與生俱來的依戀策略[10]。然而，非安全型個體在感到受威脅時使用的卻是無可奈何的對應策略，比如前面提到，回到兒童狀態的回歸性反應，迴避挫折，或者過度感應去攻擊他人和自己。

對此，我自己深有感觸。我女兒第一次看到鏡子的時候，可能是因為在鏡子的世界裏看見了另外一個小朋友，她的第一反應是一驚，被嚇得向後一退，瞪大眼睛，明顯十分害怕。然後，她趕緊回頭四處找，看到我正在她背後看着她，於是她馬上安靜了下來，開始小心翼翼壯着膽面對剛剛讓自己恐懼的鏡子，接着，她開始研究鏡子裏的自己，對着鏡子做出各種擠眉弄眼的動作，用腦袋去撞，用手去拍，用舌頭去舔……玩得不亦樂乎。

在我看來，給予孩子無條件的愛是讓孩子安心面對不確定的世界和

10 侯 靜、陳會昌：〈依戀研究方法述評〉，《心理發展與教育》第 3 期（2002 年）。

我女兒第一次照鏡子的照片

無法預測的困難的第一步。這一步相對來説是比較容易的。對於經歷了獨生子女政策的中國家庭而言，全家人對一個孩子的愛，和對孩子任何訴求的回應按理説都是足夠的。但是很多研究發現，獨生子女的抗挫折程度低於非獨生子女。所以，僅僅給予孩子充分的愛、保護，給他一個堡壘一樣的安全基地還遠遠不夠。

　　想要提高孩子的逆商，更重要的是第二步：允許孩子離開安全基地，去探索外面的世界。這一步更加具有挑戰性，是對父母構建的安全基地牢固程度的測試，因為允許孩子離開父母的保護，可能會讓父母感到不安或焦慮，孩子可能摔倒，可能碰傷，可能要很艱難地做父母覺得輕而易舉的事情，可能會犯錯誤，甚至很有可能是十分低級的錯誤。父母會放手嗎？很多父母會因為自己的焦慮感或者低抗挫力止步於第一步「給予無條件的愛」，而十分抗拒走到下一步。於是，無條件的愛變成了有條件的溺愛，這個條件就是要孩子聽自己的安排，以免出岔子，而這樣的溺愛可能使得孩子完全無法自己去經歷挫折，去面對困難，去按照自己的方式解決困難。這是「最高效」的愛，但是真正的愛是不能用效率來衡量的。高效會殺掉真正無條件的愛和包容！而對很多父母來説，

放棄這種「高效」的方式是很難的。

其實如果一個領導了解領導理論，那就一定知道授權的重要性，允許手下犯錯誤的重要性。真正的領導可以從容地看着手下笨拙地做自己輕而易舉就能完成的事情，耐心地等待手下成長。同樣，在我看來，每一個成功的家長都應該是一個領導，都應該學習領導力理論，這樣，孩子才會茁壯成長。

這裏分享一點兒我自己的經驗。作為一個父親，我會試着儘可能給予孩子我能夠給予的安全感：安穩的情緒、安穩的語調、安穩的懷抱，和安穩的肩膀。更重要的是，我會帶着孩子去「瘋」、去「野」，會鼓勵孩子走出家門、走出舒適區、走向自然，我會帶他們去爬山、涉水，走沒有路的路，一起發瘋、一起犯傻、一起犯錯誤。我會讓孩子知道，大人也會犯傻或犯錯，這些都是被允許的。如果摔疼了，可以到爸爸這裏來哭一會兒，可以把鼻涕、眼淚抹在爸爸的襯衫上，如果受傷了，爸爸這裏總是有創可貼和急救包。於是，孩子不會再過於懼怕外面的世界，會自己勇敢地到小溪裏玩水，去海邊踩浪，因為他們知道，在大的海浪湧來的時候，父母會保護他們，即便被浪沖倒，父母也會和他們一起爬起來。在孩子成長的過程中，父母就是他們最重要的安全基地和港灣，而安全基地和港灣的意義在於時刻準備好下一次探索的旅程和航次。

當孩子感覺自己特別安全的時候，他就會很安心地去探索外面的世界。探索外面的世界就意味着他會碰到很多新的挑戰，同時有新的收穫。當他願意不斷地去探索新世界的時候，他應對困難的能力就會提高，他的逆商自然也會提高。在我看來，安全基地最重要的作用就是能讓孩子擁有一個對未來幸福特別重要的東西——對世界的好奇心。一旦有了好奇心，豐富多彩的世界就會在孩子面前源源不斷地展現出來。

我覺得有一首詩特別適合挫折教育，甚至是親子教育的核心：

我想過很多遍，

甚麼是最好的愛，

如果前方有一條我曾經跌得面目全非的路，

而你卻執意想要去，

我希望，我愛你的方式

不是拼命拉住你說，不要去，不能去，

而是給你準備最耐穿的鞋子，備好雨傘，

告訴你第二個路口地很滑，

第五條街道上有小偷，

告訴你去吧，回來家裏有飯，

我想最好的愛，應該是我愛你，而你是自由的……

挫折歸因理論：結果是內因還是外因

歸因理論（attribution theory）是社會心理學的理論之一。歸因是指觀察者（面臨挫折的人）從遭遇的事件結果推論出事件發生的原因和因果關係。

心理學家弗裏茨・海德經常在其 1958 年的著作《人際關係心理學》中，從通俗心理學的角度提出了歸因理論。情緒發展領域的世界頂尖研究員伊利諾伊大學的卡羅爾・德維克發現歸因方式可分為下列兩種：

情境歸因（situational attribution）：外因，將行為發生解釋為情境（環境）因素使然者；性格歸因（dispositional attribution）：內因，指個體將行為之發生解釋為自己性格使然。

而將逆境歸咎為穩定性因素（如「我很笨」）的兒童比將之歸咎為暫時性因素（如「這一次我沒有很努力」）的兒童學到東西的要少。那些無

助的孩子往往關注失敗的原因（通常歸咎於自己），把失敗歸咎於能力不足 —— 這是一種穩定的特性，自己是無能為力；而抗逆能力強的孩子關注的是失敗的補救辦法。

解釋風格：結果的時效性和普遍性

積極心理學家塞利格曼進一步研究指出，悲觀的人除了把挫折歸因為人的本性，往往還會有自己獨特的解釋風格。解釋風格是指某人對原因的習慣性看法，它與歸因理論類似，但更關注事件造成影響的判斷。在塞利格曼的《活出樂觀的自己》書中提到個人的解釋風格往往有三個維度：永久性（permanence）、普遍性（pervasiveness）與個人化（personalization）。

永久性是時間上的向度，決定一個人會無助多久。比如肚子上被人狠狠打了一下，每個人都會有短暫的很痛苦的階段。悲觀的人傾向於相信霉運是永久的，而好運是暫時的。而樂觀的人恰好相反，他們相信霉運是暫時的，而好運是永久的。比如被老師批評了，悲觀者：「這個老師總是很偏心」，樂觀者：「老師可能今天脾氣不好」。

普遍性是空間上的維度，反映了人是否習慣於把事情災難化。樂觀的人認為壞的事情發生有其特定的原因，而好的事情具有普遍性；悲觀的人認為壞的事情具有普遍性，而好的事情是由於特定的原因。比如一次低於 60 分期末考試，悲觀的人會否認自己所有的能力，覺得自己這一輩完了；而樂觀的人會覺得自己只是哪裏沒有複習好，下次可以更好。

個別性指歸因於內在或外在。一件事情發生，為此負責的是自己，還是脫離控制的外在的人或環境？好事發生，樂觀的人會覺得自己真棒（內在化），而悲觀的人更容易將此歸功於運氣好，或其他人的辛苦勞動（外在化）。遭遇不幸，樂觀的人會在自己之外找原因（外在化），比如

運氣不好，機遇不佳；而悲觀的人會覺得都是自己不好（內在化）。

也許有人會有疑問：「難道樂觀的人就是推脫責任的人嗎？」對此，塞利格曼特別作出了澄清，他認為並不是所有的事情都應該改變想法，怪罪到別人頭上。只有當一個人抑鬱的時候除外。因為抑鬱的人常把不是自己的錯也攬到身上，去背負不需要負的責任。

塞利格曼進一步指出，每個人在遇到失敗的時候，都會出現很無助的狀態，比如感到悲哀、提不起勁兒做事，就像被人在肚子上狠狠打了一拳，一下子就會痛得直不起身子。但是這種習得性無助只能製造出暫時的抑鬱症的特徵，如果一個人的解釋形態是樂觀的，那麼抑鬱隨後就會停止，這個人會很快就恢復過來；相反，如果是悲觀的，那麼這種因失敗和打擊而產生的習得性無助會轉變成嚴重的抑鬱症。

因此，悲觀的解釋風格是永久性（事情每次都是這個樣子）、普遍性（它會影響我全部的生活）以及個別性（我的錯）。這是一個自我毀滅的思想方式，為抑鬱症的生長提供了肥沃的土壤。

代償性理論：人體神奇的修復補償能力

很多人都會下意識誇大挫折造成的影響、強度和持續性。但身體和意識具有相當高的自我康復能力。

人體代償功能，亦稱「代償作用」，即通過加強某一器官或組織的功能，以適應或補償生理或病理情況下需要的一種生理或病理現象。在某一器官遭到一定程度破壞時，身體通過調整該器官或其他器官的功能、結構及代謝予以補償、代替，使之滿足身體正常運轉需要。如在生理方面：雙目失明者往往手指的觸覺功能及聽覺功能異於常人，甚至能覺察談話人的心境；失去雙臂的人的足趾會變得愈來愈靈活，甚至變得修長，甚至可以代替手來用勺子吃飯和執筆寫字；動脈主幹阻塞時，人

的供血功能由擴大的側支循環來進行代償等。

然而，很多人因為意外造成了身體的嚴重損傷，卻在康復過程中選擇結束生命，這是一件十分可惜的事情。很多人低估了自己身體和心理上代償性恢復的潛質。

實際上，個體不管遭受到多麼巨大的身心創傷，總是會回到他自己的平均幸福水平，只是有人經歷的時間長，有人短些而已。這就是關於心理代償的幸福的錨定點。

例如，如果一個人猛然車禍失去了四肢，或者半身截癱，那他的快樂程度會受到甚麼影響呢？

心理學家塞利格曼在他大量的案例研究中發現：「在車禍或意外後的八周內，這些人的積極情緒就開始超越消極情緒。在幾年內，截癱患者的平均幸福程度僅比不癱瘓者略少，並且 84% 的嚴重殘障者認為，他們的生活處在平均值，甚至比平均值更高。」[11]

美國現代女作家、教育家、社會活動家海倫・凱勒，19 個月大的時候因突發的急性腦充血病喪失了視覺和聽覺。常人也許會以為，這樣的人生應該是毫無懸念的悲劇收場。但是在老師安妮・蘇利文的幫助下，她沒有就此放棄生活和學習，最終畢業於哈佛大學，成為首位畢業於高等院校的聾盲人。之後她為了盲人的福祉創立了盲人基金會，爭取在全美以及世界各地興建盲人學校。海倫一生前往了美國各個州以及 35 個國家，寫下 14 本書和上百篇論文。為世人留下了面對挫折時刻的人性光芒。

她說：

---

11 Seligman, Martin E.P. *Authentic Happiness: Using the New Positive Psychology to Realize Your Potential for Lasting Fulfillment* (Simon and Schuster. 2002)

「當一扇幸福的門關起時，另一扇幸福的門會因此開啟，但我們卻經常看這扇關閉的大門太久，而忘了注意到那扇已經為我們開啟的幸福之門。」

「雖然這個世界充滿了苦難，但是也充滿了很多解決和克服苦難的方法。」

「我只看我擁有，不看我沒有的。」

「只要朝着陽光，便不會看見陰影。」

「把你的燈提高一點，好照亮更多人的路。」

「面對光明，陰影就在我們身後。」

海倫・凱勒的世界沒有色彩和聲音，但她依然精彩過着她的生活，並且鼓勵世人去克服生命中的挫折。那麼還有甚麼事能把健全人打垮呢？唯有自己相信挫折是永久的，自己的心被挫折打敗，自己的理性被挫折打敗。

所謂痛苦，痛和苦是兩種感受，痛未必是苦，很多苦是人為加上去的。當意識到這點，你在生命中遇到任何問題時，都可能不會那麼決絕了。

提昇逆商的工具：ABCD─覺見轉行

如果父母或孩子常常在挫折面前崩潰，那麼如何在行動上挽回呢？

這裏有一個更具體的、大人小孩適用的工具。它是從我的《開心經營》課上常用的十二字訣裏摘出來的工具，叫 ABCD─覺見轉行。A（覺）是 Aware of adversity，覺察逆境情緒，即時刻覺察被不如意事情引發的負面情緒；B（見）是 Belief，逆境見解，即梳理當事件發生時自

動浮現的念頭、想法，很多人出現負面情緒，是因為心裏對某件事情的解釋方式，讓人產生了負面情緒；C（轉）是 Change，逆境轉見，即改變這個未必理性的想法而變成更加積極的想法，就是從習得性無助變成習得性樂觀；D（行）是 do，逆境行動，是改變逆境的行動。

第一步：覺察逆境情緒

覺察逆境情緒，指的是個體能夠保持覺察力，留意覺察自己當前的情緒是甚麼，以及為何會產生這樣的情緒。很多時候，當負面情緒昇起來，人們完全沒有察覺。當察覺到時，已經很沮喪或者很憤怒了，甚至已經開始做出各種過激行為了。所以應對挫折，特別重要的是要具備對挫折感的察覺力，然後才有可能停止負面情緒的堆積和放大，即要時時刻刻保持正知正念。

斯坦福大學的健康心理學家凱莉・麥高尼格在她的 TED 演講《如何讓壓力成為你的朋友》中提到：「曾有數據顯示，在美國每年有 18 萬人早年猝死，其中 43% 是因為壓力。但我們團隊最新的研究發現，導致一個人猝死的原因並非壓力本身，而是對壓力的否定、抗拒態度，一直將它視為一種有害的存在。相反，如果能把壓力視作為助力，生理上的反應也會隨之改變，血管會呈現無比放鬆的狀態，這更像是感到興奮和鼓起勇氣時呈現的樣子。」

所以提昇逆商很重要一點就是要能接納自己的煩惱、壓力和情緒，不在煩惱裏增加新的煩惱。情緒本身沒有好壞之分，而抗拒情緒的存在才會帶來問題，永遠不要讓負面情緒造成第二次傷害。擁有強大逆商的奧祕，在於認同和接納所有情緒的存在，包括哀和怒，不逃避，不否認，並且能用合理的方式與它相處。憤怒的時候接受自己的憤怒，如果沒有辦法改變，那就和這個負面情緒待一段時間，不較真，不抗拒，情緒自

然會慢慢地弱化。

家長很容易對自己做到這一點，但對於孩子的負面情緒卻很難包容。比如作為一個父親，我特別寶貝我的女兒，雖然看了大量親子教育的書籍，但當她哭起來的時候，我的第一反應依然是：「寶寶因為甚麼事情不開心啊？誰欺負你了？寶寶不哭，爸爸給你擦擦⋯⋯」孩子一哭，作為父母第一反應就是心疼，哭對身體不好，要趕緊讓她別哭了。其實，這是一個特別大的誤區。哭其實對身體有很多的好處，如果父母一直不讓孩子哭出來，要孩子憋住的話，其實是關閉了一個孩子宣泄負面情緒的通路，早晚會出問題的。讓孩子從小與自己的情緒抗爭是一件很痛苦的事情，因為情緒的流露太自然了，人無法操縱自己的情緒，也無法操縱別人的喜怒哀樂。孩子在面對挫折的時候，產生的壓力或其他隨之而來的負面情緒，如果都能被父母很好地接納和鼓勵，他也會漸漸習得情感覺察的能力，注意到情緒，接納自己的負面情緒，不被情緒控制，這才是接下來解決挫折問題的情感基礎。

而且父母不但要接納孩子的情緒，還要鼓勵孩子表達情緒。當孩子碰到不如意的事，向父母抱怨時，父母先不要做理性分析，可以先和孩子一起傾訴，等孩子把情緒都發泄完，再慢慢引導他理性地思考自己。只有讓自己和孩子接納負面情緒，才有可能進行到下一步去面對挫折和解決問題。總之，只有首先接納了負面情緒，負面情緒才不會增長，才會在宣泄情緒的過程中減弱情緒的力量，才會回歸理性的可能。然後才會有第二步，見到情緒背後隱藏的您的逆境見解。

第二步：逆境見解

梳理事件發生時心裏自動浮現的念頭、想法或見解，往往是它們引發了負面情緒，而非事件本身。

從心理學上來說，所有的情緒都有深層次的原因。很多人認為是某一件負面的事情，引發了負面情緒。但實際上，面對同樣的情況，不同的人反應各異。比如，對於宿舍沒有安裝空調，有的人反應平淡，有的人煩躁，有的人歡喜。因為情緒不是事情本身引發的，而是在事情和情緒之間有一個你的認知或見解所引起的，這個見解往往隱藏在深處，是下意識的一個反應，一般難以察覺。如果你的理性能起作用，就能認識到讓你產生負面情緒的認知，比如沒有空調的生活生不如死。如果不改變這個認知，那這難以解決「沒有空調很煩躁的負面情緒」。

很多人沒有足夠的覺察力去仔細反思和尋找自己的情緒和情緒背後的見解，任由自己被情緒帶走，就會出現各種各樣的問題。假如你能以成長的心態面對挫折和困難，那它們反而是成長的台階，鍛煉覺察情緒的深層原因。

著名心理學家馬丁・塞利格曼指出：當碰到挫折，逆境來臨時，常人會有兩種不同的歸因風格：悲觀和樂觀。悲觀的人會認為失敗和困難的原因都是個人造成的，而且導致失敗的原因是永遠存在的。而樂觀的人一般都能夠找出問題的原因，並且認為原因都是外在的、暫時的和可以改變的。作為父母，培養孩子的抗挫能力的核心就是發現和轉化孩子的悲觀心態。

對於容易陷入負面情緒、低迷的人來說，他們往往悲觀地專注在逆境的狀態上而看不到全域，他們會把此時的逆境當作全域，當作巨大的災難性的、無可救藥的事情。正如現在流行的一個詞，叫社死，就是社會性死亡。因為當眾做錯了一件事，就覺得社會性死亡了，永遠沒有翻身的機會了。其實世界上哪有那麼嚴重的社死呢？這完全是因為自己的思維方式往往是只看點，不看面，不看長期，一點點小事就被無限放大。

了解到挫折感背後的見解之後，就有機會用理性來轉化潛意識的見

解，從而進入面對挫折的第三步。

第三步：逆境轉見

從未必理性的悲觀想法變成更加積極樂觀的思維模式，從習得性無助變成習得性樂觀。

挫折歸因轉見

歸因判斷是指對逆境發生的原因的評估。人陷入逆境的起因大致可分兩類：第一類屬內因：因為自己的無能或宿命論。第二類屬外因：合作夥伴配合不力、時機尚未成熟或者外界的不可抗力。低逆商的人往往只是關注自我的原因而忽略了外在的客觀原因，並且常常把挫折與自我不可改變的特質相關聯。往往表現為過度自責、意志消沉、自怨自艾、自暴自棄。因內因陷入逆境的人會說：「都是我的錯、我注定要失敗。」

如果意識到自己已經陷入這樣無謂的自責狀態，不妨轉念思考一下，除了這些不可改變內在的因素，是否有其他因素造成目前挫折的內在可控和外在的不可控？比如事前未盡全力準備、疏忽、身體的異常、外在環境的突變……

當注意力轉移到外部歸因時，可能就開始進入了「如何避免類似情況再一次發生」的積極主動的心理狀態。

挫折範圍轉見

範圍判斷是對問題影響工作、生活及其他方面的評估。

如果意識到自己已經深深陷入負面情緒之中，不妨轉念思考，有沒有可能陷入逆境所帶來的負面影響僅限於某一範圍，不至擴大到其他層面，不至於毀天滅地，人生毫無希望，而且通過努力能夠將其負面影

響程度降至最小。比如：在同學面前的一次失態，並不一定就會導致社死，只是被班級的某些同學議論幾句，僅限於此，而不會影響自己的家庭生活；與家人吵架，也就僅限於吵架，而不會因此失去親人的全部感情；對事情有爭執，就僅限於有爭議，而不致對人也有看法。

愈能夠把握逆境的影響範圍，就愈可以把挫折視為特定事件，就會愈覺得自己有能力處理問題，減少驚惶失措。

挫折持續性轉見

持續性判斷是指認識到問題的持久性以及評估對個人的影響會持續多久。實際上，逆境所帶來的負面影響既有範圍問題，又有時間問題。逆商低的人，則往往只會靜態地看到眼前的狀態，會認為目前的逆境將長時間持續下去。如此心態，目前的挫折就會變成永久的災難。

可以試着用更加長遠、動態的眼光來看待事物，客觀地判斷造成逆境的因素以及逆境本身將會持續的時間。這有可能避免不將暫時的逆境看成永久的災難。比如，入學時發現學校沒有空調，天那麼熱，睡不好覺，但天氣預報顯示過幾天會涼快一些，再忍一忍，那這事就不是甚麼大事了，也不必一直痛苦。

用中國傳統文化來總結提昇逆商針思維方式，那就是無常觀。希望所有的朋友們都牢記這兩個字 —— 無常。所有的生命都會消失，地球會毀滅，宇宙會毀滅，沒有甚麼東西是永遠的，甚至任何東西都是無常的、變化的，包括生命，也許下一刻就會消失，何況小小的挫折呢？一旦有了世事無常的思維方式，世界上所有的苦難都會成為過去式，人便不會被挫折打倒的。而無常的思維方式是從認識死亡，面對死亡和接受死亡中形成的。

第四步：逆境行動

逆境行動的核心：停止面對挫折的負面思維，開始用行動改變逆境。

知行合一，了解了人對挫折的情緒反應和背後的理性原因之後，一定要適可而止地停止思考，用實際行動來對治挫折感，即使暫時不能改變現在的逆境，也要先行動起來。

從心理學角度，焦慮存在的本質是激發生物個體產生行動的動機。然後評估行動後的結果，再出現新的情緒激發新的行為。

之所以說遇到挫折，就是因為結果與預期不相符。結果沒有達到預期，人就會感受到壓力、焦慮，甚至晚上睡不着覺，身體出現異樣。這其實大都是腎上腺激素在體內積累的結果。

但身體也是有機體獎賞機制的。當個體完成生命本能的需求時（勝利、逃跑、進食、社交……），大腦就會分泌特定神經遞質使個體產生愉悅、輕鬆、快樂的感受，促使個體做更多能有利你的基因延續的事情，比如分泌多巴胺。多巴胺是一種神經傳導物質，用來幫助細胞傳送脈衝的化學物質。多巴胺負責激發和體驗成功帶來的回報感，產生再來一次的慾望。當被表揚誇獎，或是考試通過、打遊戲通關時，它就會傳遞興奮及開心的信息，會促進腎上腺激素分泌，讓人開心起來。

但是那些悲觀性思維或者 CORE 很低的人，會對這一次挫折造成的結果過度解讀，在心裏拼湊出一個十分可怕、可悲的虛擬悲劇未來。當思考虛擬未來的能力被過度使用，最終可能演變成災難。愈是能夠看到各種各樣出錯的可能性，就愈會不停地對這些思考結果做評判，就愈會產生焦慮痛苦。於是就會進入一個可怕的焦慮循環，我稱之為焦慮快捷方式。

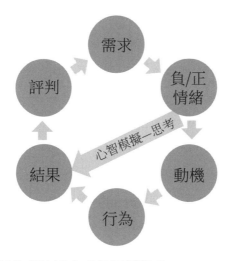

如何打破這個焦慮快捷方式的死循環？

那就是行動！做任何可以改變挫折或者挫折感的行動。如果帶着成長性思維，這些挫折都是讓人有機會去辨別自己以往的行動方向是否需要調整，努力方向是否有偏頗，然後根據反饋做出新的行動計劃，哪怕不能很周全，但先做起來，一邊做一邊挑戰。

即使因挫折而極度焦慮、不能思考、不願意思考、或者已經有輕微的抑鬱症狀了，那麼更要讓自己行動起來，哪怕單純地去散步、去跑步、去打幾輪牌或遊戲，這些都可以刺激多巴胺的分泌。總之，去做一些和平常不一樣的事情，不要沉浸在思考中。當然也可以走上街頭，買些自己喜歡的東西，吃一些喜愛的食物，尤其是那些可以讓情緒平復的食物，比如黑巧克力、深海魚等等。這些能刺激血清素的產生，幫人放鬆心情，安撫、緩解焦慮和壓力。其實，血清素水平正常的個體，其心境與情緒也往往是平靜、專注、快樂和穩定的。當然，吃過之後不要忘了去散步，跑步，消耗一下這些食物。

挫折教育的行動方案

前面提到過習得性無助，心理學家塞利格曼還提出另一個概念：習得性樂觀。也就是說，面對挫折和困難時的專注、積極、掌控感、自尊自信都是可以練習得到的。

那麼，如何讓孩子從習得性無助轉向習得性樂觀呢？做到這一點要從三個方面着手：一是孩子自身，二是父母，三是學校老師和班主任。父母負責的是學前的感性教養，學校和班主任負責的是從理性引導。

在不同成長階段培養孩子逆商的方法

在我看來，父母最重要的功課就是要讓孩子有安全感，為此，父母要做的功課其實是非常多的，最重要的一點是，父母一定不能讓自己陷入焦慮，父母要先建立足夠的安全感，自己要能從童年的陰影裏走出來。如果孩子已經長大了，那要如何幫助孩子提高逆商呢？先要讓孩子擺脫他在童年時候的陰影，讓他學會穩定地應對各種各樣的情緒，尤其是應對父母的情緒。

從嬰兒開始的挫折教育

挫折教育的本質就是放手讓孩子去探索世界，讓孩子去犯錯誤，鼓勵他跌倒了就爬起來。實際上挫折教育是可以從嬰兒時期就開始的，按照孩子的年齡可以分為以下幾個階段。

第一個階段在孩子 0—1 歲時，這又稱「低幼階段」。這個階段是養成孩子安全感的重要時期，是給孩子建立安全基地的時機。在這一階段，養育孩子最好的方式就是儘可能地擁抱他、撫摸他、和他說話、和

他互動，讓他體會到充分的愛。為了建立安全基地，家長需要格外精心地照顧孩子，積極回應孩子的各種情緒和需求。家長應該積極地與孩子建立健康的親子互動關係，讓孩子對家人及環境產生美好的信任感覺，為與孩子的溝通打下基礎。

第二個階段在孩子 1—3 歲時，這又稱幼兒階段。這時，孩子開始走路了，就會給父母提供特別好的挫折教育的時機。比如，孩子會摔倒，有時候還會摔得比較重，這時父母就要培養孩子在挫折面前的定力，要淡定地安慰孩子，讓孩子自己想辦法爬起來。當孩子可以站立、行走了，在確保安全的前提下，要儘量讓他自己獨立去完成，不要總是抱着他或者幫他邁步等。

很多父母看到孩子不小心摔倒或被桌子、椅子碰到受驚，會說這地方、這物件不好，和孩子一起拍打地面和桌子。這樣的行為可能一時可以緩和孩子的不安，但從長遠來講，這會讓孩子認為自己碰到的問題都是出於外部的、他人的原因，這對孩子未來的成長是沒有益處的。家長應該允許孩子出現各種各樣的小疏忽、犯各種各樣的小錯誤，比如不小心摔倒、不看路，要做的是在他犯過錯誤以後，陪着他一起來認識錯誤，分析根源，避免以後再一次犯同樣的錯誤。

我女兒小時候特別喜歡爬上爬下，我記得有一次她從遊樂場的單杠上掉了下來，然後撲到我懷裏嚎啕大哭，我一看，她腦門上磕紅了一大塊。在這種情況下，我也十分緊張不安，但是我也知道不能把孩子嚇着。於是，我像沒事一樣把她摟過來，安慰她，給她吹一吹碰疼的地方，告訴她下回玩單杠或者腳離開地面時一定要小心。然後，我才安排她去醫院做 X 光等檢查。碰見任何情況，父母都一定要保持淡定，讓孩子感覺出了事情也不怕，尤其是在孩子疼或難受的時候。如果父母一直很緊張、很焦慮，孩子就會更加恐懼和擔憂。

孩子在身體發育的同時，心理也在不斷發展。孩子稍大後，父母可以讓他試着料理自己的生活，自理能夠培養孩子的自信心，孩子能把這種自信遷移到以後的生活和交往中去。

幼兒園學前班

　　第三個階段是在孩子 3—5 歲時，這是他們上幼兒園的階段。離開舒適的家庭和父母，孩子們又一次面臨着巨大的挑戰。這是通過培養孩子的獨立精神去培養孩子逆商的一個好機會。在這一階段，孩子可能不願意去幼兒園，這時，父母就要用各種方式，讓孩子意識到無論如何一定要離開安全基地，這是幫助孩子探索外部世界、融入社會的重要一步。這個時候，父母不妨和孩子一起看一看關於自然界中動物成長的紀錄片。在自然界中，大部分的動物母親會為孩子們準備安全的窩（安全基地）並悉心撫養，但等到小動物成長到一定地步，她們也都會狠心地把孩子推出去，讓孩子獨立生活。然而很多父母在對待孩子時是沒有這樣堅韌的心。

　　孩子在幼兒園的階段會碰到很多的挑戰，也需要獨立完成很多事情。這個時候，父母不要給予過多的幫助 —— 這會讓孩子產生依賴心理，而要鼓勵孩子用自己的方式去面對、嘗試。當孩子碰到困難的時候，要耐心傾聽孩子的遭遇，和他一起想辦法解決問題。比如，孩子每天早晨去幼兒園，穿鞋子、系鞋帶都慢吞吞的，而這時候已經要遲到了怎麼辦？父母要不要趕緊過去替孩子穿鞋、系鞋帶？很多時候，父母喜歡用最高效的方法，比如替孩子做事，讓他快起來。其實，把成年人認為的「高效」用在和孩子一起做事上是在扼殺孩子自己處理問題的能力。孩子本來就小，孩子的世界本來就慢，父母一定要能夠把心安下來和孩子一起慢，關鍵是讓孩子也承擔慢的後果，不要嘮叨孩子、督促孩

子、代替孩子做這些事情。通過克服這每一個小小的困難，孩子增強了自己將來的逆商。

學前準備：掌握新的技能

第四個階段是在孩子 5—6 歲時。在這個階段，父母可以開始培養孩子的興趣，用興趣來磨煉孩子的意志，幫助他們應對挫折。

各種知識學習或者技能學習對孩子來說都是一件很枯燥、會給他們帶來很大壓力的事情。但是，如果幫助孩子發現了他自己的興趣愛好，孩子就有可能在枯燥的練習中慢慢掌握一項可以帶來很多樂趣的技能，從而體驗到不斷克服困難的樂趣，並把這種克服困難的精神遷移到知識學習和技能學習中。家長可以讓孩子學習一種樂器，但也不要太早讓孩子學，6 歲是專業人士普遍認可的開始學樂器的年齡，很多音樂學院和私校都是等孩子 6 歲以後開始讓孩子進行樂器學習的。

家長還可以鼓勵孩子參加一種體育運動，因為大部分的體育運動都需要時間、精力的投入，不斷重複的訓練，由此，孩子才能慢慢地得到提昇，家長尤其可以鼓勵孩子參加競技類的有各種比賽的體育運動，這樣能讓孩子儘早地學會用平常心對待勝負，鍛煉他們面對挫折的心態。家長要與孩子一起分析他失敗的原因，而不要只看勝負排名。

較早地經歷失敗是特別美妙的。孩子失敗以後，父母才有更多的機會與孩子溝通和回顧，才能安慰他、引導他。如果孩子一直特別順利，他可能不太需要父母，而當孩子碰到意料之外的失敗的時候，父母的作用才會特別地顯現出來。

在學習中挫折教育：應對學習焦慮

第五階段是 6 歲之後，開始步入了課堂。孩子開始面對各種各樣的

知識體系，這個時候也是挫折教育的時機。傳統的教育重視數理邏輯和語言表達能力，但這僅僅是學習的一個層面，抗挫折能力的培養更重要的是要培養他的求知慾、獨立思考和解決問題的能力。不少孩子總喜歡打破砂鍋問到底，這就是他在思考問題的表現。此時，家長應該耐心解答，即使是自己回答不出來的問題，也不要怕丟面子，可以和孩子一起查閱書籍、進行試驗來探討。

等到進入學校之後，家長和孩子往往需要共同面對孩子在學習中碰到的各種各樣的挫折。例如每一次作業中的錯誤，尤其是在父母看起來是個愚蠢的錯誤，但它真的愚蠢嗎？其實家長很多時候因為一些小錯誤和孩子生氣，但對孩子來說這些小錯誤都很自然的事情，同時也是孩子成長的好機會，因為每一次錯誤對孩子來說也是一個小小的挫折。所以在這種時候，父母要有一個特別好的心態，有智慧地對待孩子犯的各種各樣的錯誤。反之，孩子會慢慢失去學習的興趣，並且失去了克服困難的能力。

犯錯誤是孩子最重要的學習過程，也是成長的一個必經之路。而很多家長因為不希望孩子走自己走過的錯路，就把很多犯錯的機會提前幫孩子抹去，企圖讓孩子跳過去，走所謂的快捷方式。但實際上孩子成年後會花更大的時間和代價來重新走一遍，甚至會走更多彎路。

應對考試焦慮

每一個學生都會面臨考試成績與預期相差甚遠的情況。中小學生的焦慮程度幾乎是隨着考試的愈來愈多而變得愈來愈頻繁和嚴重。但考試恰恰也是實施挫折教育的好機會。

那學子們關於考試的焦慮和擔憂來自哪裏？華南師範大學心理系的鄭希付在一項關於考試焦慮的主導因素的研究中發現，初高中生的考

試焦慮要有三個來源，分別來自學校、家庭和同學。其中，孩子擔憂的最主要源頭是家庭[12]。那麼減輕孩子的焦慮的希望也是來自於父母的。

當孩子經歷第一次考試失利，是最好的展開挫折教育的時機。家長可以和孩子一起討論：為甚麼要設置考試？是為了排名嗎？是為了讓孩子取得很高的分數嗎？考試的目的是甚麼？考試的意義是甚麼？考試一方面是檢驗學習的成果，另一方面是為了讓孩子經受得起挫折，因為所有考試中的錯誤都是在給孩子指出努力的方向。當父母有了這樣的意識並將其傳遞給孩子，那他自然不會再十分在意成績，不會陷入考試焦慮之中。

我高考那年，考試壓力和睡眠不足都讓我開始有點焦慮。當時我怎麼辦的呢？我記得當時看過一句話「哪怕你一直睡不好覺，也是死不了人的，就是腦袋慢一點」。我當時非常相信這一點，並且我得知運動對睡眠有好處，也非常相信這種說法。於是我在高考前兩個月愈來愈焦慮，愈來愈睡不着覺的時候，我每天早晨起來都去跑步。一開始總是感冒，跑不了太久。父母來學校看望也發現是學校伙食太差，營養跟不上。之後就開始給我帶肉醬，每次都給我帶一大瓶肉醬。吃得好了，也加強了運動，一段時間後，我就沒有睡眠困擾了，也不焦慮了。所以直到現在，只要我睡不好覺或是心靜不下來，我就去跑步或做其他運動。當然也還有其他的很多方法，比如用熱水泡腳、喝牛奶、吃香蕉等等，都是可以減緩焦慮和壓力的。還有一個可以讓我放鬆的東西就是音樂。我記得我當時是吹口琴，經常坐到學校的操場看台上，拿着自己的抄歌本，一首一首吹口琴。吹口琴可以把我從憂鬱、焦慮的狀態慢慢引導到一種輕鬆、欣快的狀態。一般幾首歌下來，我就可以滿血復活地去學習

---

12 鄭希付、高宏章：〈考試焦慮的認知因素研究〉，《心理科學》第 1 期（2003 年）

了。總之，明白了焦慮的真正原因，找到適合的方式，詳細地擬定出行動計劃去行動，焦慮自然可以解除。

此外，如果孩子在為學習和考試擔心，一定要幫助他更仔細地分配自己的時間。比如對照成績調整孩子各科的學習時間，不斷地微調，不斷地找到最適合他的學習方式。

在錯誤中培養成長性思維

在我看起來，錯誤可以指引前進的方向，所以一定要允許孩子犯錯誤，從錯誤中學習和成長。正如前面所説，教育的一個核心點就是面向未來，面向孩子未來的成長。

斯坦福大學心理教授卡羅爾・德韋克提出過一套逆商的培養模式，也就是培養孩子的成長型思維。擁有成長型思維的孩子會相信，能力是永恆的，當下的錯誤和失敗是暫時的狀態，只要努力，總是會有回報的。成長型思維意味着孩子的視野不局限於一時的挫折，孩子能更全面、更長遠地看待問題，明白生命的本質就是不斷成長 —— 身體的成長和心靈的成長。一旦擁有成長型思維，孩子就會明白，他犯的一切錯誤都是提昇自我的台階，他也不會再在困難面前止步不前。

如何培養孩子的成長型思維？

第一，父母不要太在意結果的好壞，而要去留意過程，並對孩子在過程中的所有努力加以表揚和獎勵。「努力」指的是，孩子在解決問題，或是實現某一目標時，花了多少時間和精力；想過多少種不同的辦法和策略；比起上一次，他進步的地方。

第二，父母要經常引導孩子用「可持續」的思維看待問題。當孩子說出一些「自暴自棄」的話時，父母要用另一些正向表達的句子來鼓勵他。長期的積極暗示能促進一個人思維模式的改變。

第三，父母要通過降低和細化目標，幫助孩子循序漸進地離開舒適區。如果給孩子設一個過高的目標，讓孩子怎麼也無法達成，孩子或許就會陷入習得性無助。所以，父母要把目標降低、細化。這個目標不能太簡單，但孩子跳一跳應該可以夠到，這樣，孩子能夠獲得對生活的掌控感和成就感，這會激勵着他向更高的目標前進。

讓孩子遠離舒適地帶

　　孩子在成長過程中會在學校碰到困難，除此之外，父母還可以為孩子創造條件，讓孩子離開舒適區，探索舒適區之外的世界。在孩子還小的時候，父母可以想辦法讓孩子離開家，等孩子再大一些可以讓他離開他所在的城市，甚至國家。總之，要儘可能地讓孩子到他不熟悉的環境裏探索。正所謂「讀萬卷書不如行萬里路」，行萬里路是讀書所沒法代替的。如果有可能，父母要帶着孩子多出去走走，去探索世界。

　　探索的環境與舒適區差異愈大愈好，最好是去一些環境惡劣或很貧困的地方。如果家裏有條件，能去境外就儘量去境外，不方便去境外的話就去省外。旅行時最好不要跟着旅行團，因為不跟旅行團就會碰到衣、食、住、行各方面的問題，這也是孩子未來會面對的 —— 孩子未來是沒有團可跟的。

　　我帶孩子出去旅行都是自己規劃行程，從來不跟旅行團。在孩子小的時候是我來設計路線，等到孩子稍大一些，我就和孩子們一起設計路線，討論攻略，等孩子再大一些，所有的計劃安排就都由孩子們自己來做了，我只提供信用卡。

　　如果有可能，每一次旅行的時候，家長可以安排孩子住條件不同的旅店，有時候是五星級酒店，有時候是青年旅社，有時候是露營。就我來說，如果條件允許，我會儘量帶着孩子們露營。這是最容易貼近自然

的方式。孩子會近距離感受自然的美，也會碰到各種各樣野外生存的挑戰。慢慢地，孩子就會學會一些野外生存的技能，並意識到碰到問題要能夠穩定情緒，想辦法解決問題。這個過程會提昇孩子的逆商。

家長根本不用故意給孩子製造挫折。人為製造挫折是很笨拙的，也會露餡，有時候甚至會引起孩子的憤怒，有的孩子會一直記恨到成年。不要人為地給孩子製造挫折，帶孩子多親近自然，孩子自然會碰到挫折，得到鍛煉。

不管是養育男孩還是女孩，家長一定要讓他們皮實起來，不要特別在意那些磕磕碰碰。要讓他們覺得這個世界真好玩，讓他們願意不斷地探索，如果碰見問題了就讓他們和父母一起解決問題。任何時候碰到問題都要告訴他們，都要帶着孩子一起思考和解決問題。只有看到父母很淡定地處理遇到的問題，孩子才能學會如何處理他自己遇到的問題。

總之，作為父母，好好愛孩子，給他們安全感，帶着他們離開原本的舒適環境，多去看看外面世界。在旅途中、在人生中陪伴和引導他們解決遇到的困難和挫折。當旅途計劃，甚至人生計劃出現變故之時，帶着孩子以開放積極的心態去迎接未知的美好，反而會售貨意想不到的快樂。生活又何嘗不是如此？

挫折教育的親子共讀 & 主題班會：

提昇孩子的逆商還有很重要的一點是讓孩子多了解解決問題的方法，無論是通過親身體驗、觀察他人，還是看電影、看小說都可以。家長要帶孩子多讀書，尤其是討論書上的經典案例：了解不同的解決問題的方式。總之，要給孩子各種各樣的機會去了解這個世界的各種事情。

親子共讀 & 主題班會內容：

在孩子還小的時候，可以收集一些適合 3~6 歲兒童閱讀的面對挫折的畫本，與孩子一起閱讀。比如：

- 《兒童挫折教育繪本（套裝共 6 冊）》作者：斯台芬・布農、埃爾斯・福克魯斯
- 《兒童逆商培養繪本（全 12 冊）》包括：《被拒絕也沒關係》《輸了也沒關係》

對於在校學生，父母可以和孩子一起閱讀關於勇於面對挫折、克服挑戰的書或文章，或者觀看相關電影，然後與孩子一起討論，例如：

- 文章：〈假如給我三天光明〉（1933 年）。一篇很短的優美動人的文字，可以藉此一起了解海倫凱勒的生平，更加珍惜生命的美好。
- 電影：《奇跡締造者》（The Miracle Worker，2000 年迪斯尼電影）

主題班會案例教學：

提昇孩子逆商，學校可以做些甚麼呢？

依我之見，學校和班主任老師可以在主題班會上組織演習和討論案例。讓孩子們從新聞熱點中，從他人碰到的挫折中，互相學習。還可以讓孩子們預演很多不同的挑戰，借用他人的經歷做一次思想情感的間接體驗。雖然與親身體驗有差別，但集體討論會有很多不同看待問題和解決問題的視角，從中教會孩子們該肯定甚麼，否定甚麼，以及解決問題和預防問題的思路。各種各樣緩和危機的方法也是在給將來的孩子們更多選擇的機會，所以挫折教育最好能變成一個長期的教育，並且每學期至少可以有兩三次這樣的主題班會。

這裏有一些可以作為主題班會討論素材的案例。

- 2019 年，江蘇句容一名 9 歲的男童只是因為在學校不小心撞破了玻璃，因為擔心受到責罰就從 17 樓跳下去，自殺身亡。他用稚氣的口吻在作業本裏寫下遺書，有很多字都還不會寫，都是用拼音標注的。

- 2017 年 5 月，北京某附中初二學生李某因學習成績不理想，家長將其手機沒收，次日李某向父親索要手機未果，從家中 11 樓陽台跳下。

- 2018 年 4 月，河北某中學高一學生因交作業時受到老師批評，上完最後一節課後，獨自跑到學校實驗樓 4 樓跳下，次日死亡。

- 2001 年 9 月 17 日，廣州市海珠區某高校宿舍樓的一名新生，因為宿舍裏面沒有空調，連續失眠兩天后，從宿舍樓 6 樓一躍而下，當場身亡。

而討論思路可以參照前文提及的提昇逆商的 ABCD 工具，作為討論背後的指導路徑。

背景討論：發生了甚麼？你們身邊，或者在新聞上有沒有看到類似的令人惋惜的案例？（引發共鳴）

A 覺：這位同學可能感受到了甚麼才會如此絕望？

B 見：為甚麼會發生這樣極端的事情？是因為這位同學從來沒有去過沒有空調的地方嗎？還是這位同學認知問題的方式？

C 轉：是不是放大了問題，是不是忽視了解決問題的方法？

D 行：如果同學們，你面對這樣沒有空調睡不着覺的情況你會怎麼辦？你可以做些甚麼？可不可以向老師求助，或者買個小電扇？

最後一步的行為，可以充分展開討論。並且找到這個具體案例解決

方法之後，最重要的是討論出預防措施，比如平常做些甚麼可以避免類似事情的發生。

總　結

如果着眼於東方智慧，我覺得所有正向面對挫折的智慧都可以歸納為八個字——「因上努力，果上隨緣」。我覺得有了這八個字，所有的問題都可以迎刃而解。甚麼叫「因上努力，果上隨緣」呢？就是在導向事情結果過程中，自己可以在因上努力，但是對於結果採取隨遇而安的態度，因為有很多不可控的因素也會影響結果，比如剛好天氣不適合破壞了放風箏的計劃，或者恰逢身體不舒服沒有考出好成績等。

這也是我經常給我的孩子重複的八個字。我希望他們能從很小就養成這種心態：只要在過程中盡全力了，那麼無論結果怎樣都可以接受。在我看來，如果孩子有了這種心態，那麼世上就沒有甚麼挫折是他無法面對的。

第九章

如何讓孩子有好的
人際關係？

　　從培養孩子良好的人際關係入手，了知人際關係的重要性，了知人際關係的核心—心理邊界理論，收穫養育孩子的啟發和要點。同時，在了解人際關係的基礎上，知道規則和道德的起源和重要性，明白人際關係的核心是善良和利他。

人際關係的本質

首先請大家可以思考兩個問題：一、你喜歡和甚麼樣的人交往？二、你不喜歡和甚麼樣的人或有甚麼行為的人交往？

我在課程中收集到的那些不被人喜歡的人，往往有這樣的特質：自私、虛偽、以自我為中心等等。王春玥等人在 2009 年的一篇文章中綜合了國內外的研究，認為阻礙正常人際關係的心理因素主要有下面四大類：第一類是自我中心，自我封閉，性格孤僻；第二類是控制他人的願望，對他人過分期盼；第三類是過分自卑、討好與恐懼心理；第四類是反抗與嫉妒心理、懷有偏見、敵對與猜疑[1]。

綜合以上發現，只顧自己的人通常不受歡迎。從這個結果可以引申討論一下，人際關係的本質是甚麼？

我認為最能反映人際關係實質的是五六十年代美國社會學家霍曼斯的社會交換理論。他認為：有機體有了某種需求就傾向於採用某種方式來獲得滿足，而在人類社會很難一個人滿足所有需求的，所以就需要和他人溝通，與他人交往來滿足自我的需求。所以從社會交換論來說，人際關係的本質是交換需求。不一定是物質的交換，還包括精神層面的交換，還有靈性層面的需求交換。這也是為甚麼自私、虛偽、以自我為中心的人不受歡迎，因為他人無法從這樣的人身上獲得。通常大家都喜歡溫暖的、誠實的、有擔當的人，因為可以從他那裏得到一些東西。

換句話說，討論大家喜歡和不喜歡甚麼樣的人，實際上就是把這類人的性格特徵延伸到了他的行為。那麼自然而然就會形成一個規則。

---

1   王春玥、李楠：〈大學生人際關係研究綜述〉，《赤峯學院學報（自然科學版）》第 25 卷第 7 期（2009 年）。

如何可以不被討厭？按照交換需求理論，我給你東西的同時也希望從你那裏得到我需要的東西。在這種情況下，想要不被討厭特別重要的兩點：一是不能只索取不付出；二是遵守規則不侵犯對方的邊界，不讓對方感到不舒服。因為如果超出了邊界，會讓人感受到不安和攻擊性。

規矩存在的意義

很多孩子會問：我們為甚麼要做一個好人？為甚麼要遵守規則？規則存在的意義是甚麼？其實，對於這類問題可以反過來思考，即如果沒有規則會怎麼樣？比如獨生家庭，如果父母沒有為孩子製定過規則，孩子想幹甚麼就幹甚麼，絲毫不顧及他人的感受，大家會喜歡這個孩子嗎？如果家裏有兩個或兩個以上孩子，那孩子們必然就會有一個問題 —— 以誰的想法為準。在《魯濱遜漂流記》中魯濱遜一個人在島上時，他可以隨心所欲，甚至不穿衣服到處跑。但一旦發現島上還有其他人，雙方各自的隨心所欲就會造成諸多的不方便、矛盾或衝突，於是就有了規則。因此，魯濱遜也在救下星期五之後教他各種的規矩。那麼，這些規則來自於哪裏呢？規則實際上來自於保護一個人自由的需求，來自於保護多個人在一起可以相安無事的需求。如果沒有這些規則，也就沒有了保護，必然會造成一定程度上的混亂。

在我的《商業倫理與東西方決策智慧》一書中提到了一個濕猴實驗，這對理解規則，道德會很有益處。實驗員設計了一個帶機關的籠子，一旦籠子裏的猴子想去拿梯子上的香蕉，那機關就會往籠子裏噴水，而猴子特別不喜歡被水淋濕，所以猴子們就會約定俗成一件事情 —— 誰也不能去拿香蕉。如果有猴子忍不住想爬上去拿香蕉，就意味着大家都會被噴水，於是其他的猴子就會試圖阻止，或者羣起而攻之，把想拿香蕉的猴子揍一頓。最後，大家都不再試圖去拿香蕉了，大

家都相安無事。但是新來的猴子不知道這個規則，於是每隻新來的猴子都會在試圖去拿香蕉時被羣毆。於是新來的猴子也慢慢意識到了不能去拿香蕉的規則，即使它並沒有被噴過水，但是大家為了共同的利益都會提前阻止他行動。

這就是規則的產生，或者說道德、文化的產生過程。從濕猴實驗可以看出規則和道德的本質就是為了集體共同的利益。所有的規則都是在一個集體環境下約定成俗或者被製定出來的。實際上規則有兩個作用：一是規範行為；二是保護集體。規則看似是對行為的限制，但實際上是對個體和集體共同的保護。所有道德規則都是既限制又保護，因為人通常在羣體中生活，為了在羣體環境下大家都能夠更好更愉悅地生活下去，規則既限制了行為，同時也是保護個體更多的權利。

所以在一個環境裏，會有很多看得見和看不見的規則，那如何知道並遵守呢？從濕猴實驗來看，如果猴子們開始有了語言溝通的能力，當把一隻新猴子放進去時，老猴子因為記得規則就可以告訴新猴子，然後這個猴子可以飛快地學會規則避免被打。這類似人類社會裏的經史典籍，記錄了人類社會發展規律，都是為了更好的生活而進行的規律總結。

在中國的傳統文化中，人際關係最核心的是仁，仁的寫法是「人＋二」，即兩個人，也就是說任何關係的本身是你要考慮到還有另外一個人，而考慮到另外一個人的核心是道德感。老子的《道德經》告誡後人「失道而後德，失德而後仁，失仁而後義，失義而後禮。」意思是失道後，接下來就要失德，失德後接下來就會失仁，失去仁之後就要失義，失去義後就要失禮。道是天地運行的規律，德是人類社會發展的規律，合在一起叫道德。如果語言再進化而出現文字，於是不再需要老猴子給每一個新猴子都講一遍為甚麼不能拿，新猴子只需要閱讀那些由文字形成的規則就好。這就是文字出現以後，那些約定成俗的東西就被羅列出

來，最後出現了法律。而法律看似是對人的限制，但是本質也是對人的保護。所以人際交往的第一步就是不作惡，知道邊界而不侵犯他人的邊界和權利，遵守規則。只有不作惡，才有和其他個體發生需求交換或人際關係的可能性。

善良的意義

教孩子邊界感，教孩子遵守規則、敬畏規則，這是人際關係的第一步。但這並不能保證孩子一定有良好的人際關係，只是不被他人討厭或排斥。人際關係的本質是需求的交換，如何可以成功的交換呢？只是遵守規則不傷害對方是遠遠不夠的，還需要能夠理解對方，並且能夠利益到對方。如果能做到這樣，就是一個善良的人，也是一個讓人喜歡與之相處的人。

人際關係的基本原則

有的家長會有另外一個問題：我的孩子很善良、很利他，他的品質會不會被壞人利用以致被佔盡便宜？如何才能讓孩子不被欺負？孩子與人交往的對策又是甚麼？

既然説到了「對策」，我就要從商業倫理的角度帶大家了解一下博弈論，這也是在我的《商業倫理與東西方決策智慧》這本書中提及過的。

著名的行為分析與博弈論專家、美國密歇根大學政治學與公共政策教授羅伯特・艾克斯羅德曾經做過一個實驗，也就是著名的「艾克斯羅德實驗」。它實際上是「囚徒困境」博弈的模擬實驗，其目的是探討在重複博弈中人類如何選擇合作和背叛，以及哪些策略可以帶來最好的結

果。這個博弈會在多個回合內進行，參與者可以根據前幾個回合的結果來調整自己的策略。通過多次實驗，研究者可以觀察到不同策略對應的勝負情況，以及哪些策略最終被認為是最優的。

來自全球的經濟學家、心理學家、社會學家、計算機程序員等都參與一場博弈比賽。這場實驗設定了兩個前提，第一是每個人都是自私的，意味着交換都是為了自己的利益最大化。第二是沒有權威干預個人決策，意味着個人可以完全按照自己利益最大化的企圖進行決策。按照遊戲得分規則，要求每個參賽隊員把追求得分最多的策略寫成計算器程序，比賽用單循環賽的方式將參賽程序兩兩博弈，找出甚麼樣的策略得分最高。策略選擇有四種：合作、背叛、報復、寬容。如果每個人都善良地選擇合作，則會得到同樣多的東西，但是如果一方遵守規則，另一方選擇背叛不遵守規則，結果就不同了。比如約定好了統一高價售賣某個產品，但其中一方突然改成低價售賣，那選擇背叛的一方，必然可以獲得更高收益，而選擇合作的善良人就會吃虧。

如果博弈只是一輪的話，背叛顯然是最佔便宜的，但是實驗的博弈長期循環，因為現實中的博弈也很少是一輪的，那結果又會如何呢？

經過了 300 輪的動態博弈實驗後，最後的結果非常有趣：始終合作的「老好人」（無論對方怎麼對自己，自己都善良地合作）首先被淘汰了，而「報復者」（一旦別人不合作，就選擇永遠不和對方合作）和「機靈的伺機背叛者」（最初採取合作態度，合作到沒有便宜可佔的時候就開始不合作）也屬輸家程序。

輸家程序的啟發是甚麼呢？就是不能一味地善良。如果所有人都是善良的，那保持善良當然沒問題，但如果有人不抱着善良的態度合作，始終保持善良就會被「機靈的伺機背叛者」佔便宜乃至淘汰。但是有趣的是，始終不合作的人也不能長久。因為有善良的人存在，他們可以把

善良的人的資源搶奪過來，所以他們在剛開始過得很好，但一旦那些善良的人都被淘汰了，他們就沒法繼續欺騙了。因此，採用始終不合作的策略總體來說損失也是很大的。

得分最高的程序是加拿大學者羅伯布的極其簡單的 4 行 BASIC 程序：一報還一報（tit for tat）。這種策略的特點是永遠以善良合作的態度開局，後面的行為根據對方的行為變化 —— 如果對方依然合作，那就合作；對方一旦不合作了，自己就也馬上不合作；如果對方重新合作，那他也重新合作。

如果對這種策略加以總結，那麼贏家最重要的特點就是秉持有底線的善良。展開來說，贏家是善良的、合作的、從不先背叛，並且他還是可被激怒的，也就是說，一旦對方不善良，自己也馬上不善良 —— 這一點很重要，這就是說善良需要是有原則的。還有一點是寬容：對方背叛了自己一次，自己不能沒完沒了地報復，否則就會進入報復的階段，這就不是博弈的階段了。

那麼，人與人之間的博弈是單次博弈還是多次博弈呢？這實際上是個哲學問題，是一個關於生死的問題，關乎「我從哪裏來，我到哪裏去，我是誰」這個哲學三問。我強烈建議大家看一下我的「面對生死的科學與智慧」或「改變命運的科學與智慧」公益課，其中有提到，人與人之間的博弈不是一次性的博弈，而是生生世世的動態博弈。在這個前提下，家長該如何讓孩子維持人際關係、提高社交能力呢？有沒有一個最簡單的人際關係模式讓他們可以遵從，讓他們可以一輩子都過得比較幸福呢？答案就是要秉持有底線的善良。

我自己應該也遵循這樣的處事原則。時間長了以後，我發現周圍都是和我類似的人，都是善良和利他的人。我們要讓孩子做有底線的善良的人，因為不管對方是傾向於合作還是背叛，在和孩子交往以後，對方

都會發現一件事情——只有採取善良合作的策略，對他才最有利。也就是說，孩子要用自己的善良來帶動別人的善良，而不能用自己的善良來激發別人的貪心。那麼，如何避免激發別人的貪心呢？那就是顯示出清晰的報復性——孩子要表現出自己是會被激怒的，只要對方對他不好，他也馬上對對方不好，並且一直保持下去，直到對方重新合作再轉變態度。

一報還一報的策略之所以如此好，因為它特別簡單，對方合作自己就合作，對方背叛自己也馬上背叛。這樣的規則無論是對人還是對事都特別簡單清晰，孩子實踐起來也會比較容易，不存被別人欺負後，他有時反擊和有時不反擊的問題。有時反擊、有時不反擊會給別人一個信號——孩子有的時候是怯懦的、是可以被欺負的。這樣孩子就有可能受到不確定的對待，所以孩子要清晰地表現出自己是會被激怒的，是會報復的。

利他原則

說實話，同理心對人的要求是相當高的，一個人需要經過長時間的訓練才能成為一個富有同理心的人。當還沒有培養出足夠的同理心、沒有辦法真正地了解對方的需求時，就可以使用這條祕訣：利他。這就是說，不僅不能傷害他人，還要主動地去利他，養成利他的好習慣，以一己之力盡可能地幫助他人。我希望每一位家長、每一位老師、每一位同學都能把這句話記下來：「這是倫理學超越哲學範疇的最高境界——利他。」

在我看來，利他不但是事業成功的源泉，還能夠幫人消除社交恐懼，促進人際關係，從而促進心理健康。這是因為引起社交恐懼的最重要的原因，是過度關注他人對自己的評價，這樣的擔憂是以自我為基礎

的。一旦用利他思維改變了自己的認知，就會有意識地訓練自己時時刻刻想着他人，關注點就會從自我轉移到他人上。並且，利他是一個特別容易讓彼此愉悅的方法，因為人真正地幫助了一個需要幫助的人之後，不僅對方會很愉悅，自身也會非常愉悅。生起利他心不僅可以治療社恐，也是治抑鬱症的一個很重要的方法。

利他，對很多人來說是很不容易的，因為人一般都是自私的。要從一個自私的人轉為一個無我利他的人，有一大段路要走，這段路程很艱難，但一旦走過，就會感到發自內心的喜悅。而擁有利他心也會幫助你事業的成功，這是我在 EMBA 課上見到很多的成功企業家的一個很重要的特質。

同理心：真正理解他人

如何能夠真正地理解他人呢？這就涉及了人際交往中特別重要的一個品質 —— 同理心。具備同理心是人生事業成功的一個重要因素，也是維持良好人際關係的一個重要因素。甚麼是同理心？同理心是指能夠站在對方的角度去思考，在人際交往的過程中能夠體會到他人的情緒想法，理解他人的立場和感受。同理心的本質用一句話來解釋，就是「己所不欲，勿施於人」 —— 我不希望別人對我做的事情，我也不對別人做；用四個字來解釋就是「換位思考」，用兩個字來說就是「善良」，用一個字來講就是「仁」。

想要理解他人的情緒，就先要關照、理解自己的情緒。理解自己的情緒也是認知行為療法的重要部分，這就是說，要能夠和自己的情緒同在，只有與自己情緒同在，一個人才有可能理解他人的情緒。

所以，同理心首先要求理解自己的情緒，其次要求理解他人的心理狀態，他人的情緒以及情緒背後可能的需求。換言之，你要能夠理解他

人的認知，甚至動機。其實大部分行為是因為需求沒有得到滿足而做出的，當你能夠理解這點時，你才有可能開始真正地幫助到他人。

其實人際交往並沒有那麼複雜，他人需要的不一定是物質的滿足。在他人最需要關心的時候，給予一聲問候、一個微笑或一個擁抱，對這個人來說可能都是特別巨大的慰藉。在恰當的時間幫助對方對同理心的要求很高。在這一點上，非獨生子女會比獨生子女更有優勢，因為非獨生子女要不斷地思考怎樣才能得到自己想要的東西、自己的兄弟姐妹是怎樣想的、怎麼樣才能幫助他等等。

事不過三原則

在人際交往中，父母還要教給孩子一條「事不過三原則」。即要儘可能地用最大的善意詮釋生活和學習中遇到的各種各樣的語言或行為，對於不緊急且沒有嚴重後果的壞人、壞事，堅持事不過三的原則（因為孩子也有可能判斷錯誤，這時候，可以給對方一兩次機會），但是等事情發生了第三次，或者孩子預判到對方的行為會造成嚴重的損害時，就要堅決予以制止。堅持原則是特別需要勇氣的，而這勇氣建立在對這個世界的認知上。當孩子建立起自己的一套認知體系時，他就會特別自信，這時他會清楚地知道甚麼事情該做，甚麼事情不該做。

父母不要擔心孩子因善良被欺負，因為善良是一個孩子最好的品德，善良不僅包括了不傷害別人，還包括對別人好（利他）。我從小到大一直堅持兩個原則，一是無我利他原則，二是事不過三原則。無我利他是我的信念、我的哲學理念，即任何時候都以不圖回報的利他心對待任何有緣之人。無我就是不能時時刻刻算計着我能得到甚麼，而是一直想着他人可能需要甚麼，我能夠給他人甚麼，這就是無我利他，也就是全心全意為人民服務。其實，你不用想你要得到甚麼，你去做就好了，

你做了你就會得到。

很多人特別功利，希望自己做的每件事情都有很快又回報，這容易陷入一個陷阱，因為你很難判斷能否馬上得到回報，你看問題不會很長遠，會給自己埋下很多的暗雷。而無我利他是一種非常高妙的智慧，但也要量力智慧而行。

總結來說，我希望大家可以記住兩個字：「恩」「威」。父母對孩子的管教方式以「恩威並重」（權威型）為最佳。恩威並重對孩子並不是懲罰，家長要注意不要過多地指責和懲罰孩子，這會導致他自卑和怯懦。對孩子來說，家長要相信他的天性，讓他自由生長。但是對於成年人來說，已經過了需要家長糾正的階段，需要對自己的行為完全負責任，所以要以成年人的方式來對待，那就是恩威並重。

在教導孩子和他人相處上，我希望大家把這 12 個字記下來，就是「有底線的善良，有原則的利他」。

良好的人際關係的重要性

人際關係在學術上的定義是個體為滿足自身的生存和發展的需要，通過相互交往、相互影響而形成的心理和社會的鏈接[2]，通俗來說，就是為了滿足自身各種需求而與他人形成的鏈接。現在很多的青少年心理問題，實際上都是由人際關係的壓力造成的。國內外已有大量研究表明，青少年人際關係對其自我意識發展、學業成就、社會技能，尤其是心理

2　王雅麗 等：〈大學生心理邊界與人際關係的關係研究〉，《開封教育學院學報》第 37 卷第 8 期（2017 年）。

健康有重要的影響 ³。

很多家長為了孩子未來的成功特別關注孩子現在的學習，但實際上，決定孩子未來能否成功的一個非常重要的因素是孩子的人際關係。很多研究發現，人際關係良好的孩子到了高中、大學階段，學習效率比其他孩子要高，學習表現也更好 ⁴。

良好的人際關係與學習工作的促進

沃頓商學院教授亞當·格蘭特專注於研究成功者的成功原因，他在全球不同國家和地區採集了大量的數據和案例，研究範圍包含從谷歌公司到美國空軍基地的各種組織。通過 10 年的研究，他發現，卓越的成功者大多具備一個重要的特質 —— 了解怎樣與他人打交道。於是，他在沃頓商學院專門開設了一門講關於成功的幾大因素的課程「Give and Take」，該課程非常受歡迎，編寫成書引進為中文版，就是《沃頓商學院最受歡迎的思維課》。

另外一位研究成功學的作者，安東尼羅賓在其《激發無限的潛力》的書中說：「人生中最大的財富是人際關係，因為它打開了發展和為社會做貢獻所需的所有技能之門。」這種說法看似很武斷，實際上不無道理，因為有了人際關係，人們才有機會為社會做貢獻，才能在貢獻的過程中取得自我的成功。美國卡耐基工業大學曾對 1 萬名受測試者做過追蹤分析，也發現一個人事業的成功，人際關係、交往能力竟佔到成功因素的 85%，而人們普遍認為的至關重要的智能和技術因素只佔了 15%⁵。

3　沃建中、林崇德：〈中學生人際關係發展特點的研究〉，《心理發展與教育》第 3 卷第 9 期（2001 年）

4　仇文華：〈淺談高校大學生的人際關係及改善策略〉，《改革與開放》第 2 期（2010 年）

5　卡耐基：《卡耐基成功之道》（1996 年）

可惜的是，人際交往能力這項軟技能的培養是教育體系裏非常缺少的，也經常被很多家長忽略。

人際關係與心理健康的關係

生命教育的核心是珍惜生命，而珍惜生命的前提是感受到生命的價值、體會到生命帶來的幸福。那麼，在甚麼情況下會感到幸福呢？

良好的人際關係會使個體感到更幸福。

有時一兩歲的小寶寶犯了錯誤被媽媽打了屁股，他居然一邊痛哭一邊張開手要媽媽抱抱他。這看起來是很矛盾的，被懲罰了但依然想親近施罰者。實際上這是因為受到創傷、打擊或懲罰時，最需要親情的撫慰，需要人際關係的撫慰。

人際關係是人類最基本的需求之一。心理學家馬斯洛在他的需求層次理論裏就提出，一個人在生理需求和安全需求得到了滿足後，就會追求社交需求。古希臘的哲學家、科學家和教育家亞里士多德在其著作《政治學》中提到，人是社會性動物。人類天生具有想要與他人溝通的需求。哪怕是特別獨立、特別孤僻的人，也依然對人際關係有強烈的需求。

探險家卡爾．杰克遜（W. Carl Jackson）嘗試過一次長達 55 天、橫越大西洋的獨自航行，他概述了大部分獨處者的普遍心情：「我發現在第二個月出現的寂寞感使我感到非常痛苦。我一直以為自己是個自給自足的人，但是現在我終於明了，沒有旁人做伴的生活是沒有意義的。我開始有了強烈的想要和別人 —— 一個真實的、鮮活的、有氣息的人類說話的需求。」由此可見，人際關係對人是如此的重要，某種程度上是人際關係讓生活具有意義。

哈佛大學醫學院羅伯特・沃爾丁格教授曾經報告過一項哈佛醫學

院關於幸福的研究，該研究追蹤了 724 位男性，歷時 75 年。他說：「我們從這項長達 75 年的研究中得到的最清晰的信息是，良好的關係讓我們更快樂、更健康。」這項研究發現，社會聯結對人十分有益，而孤獨則對身心有很多負面影響。他還表示，「我們學到的關於關係對我們健康的影響是，良好的關係不僅能保護我們的身體，也能保護我們的大腦」，「起決定作用的不是你擁有的朋友的數量，不是你是否處在一段穩定的親密關係中，而是你的親密關係的質量」。

相反，人際關係能力的缺乏和親密關係的缺失，會導致各種各樣的心理問題。

人際關係障礙的危害及成因

很多心理問題歸根結底是人際關係的問題。

牛津大學臨牀心理學教授馬克·威廉姆斯的主要研究方向是隱藏在抑鬱症及自殺行為背後的心理歷程。他在 2005 年的研究[6]中發現，自殺的主要原因是問題的解決能力不足，而問題的解決能力不足又主要體現在處理人際關係的能力不足。我國著名醫學心理學家丁瓚認為，人際交往是個體成長發展的基本需求，發展良好的人際關係是青少年身體與心理健康的基礎。

---

6 Williams,J.M.G.,Barnhofer,T.,Crane,C.,&Beck,A.T. "Problem solving deteriorates following mood challenge in formerly depressed patients with a history of suicidal ideation." *Journal of Abnormal Psychology*,Vol. 114, No. 3.

青少年人際關係障礙

「中國網」曾經報道過，在我國，許多自殺者，尤其是青少年，是在遇到強烈的人際關係衝突之後，在衝動之下做出了自殺的行為。由「中國社會調查所」對北京、上海、廣州等地高校 1000 名大學生進行的一項問卷調查也顯示，對於「造成大學生自殺的原因」，59.2% 的被訪者認為是「人際關係失敗」。香港防止學生自殺委員會 2016 年做的一個關於香港小學生自殺案例原因分析的報告中也顯示，香港小學生自殺個案中有 87% 要歸結為人際關係問題，而人際關係問題裏又包括了家庭關係和朋友關係。可見，人際關係問題是導致青少年心理問題的非常重要的原因之一。

《2022 年國民抑鬱症藍皮書》中的研究發現，相當一部分的抑鬱症患者認為，其患病是源於人際關係問題，其中，68.04% 的患者認為，引發抑鬱症的原因是家庭親子關係，45.78% 的患者認為，引發抑鬱症的原因來自親密關係。也就是説，良好的人際關係會令身心健康，讓人對學習、工作充滿了激情；而不良的人際關係則會導致各種心理問題、家庭問題等。

但是另一方面，能夠給自殺者機會和希望的也是人際關係。

在對上海中小學的自殺意念及求助行為的研究中發現，在遭遇困擾有自殺意念的時候，這些中小學生們對外的首選求助對象中，最高的一項是 26% 向同學求助，其次是 12.6% 向父母求助。這就意味着如果青少年能有良好的人際關係，那麼在他有自殺意圖的時候，他被救助的可能性就會比完全孤獨的人高出很多。因為青少年遇到困擾時，第一個想到的求助對象是同學和朋友，父母老師則排在後面。人際關係和青少年自殺之間又高度的相關聯性，可見人際關係對青少年健康成長和發展的

重要性。

　　但是大部分的中學生的人際關係狀況如何呢？

　　北京市青少年心理諮詢服務中心主任王建宗統計了近 5 年來所接收的 6 萬多人次的熱線諮詢內容，把各類問題作了歸納分析，發現青少年求助最多的一項依然是人際關係，佔了 42%，其次才是學習方面的問題，佔了 27%[7]。而且人際關係不僅是中小學生的困擾，也是大學生的重要困擾之一。杜運偉在《大學生不和諧人際關係的現狀、原因及對策》一文中指出，當代在校大學生的人際關係不容樂觀，有輕度關係困擾的佔 38%，有嚴重人際關係困擾的佔 15%[8]。

社交焦慮與社交恐懼症

　　當人際關係出現嚴重的問題時，一系列的其他問題乃至精神問題就會隨之產生。比如，當陷入人際關係的嚴重困擾時，人們常常會遇到另外兩個問題 —— 社交焦慮與社交恐懼症。

　　社交焦慮是指在與人交往時個體覺得不舒服、不自然、緊張甚至恐懼。陷入社交焦慮的個體與他人交往的時候往往還有生理上的症狀，如出汗、臉紅、心慌等，他們還會傾向於迴避人多的場合，甚至迴避和人交往[9]。

　　社交恐懼症則是一種更加嚴重的心理障礙，是一種過分的境遇性害怕，即個體在公開表演場合和社交場合擔心被人審視，害怕自己會出醜或行為窘迫，比如害怕在公共場合發言，害怕在公共場合用餐，害怕使

7　林崇德主編：《思想品德教學心理學》（北京教育出版社，2001 年）。

8　杜運偉：〈大學生不和諧人際關係的現狀、原因及對策〉，《南京人口管理幹部學院學報》第 1 期（2008 年）。

9　《中國精神疾病分類方案與診斷標準（第 3 版）》（山東科學技術出版社，2001 年）。

用公共設施等。患有社交恐懼症的人羣為了迴避導致社交焦慮的情境，通常會減少社會交往，選擇孤獨的生活方式，而孤獨的生活方式必然在很大程度上影響患者的學習和工作，以致影響其未來的幸福感[10]。

從流行病學角度來說，社交恐懼症已經被定義為一種慢性疾病，自發緩解的可能性非常小，數據顯示，只有不到 25% 的患者會隨着年齡增長而病情有所緩解，而且教育水平較高、起病年齡大和不合並其他精神疾病的患者病情緩解的可能性稍微大一些[11]。

所以，關於青少年人際關係的功課愈早做愈好，至少應該有計劃地在孩子的中學階段完成。如果此時，孩子還未得到很好的引導和協助，那很多人際關係問題幾乎會伴隨孩子一生，由此引發的各種心理問題也很難自我療癒。

引發人際關係障礙的原因

引發人際關係障礙的行為是如何產生的呢？孩子為甚麼會以自我為中心？性格孤僻？為甚麼會對他人過分期盼、過分討好？為甚麼會對他人過分恐懼、過分嫉妒？是甚麼導致了孩子這些負面的心理？下文通過一個比較典型的案例來分析一下阻礙正常人際關係的心理因素及其產生的原因。

知乎網站上曾有一個帖子〈真的會有人一個朋友都沒有嗎〉，下面是一個引發了熱議的回答。

我應該是一個朋友也沒有，雖然有個閨蜜，可是她交了很多新

---

10 同上註。

11 韓惠民、王文林、吳豔敏、陳雲輝、周馨竹：〈社交恐懼症的研究進展〉，《齊齊哈爾醫學院學報》第 31 卷第 13 期（2010 年）。

朋友經常忘了回我消息，所以我相當於沒有朋友。我説下我淪落至此的原因：

- 我的朋友一定要聊得舒暢（不被反駁、不被打斷），哪怕我説很無聊的事她都不能忽略。而且，她性格要好，要和我一樣沒有攻擊性、不容易生氣。

- 答應我的事絕對不能變卦，除非原因非常合理，我特別討厭因為臨時的情況改變我們約定好的計劃，如果改變計劃，我會直接氣出內傷並且開始冷戰。

- 我希望我提出來的事情，只要是涉及我們雙方的有趣計劃，她都要應允，比如我提出一起去哪裏玩、一起存錢、一起請假或者一起去吃甚麼東西，她最好每次都很樂意完成，不然我就會失落好久，懷疑人生。

- 我們必須互相分享日常，包括吃了甚麼好吃的、買了甚麼、發生了甚麼有趣的事。一旦我發現對方沒告訴我，我就會生悶氣（我也會甚麼都和對方説），因為她不和我分享我就會覺得她不需要我、我已經被替代了，或者我一廂情願了，我會傷心失落，我需要足夠的安全感。

……

這份交友宣言令人感慨和同情。不過，按照這種標準來要求自己的朋友，我想大部分人會敬而遠之。

《親密關係》的作者羅蘭・米勒認為：兒童期成功的人際關係為成年階段親密關係的美好結果奠定了基礎。比如，能與照料者形成安全型依戀的嬰兒往往在入學時招人喜愛，他們在童年期能建立更豐富、更安全的友誼，這讓他們在青年期戀愛時也更容易建立安全而舒心的親密

關係。

　　反觀這位朋友為甚麼會提出這樣的交友要求呢？她認為，自己是童年時受到了父母的影響。比如，她從小就被父母忽略，因為得不到關注而內心深處又特別渴望被關注，她在離開家庭以後，就代償性地希望從朋友那裏獲得關注。另外，因為小時候父母經常答應她一件事又變卦，她長大後就特別反感朋友失信、失約，必須一切以她為主。總之就是以前缺了甚麼，現在就希望能從朋友那裏得到補償。但眾所周知，這是非常困難的。因為父母的培養方式，她既內向又自卑，既依賴朋友，又害怕受傷從而主動離開朋友，這就是典型的不健康的迴避型依戀。人際交往對她而言已經變成了一件可望而不可即的事情，別人與她交往也會特別辛苦，於是往往敬而遠之。

　　中醫藥大學的郝玉芳在 2002 年的研究中也發現人際關係問題或社交焦慮的形成與家庭環境因素有顯著的關係。如果家庭成員之間，即夫婦之間、父子母女之間能夠互相關心、支持、理解和幫助，孩子的社會焦慮程度就會比較低 [12]。如果家庭中缺乏友愛，沒有相互關心和幫助，卻充滿矛盾和衝突，則會使子女在社交中缺乏安全感，產生一系列的敏感、多疑、焦慮等不良情緒反應。

　　那人際關係問題是從何時開始會受影響呢？很多研究顯示，中國青少年的社交焦慮一般起源於兒童或者青少年時期 [13]，而社交恐懼起病於青少年期（13—19 歲）[14]，如果不能及時系統性對其進行治療干預，則會

12　郝玉芳：〈中醫藥大學生社交焦慮、應對方式及個人評價相關性的研究〉（中醫藥大學碩士論文，2002 年）。

13　吳探：〈中學生核心自我評價與歸因方式及社交焦慮關係研究〉（曲阜師範大學，2009年）。

14　韓惠民、王文林、吳豔敏、陳雲輝、周馨竹：〈社交恐懼症的研究進展〉，《齊齊哈爾醫學院學報》第 31 卷第 13 期（2010 年）。

對青少年的人際交往帶來極大的阻力，甚至可能會影響人格的健全發展和社會化進程，進而影響孩子的人生[15]。

所以，對於父母來說，培養子女良好的人際關係能力的起點可能要非常早。因為一個剛剛出生的嬰兒，出生後的第一項人際關係經驗就來自於母親和父親。在嬰兒逐漸長大的過程中，他觀察到的人際關係的互動方式也大多來自父母。如果父母沒有意識到自己對待配偶、對待孩子的方式會影響孩子的一生，沒有從小十分謹慎地將孩子作為一個平等的個體，給孩子做一個很好的人際關係表率，那會給孩子未來的人際關係帶來很大的困擾。

父母關係對孩子的社交能力影響

湖南師範大學的龔鑫老師在 2010 年對單親家庭初中生人際交往障礙的研究中發現；父母性別角色殘缺通常會導致離異家庭子女性格內向、行為退避、少言沉默、害怕社交。尤其是父親角色的缺失，對孩子的人際交往能力影響巨大。

在 2021 年的《初中生人際關係與應對方式及其關係研究》一文中提到，完整家庭的學生在積極尋求社會支持方面顯著高於非完整家庭的學生。非完整家庭其功能不健全、家庭氛圍淡漠，孩子得不到必要的家庭溫暖，對周圍的人和事不信任，沒有安全感。而完整家庭的學生有安全感，比較容易自我接納，願意與父母溝通，從而促進了學生將這親密關係遷移到學校、社會，進而加強其親社會行為，使他們更願意尋求社會支持。

我覺得這對父母是一個非常大的提醒：如果想要孩子能幸福，首先

---

15 吳探：〈中學生核心自我評價與歸因方式及社交焦慮關係研究〉。

是父母自己能夠幸福，最主要的是家庭生活幸福。因為孩子最早看到的人際關係就是父母之間的關係，如果父母的人際關係不能處理得很好，孩子對人際關係也沒有信心，在人際交往中他的緊張感和壓力感就會比較大，甚至出現焦慮和障礙。

獨生子女的人際交往劣勢的啟發

大量的研究顯示，非獨生子女的人際交往能力遠遠優於獨生子女，很重要的一個原因是，非獨生子女的世界裏不僅只有他一個人，而獨生子女則是身邊所有人都以他為中心，這最容易形成人際關係的最大障礙 —— 以自我為中心。

《武漢晚報》2015 年 1 月 18 日報道，當地一名 13 歲的女孩雯雯（化名）在得知母親備生二胎後，特別憤怒，用割腕自殺、逃學等方式，最終逼着這位身孕 13 周零 5 天的 44 歲母親不得不含淚終止妊娠。這是一個特別令人悲痛的消息。現在很多獨生子女強烈反對父母要二胎，是因為他們覺得身邊所有人都以自己為中心是一件很美好、很幸福的事情。但這種無法包容他人的性格難以擁有良好的人際交往。

從這個角度來看，父母也許可以認真地考慮要不要給孩子添一個弟弟或妹妹，讓他們在一個更加真實的社會環境中成長。總之，要破除以孩子以自我為中心的意識，更多地給孩子與別人相處的機會。

父母如何幫助孩子獲得良好的人際關係

根據羅蘭・米勒《親密關係》一書中的研究，家庭關係良好的孩子的幸福程度特別高，但隨着父母不和的增加，孩子的幸福程度就會漸漸

降低。

但若這些情況已無法改變，比如夫妻關係已經破裂或家庭已經重組，那父母應該如何培養孩子良好的人際關係呢？儘量避免讓孩子看到或聽到父母的矛盾衝突。比如，父母有矛盾時常說：「為了孩子我忍着，我不離婚。」但實際上，在這種情況下，請你一定要避免在孩子面前爭吵、爭執並說出類似的話。

教養方式與孩子的社會交往能力的關係

學者 Rosenbaum 經研究發現，父母對孩子的不當教養方式也會造成社交焦慮，比如，被父母雙方過度限制的孩子社交恐懼症的患病率是 18%，而被父母一方過度管教的孩子社交恐懼症的患病率是 10%，而沒有受到過度管教的孩子社交恐懼症的患病率只有 3%[16]。

2013 年李丹楓通過研究證明，大學生的交往焦慮與交往時別人的肯定性評價及自身的自尊有關。王慧在 2014 年的《父母教養方式、班主任風格與 10—11 歲兒童問題行為的關係》一文中也指出：父親、母親的懲罰愈嚴厲，大學生的人際交往能力愈差，抗逆力水平愈低。計敏敏在 2022 年發表的文章《父母教養方式對大學生交往焦慮的影響研究》也發現，學生的父母的拒絕維度和過度保護維度會對學生的交往焦慮產生影響，大學生的交往焦慮會因父母的消極教養方式而加劇。

所以，父母和同伴的肯定性評價對孩子非常重要。如果父母發現孩子的朋友或同學嫉妒孩子，不斷地用打擊等一些負面方式對待孩子，就要特別小心，這樣的朋友關係還不如沒有。

16　Rosenbaum JF. *The etiology of social phobia* (J Clin Psychiatry, 1994).

幫助孩子建立良好的人際關係

教養方式是一項心理學概念，代表着父母在育兒過程中所使用的基本策略。1960 年代，心理學家戴安娜・鮑姆林德進行了一項廣泛的調查研究，發現了父母的不同教養類型。她將父母對於子女的教養方式從兩個維度加以觀察：一個是父母對孩子的響應程度，就是當孩子有需求時，父母能否感受到並很快地響應，能否對孩子表達愛；另外一個是規範程度，指的是父母是否對孩子的行為建立了適當的標準，適當的規範，並且督促孩子達到這些標準。根據這兩個維度，父母的教養方式可以被劃分為以下四種類型：專制型、權威型、放縱型、忽略型。

	高 規範程度	
恩威並重型 Authoritative		獨裁型 Authoritarian
高　回應度		回應度　低
放縱型 Permissive		忽略型 Uninvolved
	規範程度　低	

把響應程度和規範程度作為坐標軸，就會得到四個象限，也就是四種不同的教養方式。比如第一象限的專制型教養方式，就是規範程度高，響應程度低，使用這一方式的家長會給孩子定規矩，但不太講道理，也不太與孩子互動討論，孩子只要聽話照做就好。權威型的教養方式就是規範程度和響應程度都很高，使用這種方式的家長很愛孩子也很有原則。放縱型的教養方式是響應程度很高，規範程度很低，使用這種方式的家長對孩子沒有甚麼要求，換句話說，就是比較溺愛孩子。第四

象限是忽略型的教養方式，也就是家長會散養孩子，只要孩子吃飽喝足就行。

　　大家可以對照一下，自己對孩子的教養方式屬哪一種呢？那些從小被交給祖父母、外祖父母隔代教養的孩子，接受的往往是哪一種教養方式呢？據觀察，大部分隔代教養都是放縱型，放任溺愛型的教養方式就是對孩子很寬容，給孩子幾乎是沒有原則的愛。祖輩也很少給孩子立規矩，並且會不管後果地努力滿足孩子的各種需求，父母即使有所察覺也不敢強硬阻止祖輩對孩子的寵溺。另外，專制型的教養方式在中國也很普遍，父母在家裏說一不二，孩子只能乖乖聽話照做，否則就會受懲罰。

　　美國心理學家麥考比和馬汀發現，對孩子的身心發展最好的教養方式是權威型。採取這種方式的父母能充分留意和滿足孩子的需求，對孩子的需求會馬上響應，同時也會給孩子立下規矩，並且父母會願意解釋為甚麼要這麼做或和孩子共同製定規則、遵守規則。這時候，父母一定要做出榜樣教會孩子如何堅持原則，當碰到孩子對抗規則的時候，響應程度高的父母也一定會和孩子解釋清楚原因，而非因孩子哭鬧就放棄堅持共同製定的規則。

　　中國的學者也有類似的結論。1997 年有學者收集了北京 304 名學生的資料，發現恩威並重的教養方式更容易受同學歡迎，並且在這樣的教養下孩子有更強的社交能力，而接受專制型教養的孩子則會表現出更多的反抗和反社會行為 [17]。還有研究顯示恩威並重型的教養方式對兒童的社會性發展，包括他的社會性情緒和情感、社會適應能力、遵守規則、同伴關係、意志力、獨立性等等都會有積極的影響。正如斯坦伯格

---

17 Chen, X., Dong, Q., & Zhou, H. "Authoritative and Authoritarian Parenting Practices and Social and School Performance in Chinese Children." *International Journal of Behavioral Development,*Vol. 21, No. 4(1997)

在一篇綜述中提到，即便數據收集方式和變量操作化方式各異，但恩威型教養方式的優勢在全球很多國家都得到了經驗驗證[18]。

實際上，專制型教育方式最容易導致孩子出現人際關係障礙。在專制型教養方式下長大的孩子性格會特別怯懦，膽小怕事。但最讓外人討厭的「熊孩子」往往是由放縱型教養方式培養出來的，尤其父母完全放任不管，讓祖父母、外祖父母帶孩子。這種教養方式會很容易導致孩子長大後特別沒有邊界感，以自我為中心，常常會冒犯他人的邊界，造成人際關係的緊張。

理解心理邊界

心理邊界是心理學上一個與人際關係十分重要的概念，也被稱作「個人邊界」。

心理邊界概念最早由美國心理學家歐內斯特・哈特曼提出，指的是人與人之間內心的自我界限，這種界限可以用於區別自我、保護自尊，從而保持社交心理舒適。一個人擁有清晰的心理邊界就有能力區分現實和想像、內在和外在、自我和他人，從而保證個體以獨立的形式存在，保證個體即使遇到問題也能保持較為穩定的人際交往狀態。反之，心理邊界模糊的人常常把自己的意志強加於他人，有可能入侵他人的心理邊界而不自知，當被入侵的人為了保護自己而進行反抗的時候，雙方就會產生衝突，因此，心理邊界模糊的人很難與他人形成親密的關係[19]。

詳細來說，所謂是心理邊界，就是不侵犯別人的心理空間，不讓對方不舒服。在心理空間上，是自我和他人的界限。比如甚麼是他人的事

---

18 黃超：〈家長教養方式的階層差異及其對子女非認知能力的影響〉，《社會》第 38 卷第 6 期（2018 年）

19 張巍然：〈青春期心理邊界的澄清與重構〉，《中小學班主任》第 1 期（2021 年）。

情，他人的隱私；甚麼是自我的事情，自我的隱私；甚麼時候該自己負責，甚麼時候該他人負責；他人的事情不應該管，不應該干預等等。這邊界的本身就是人際關係的規則、規範。有了明確的界限後，才有可能形成良好的人際關係。

心理界限對內維繫秩序性，對外起到保護個體、羣體、組織的作用[20]。古人雲，無規矩不成方圓。規則就是圓規畫個圈，中間是自己的，外面是他人的，所有一切交往的核心就是有自我和他人之分，要能夠分得開、拎得清，有邊界，有規則。所有的邊界都是規則，也就是道德規範，而道德規範也是品格教育的核心。

美國家長教育界名人珍妮特·蘭斯伯里出版的《有邊界，才自由：如何養育自信又自律的孩子》提到：其實孩子的安全感不是來自於無條件的溺愛，而是父母給他設定好邊界，讓他知道甚麼事能做，甚麼事不能做。她在書中形容說：「孩子對邊界的需要猶如在黑暗中駕車過橋。如果橋兩邊沒有欄桿，他們只能慢慢試探性地通過。但如果兩邊有欄桿，他們就可以輕鬆自信地駕車通過。」所以，家長要給孩子邊界和規則，告訴他們要考慮自己以外的事物，給孩子帶來規則感，同時把是非原則植入孩子內心，這才有助於孩子形成非常重要和關鍵的邊界感。

實際上，現在很多孩子沒有自我與他人的觀念，尤其是獨生子，甚麼都想要，家長又不給孩子灌輸邊界概念，甚至家長自己也沒有明確的邊界感。那他可能會認為世界都是自己的，他想要甚麼都理所當然，然後可能會經常衝撞他人或不經同意拿他人的東西。

---

20 周菲、白曉君：〈國外心理邊界理論研究述評〉，《鄭州大學學報（哲學社會科學版）》第 2 期（2009 年）。

培養孩子邊界感的三個重要階段

嬰幼兒邊界的發展是隨着嬰幼兒自我意識的產生逐漸發展起來的。研究發現，嬰幼兒邊界的發展可以分為以下三個階段。[21]

第一個階段：無邊界狀態（0—1 歲前）

在胎兒期，身體是沒有邊界的，胎兒是母體的一部分。但從新生兒降生的那一刻起，嬰兒的身體與母體分離，實際上就有了身體邊界，但是 1 歲前的嬰兒在心理上是沒有邊界的，不能區分自己和母親。當嬰兒哭了，媽媽會拍一拍，抱一抱；寶寶餓了，媽媽就餵奶。這個階段，嬰兒沒有邊界，會認為自己和媽媽是一體的。

這個時候是培養孩子安全感的最重要的時刻。安全感是人的基本需要之一，它的重要性僅次於人對食物、飲水的需求。嬰兒對安全感的追求從一出生就表現出來了：依附於母親，時時刻刻離不開母親，一旦看不見母親就會緊張不安。

而如果這個時候，家長沒有好好陪伴養育孩子，而是將孩子放到一個陌生的環境，比如爺爺奶奶或外公外婆那裏，就很有可能讓嬰兒有不安全感。而父母尤其母親的陪伴、關愛和及時的響應，可以讓孩子建立起安全感和健康的依戀關係，為今後的心理健康發展打下良好的基礎。

第二個階段：身體邊界產生（1—2 歲前）

1 歲以後，嬰兒會開始逐漸發現自己和外界是不同的，開始探索母親之外的人和事。隨着月齡的增長，嬰兒能清楚地辨認出鏡子中自己鼻子上的髒東西不屬自己，嘗試把鏡子上的污漬抹去，這就很好地證明了

---

21 康松玲：〈嬰幼兒邊界教育問題分析及培養建議〉,《早期教育（教育教學）》第 3 期（2020 年）

嬰兒已經覺知到了自己的存在，並以此把自己和別人區分開來。這樣就逐漸形成了界限，孩子由此會進入邊界建立的練習期。這個時候是培養孩子的邊界感、為良好的人際關係打好基礎的最佳時機。

這個階段對幼兒邊界教育的內容主要是建立孩子的身體邊界意識，培養孩子身體保護和心理保護意識。身體保護意識，包括保護自己的隱私部位和身體不受他人傷害及不傷害他人身體，如玩耍的時候抓撓父母的眼鏡、推人、打人等等。

首先，建立孩子的身體邊界從「褲衩和背心覆蓋的地方是不能讓別人看和觸摸的」開始。當孩子連父母的不合理碰觸也會拒絕，同樣也尊重父母的身體時，相信為人父母的你會感到更加安心。日常生活中，家長可以利用繪本故事，如《不要隨便摸我》來建立孩子的身體邊界意識。

在建立起對自己身體的邊界之後。下一步是訓練孩子對他人邊界的尊重。不但不讓別人摸自己不喜歡被別人觸碰的地方，自己也不去摸別人的那裏。除此之外，當孩子不知輕重地打了人，父母若不制止並指出孩子的問題，甚至不僅不要孩子道歉，反而以孩子還小來保護他，孩子可能會更加頻繁地重複這樣的遊戲，有可能下手會愈來愈重。人見人恨的熊孩子就是如此誕生的。

其實當孩子第一次打人時候正是培養孩子邊界感的時候，父母可以平靜而嚴肅地制止孩子這樣的行為。制止本身就是建立邊界感和規則的開始，行為停止之後，可以給孩子講道理，要告訴他，被打的人的身體會痛。如果孩子還無法理解打人和痛的關係，可以輕輕示範給孩子，輕輕地拍打孩子剛剛拍打的地方，讓他感同身受之後，理解己所不欲勿施於人。

第三階段：心理邊界產生（2 歲以後）

2 歲以後，嬰幼兒自我意識增強，從心理上強烈感知到自己的存在和需求，他開始變得不那麼聽話和順從了，甚麼事情都要「自己做」，甚麼東西都是「我的」，這就是人一生中的第一個反抗期，也正是心理邊界形成的時期。所以，父母要抓住時機培養孩子積極的自我意識，建立起安全型依戀，給予正確的邊界教育，從小建立健康的邊界意識。

比如：孩子的一些語言和行為都是孩子心理邊界慢慢產生的表現。

「這是我的！」「我不要！」或者用大哭大鬧的方式來表達我不要。這是自我意識的啟蒙，因為孩子有了「我」「我的」的概念，所以就想表達能對自己的東西說了算的需求。此時，孩子正努力把自己和不喜歡的人和事分開，如果小孩子此時體驗到可以自由地說「不」，成年後才有可能向不好的事說「不」。而這個時候父母一定不要被孩子的「叛逆」所激怒，這是他們成長的必經之路。父母一定要允許和接納孩子表達的情緒和合理的「不要」，而非一味拒絕孩子與自己不一樣的想法。比如有的父母強制寶寶分享玩具，甚至貼標籤「你不能那麼自私，不分享不是好孩子」，這會妨礙孩子邊界感的產生。一定要開始尊重孩子的自我意識和邊界意識，允許孩子不把玩具分享給其他小朋友，允許孩子說不。教育子女一定不要着急，不要一揮而就，因為依然會有其他的機會訓練孩子的大度和願意分享。

此外，孩子在此階段雖然有了自我邊界意識，但是邊界感依然是模糊的。有時候自己的玩具不許別人拿，但是會去拿別人的玩具。此時，切忌溺愛孩子，切忌像有些老一輩人那樣軟磨硬泡地滿足孩子這個不合理的要求。否則，一個沒有邊界感，招人討厭的熊孩子很可能就此誕生。

其實這個時候也是訓練孩子尊重別人的邊界的時刻，也是訓練同理心的最佳時刻。父母應該耐心而嚴肅地告訴孩子，就像你的玩具不喜歡

給別人，別人的玩具也要經過別人的同意才可以去玩。這個時候孩子往往會很不開心，甚至開始發脾氣。那麼同理心的教育可以展開了：「哦，我的寶寶現在因為不能去玩不一樣的玩具，很不開心，那別的小朋友也是一樣的啊，想一想如何可以讓別的小朋友讓我們玩一會兒他的玩具？」這也可以開始訓練孩子解決問題的能力。

很有可能孩子會試着去請求其他小朋友讓他／她玩一會玩具。這個時候孩子可能會有些局促，羞澀，父母一定要大力鼓勵孩子試一試，或者先演練一下，一旦孩子怯怯而禮貌地說：「請問，你的玩具可以讓我玩一會兒嗎」，孩子就能順利度過了心理邊界的建立時期，進入人際交往的階段。在這個瞬間，孩子和外界的關係已經改變了，孩子有自我邊界，也懂得向外開放，這是他的第一次求助。未來在社會中一個人善於詢問、求助、妥協，都從這裏開始。通過求助，通過人際關係來幫助自己、滿足自己的篇章就此開始。

即便對方未必會同意自己的請求，但更進一步的人際關係訓練可以就此展開：「他不同意，你是不是有些難過，那麼再想一想，我們可不可以先做些甚麼？或者我們可以做些，讓他同意呢？」早晚孩子會意識到，如果自己也允許其他小朋友玩自己的玩具，那麼他也很可能讓自己玩他的玩具！於是人際交往解開了新的篇章，通過交往、交換，滿足自己的需求，這是人際關係的基礎和本質。

如何解決已有的社交恐懼？

如果孩子已經長大，已經度過上面提及的培養邊界感的重要階段，那上面的方法就不是特別管用了。但也有其他方法，比如情景治療，即讓孩子在一個假想的空間裏，不斷地模擬發生社交恐懼症的場景，從假想中適應這種產生焦慮緊張的環境。還有強迫療法，就是心理治療師讓

你站在車水馬龍的大街上，或者讓孩子站在自己很懼怕的人面前，利用巨大的心理刺激進行強迫治療。當然，這個療法稍微有點缺少人性化，有些孩子未必受得了。還有一種物理治療，經顱微電流刺激，通過低強度微量電流刺激大腦，改變患者大腦異常的腦電波，促使大腦分泌一系列與焦慮、失眠等疾病存在密切聯繫的神經遞質和激素，以此實現對這些疾病的治療。

我比較認可的方法，還是認知行為療法（Cognitive Behavioral Therapy，簡稱 CBT）。這是心理學比較常見的結構化的方式，是與心理指導家的合作，幫助孩子意識到要解決現在的問題首先要解決童年時那些讓自己不安的東西，即首先要消除不安全感和焦慮感，才有可能建立起新的認知方式。

如果已經孩子已經出現問題，父母也可以尋求心理諮詢師或心理治療師的幫助。我的《開心經營：開啟心靈之門‧經營自在人生》訓練營，也是一個可以幫助父母和孩子把童年留下的不安全感連根拔除，讓孩子開始走上幸福的課程。《開心經營》也是改變各種人際關係問題和心理問題的認知行為療法，並且是成本低效率高的一種方式。

老師／班主任該如何幫助學生們改善人際關係？

孩子的教育一定是家長和學校共同完成的。如果在學前，家長的恩威並重型教育方式是比較健康的。那麼在孩子進入學校之後，家長和老師可以分擔不同的恩威角色。但孩子在學校的時間會更久，人際交往也會更多，因此對於需要管理幾十位同學的老師和班主任也許需要更好的扮演「威」的角色，為走向集體生活和必將走向社會的孩子們製定規則，

讓他們知道規則的意義。其實，更進一步說，這就是孩子們的品德教育。

當老師或班主任剛接手一個新班級時，這是一個特別好的品德教育的機會。比如初一或高一，雖然此時品德教往往顯得很無聊、很無趣，但如果把品德教育和人際關係結合在一起，就會變成一件很有趣的事情。因為孩子們在青春期的階段最希望的就是能夠被他人接納、融入集體，找到集體的溫暖。所以，品德教育完全可以從人際關係的角度入手。

總　結

了解了人際關係對孩子的重要性，對孩子的幸福、工作以及未來學習的重要性，以及良好的人際關係能夠增進心理健康，甚至可以減少自殺率。

而要幫助孩子提昇人際關係，最重要的就是來自於父母的愛、父母的榜樣。父母首先做好自己，好好愛對方的另一半，讓自己幸福，讓自己有安全感，不焦慮。對孩子的教養方式，儘量避免不健康的溺愛和專制型教養方式，並且從小給孩子樹立一個好的榜樣，採用簡單也是最管用的教養原則 ── 恩威並重。家長對孩子是恩威並重，也要教會孩子在他生活的環境裏恩威並重，永遠善良，遵守規則，遵守底線，因為規則是對集體最大的保護。在善良的基礎上，進一步養成孩子利他的思維方式，牢記人際交往的基本原則，即有底線的善良，有原則的利他。因為所有的利他是有原則的，所有的善良是有底線的。

那麼自然就可以很坦然地利他，很坦然地把人際關係一步步經營好。

第十章

意義教育：如何幫助孩子找到
學習的意義和人生的目標？

　　本書的最後一章是意義教育：為甚麼要找到生命的意義？這
是生命教育的核心。只有為生命找到意義，生命才有價值感，才
會積極主動的去學習。從幫助孩子找到學習的意義入手，讓孩子
儘早確立人生目標，最終踏入探尋生命意義的道路。

教育是人的靈魂的教育，而非理智知識和認識的堆集。教育的本質意味着一棵樹搖動另一棵樹，一朵雲推動另一朵雲，一個靈魂喚醒另一個靈魂。

有靈魂的教育意味着追求無限廣闊的精神生活，追求人類永恆的精神價值，以及建立與此有關的信仰，真正的教育理應成為負載人類終極關懷的有信仰的教育，它的使命是給予並塑造學生的終極價值，使他們成為有靈魂、有信仰的人，而不只是熱愛學習和具有特長的準職業者。

—— 德國哲學家雅斯貝爾斯《甚麼是教育》

甚麼是生命意義教育

最後這一章，要探討一下生命教育中一個特別重要而龐大的話題 —— 生命意義的教育。在前面的章節中着重講了青少年當下的心理健康，而生命意義的探索和教育可以確保青少年未來的心理健康，提昇他們未來的生命品質，確保他們未來的快樂和幸福。

生命意義教育是以弗蘭克爾意義分析學說為理論基礎，通過挖掘自身的潛能和興趣所在、樹立人生目標，在實現人生目標、創造價值的過程中，發現生命的意義，體驗生命的意義，獲取生命的意義，從而提高學生的心理健康水平、道德境界和生命價值的教育。生命意義教育作為心靈教育與品德德育相結合，人生哲學和心理治療相結合的產物，有着自己獨特的教育功能，能有效地幫助學生擺脫「存在空虛症」造成的自卑、痛苦、抑鬱、成癮和自殺等現象，激發起學生的意義追求，喚起學

生的存在價值，重建學生的精神支柱，從根本上解決學生的心理動力問題，使德育落到實處。

依我幾十年做教育的經驗，生命意義教育才是所有教育的本質所在。本章開頭雅思貝爾斯提到教育最重要的終極關懷，在我看起來就是以有限的生命個體去面對生命中唯一確定並且必然到來的死亡，進而探究生命的意義和人生的目的。

實際上，這還是涉及哲學的三個終極問題：我從哪裏來？我到哪裏去？我是誰？既然必然死亡和消失，那這一切存在的意義是甚麼？生命的意義是甚麼？

生命的意義

生命的意義和未來的學習、工作、生命質量的關係極其巨大。本章嘗試從時間維度分析生命意義教育與孩子現在的學習、未來的工作生活、以及身心健康的關係。

與學習自主性和表現的關聯

很多人都希望知道如何可以主動自律學習，這也是我從教幾十年來十分關注的問題。其實，很多研究都表明：明白生命意義有助於個體理解和把握學習和工作的意義。比如張榮偉在文獻綜述中總結，那些認為自己從事的工作是有意義的想法推動其努力學習和工作，直至取得良好的績效。這可能是因為生命意義調動內在動機、自我效能感、自尊和目的感等內在資源，促進人際關係和組織認同感，從而產生與組織要求相同的行為，提高工作成效。所以，每當我接手港科大的一年級新生時，

在課堂上的第一件事件就是試圖喚醒他們對未來目標、生活意義的思考。一旦喚醒，我作為老師的日子會好過很多。

這種高生命意義的人，就是前文提到的 3M 理論中的心性層面的人，他們能夠更加準確地認識自我，學習或工作的效能感更強，更加願意承擔挑戰和困難，並且更能夠做真實的自己，按照自己真實的想法去行動。這其實是一個個體的內在價值觀與外在環境統一協調的過程，從而激發其內在的行為動機，進而可以特別高地增加學習效能。同樣，人的自我價值感愈高，他的目的和目標感就愈明確，他的行為就愈有信心愈有方向性，他就更有可能獲得學業上的成就。

與未來學業工作的關係

很多父母告誡孩子：上學要吃得苦中苦，要好好唸書，考一個好大學，然後找一個好的工作。但是拉長時間線，就會看到好成績、好學校和好工作，帶給父母更大的擔憂。

研究大學心理健康的李旭等，隨機抽取成都市某高校大學新生 194 名進行調研，其結果令人震驚：87% 的學生表現出喪失生活熱情，覺得空虛、無聊，生活無目的、無意義及覺得自己無價值等狀態；僅有 13.9% 的大學新生具有明確的生活目標，並覺得生命是有意義的。而這 87% 的學生裏，52% 的學生對生活、學習的目標和意義不明確，只有 34% 的學生認為生命是沒有意義的 [1]。

無獨有偶。北京大學學生心理健康教育與諮詢中心副主任徐凱文博士做過一個北大心理危機干預的統計。他統計的對象是北大一年級的新

1　李旭、盧勤：〈大學新生生命意義感與心理健康狀況的相關研究〉，《中國健康心理學雜誌》第 10 期（2010 年）

生，這些新生可以説是內地最優秀的一批人才了。令人震驚的是 30.4%的學生厭惡學習，認為學習沒有意義；還有 40.4%的學生認為人生也沒有意義，根本找不到人生的意義，並且極端一點就會放棄生命 [2]。

實際上，很多從小沿着父母的計劃前行而沒有認真思考過人生的孩子們，即便已經離開學校，在生活和工作中依然可能猛然失去興趣、意義和方向。

比如我女兒的聲樂老師，她是香港歌劇院的獨唱，聲音特別美。可是她的本科居然是香港中文大學經濟學專業。她從小就特別喜歡唱歌，也拿了很多獎，但父母就覺得唱歌沒前途，於是安排她去讀了經濟學。畢業後她進了金融公司，但是工作幾年了她很不開心，依然十分懷念可以自由自在歌唱的日子。等到她有了一些積蓄，不再依靠父母時，她果斷辭去收入不菲的金融工作，重新攻讀音樂專業。現在成為香港歌劇院的獨唱，業餘時間教孩子唱歌，生活成為了一種享受。其實現代社會，在哪一個行業能都能養活自己。但是很多父母都對孩子有太深的焦慮和擔憂，覺得孩子一定要按照自己的人生閱歷和自己的設計想法活着才安全、才更好。

比如波士頓甜點女王張柔安。她是哈佛應用數學和經濟學雙學位畢業的高材生，一直按照家庭的安排，走着眾人眼中的好孩子的路徑，一路好好學習進入眾人羨慕的哈佛，然後進入位於波士頓的一家管理諮詢公司工作。但辦公室工作並不是她想要的，覺得沒勁，於是毅然辭去工作，改行學做自己最喜歡的糕餅甜點。從進入麵包店做學徒開始，到做出自己的連鎖店。她才發現，這是她一直想要的生活，她説自己現在幸福程度比以前高了很多。

2　徐凱文：〈北大四成新生認為活着沒有意義〉，中國網教育頻道（2017 年 8 月）

還有在浙江大學醫學院讀研究生的黃曉斌，經過 7 年半的本碩連讀，讓眾人吃驚的是，在本應 2013 年畢業的前半年，他選擇了棄博賣麵包。醫博連讀需要 8 年，他已經讀了 7 年半，只因為無意中在一家麵包店聞到和看到的一個麵包，他才知道這才是自己想幹的事情。

好好學習，選個好專業，上個好大學，找個好工作……所謂的「好」，很多時候都是家長以往好的經驗，當時社會流行的「好」，但有多少是學子們自己心裏真正的好？這樣的學習和生活，很難有熱情，有激情，甚至一輩子都悶悶不樂，因為並非自己真正想幹的事情。有的孩子沿着父母的規定學習和工作，很多年之後經濟能夠獨立，重新找到或者回到自己的興趣和人生目標，重新開始生活，但悶悶不樂地度過大好的青春，豈不是太可惜了？

其實，很多家長沒有意識到孩子未來的可能性遠遠超過想像力。他們是屬未來的，他們應該找到屬自己的人生目標，他們會超越於父輩的。如若不然，人類社會如何進步？但是很多父母，尤其很多成功而自信的父母，沒有意識到這一點，還在按照自己的意識為孩子規劃人生，而很少與孩子探討他們的人生目標和意義。這對孩子的未來，可能是一場人生的災難。

渡過「成功」之後的空虛和危機

如果不了解生命的意義，即便孩子獲得了超於常人的成功，也有可能會面臨更大的麻煩。

奧地利心理學家維克多・弗蘭克爾提到，如果人們不能感受到值得為之而活的意義，就會陷入存在空虛。這種存在空虛可能會產生三類問題。第一類是心靈性神經官能症，也就是心理問題。就像徐凱文博士說的空心病，沒有方向和目標，內心十分空虛。在這種心理狀態下，人就

會出現抑鬱、攻擊、成癮（包括網絡成癮、酒精成癮、毒品成癮等等），尤其是抑鬱很有可能會導致自殘自殺的趨勢。第二類是因為沒有找到生命的意義和目標，於是他們隨波逐流，把對權力、金錢和享樂的追求代替了對生命意義的追求。而這樣的追求不但沒有盡頭，並且最終會令人絕望。第三類就是自殺，這也是存在空虛最嚴重的問題。因為抑鬱，找不到方向，吃喝玩樂，最後就會導向自殺，因為他們會覺得生命已經沒有意義了，為甚麼還要活着呢。

我曾經教過香港科技大學商學院最難進的 Global Business 課程。在課堂上，我常常提出這樣的問題，激發新生們的思考：學習的目的是甚麼？意義是甚麼？這輩子的意義是甚麼？絕大部分本科生都沒有考慮過這些問題。我不斷的告訴他們：「如果只是隨着慣性緊張學習，好好考試，做好期末專題，得個高分，而不去思考為甚麼要做這些。早晚有一天，你會失去動力，你的心力會被耗盡，會出現各種各樣的身心問題。」

我也因為教 EMBA 的緣故，遇到很多成功人士，在物質極大豐富以後，在精神層面找不到更多的寄託，於是就把自己推向死亡的邊緣，通過那種極限運動的恐懼感、痛苦感來感受到生命的存在。這其中也包括我自己。我在矽谷獲得成功之後，百無聊賴，於是參加各種極限的挑戰。但是隨着後面我的思想愈來愈成熟，對生命意義的追求愈來愈清晰，那些感受自我存在的極限運動已經從我的人生計劃裏慢慢消失了。因為我發現我根本就不需要用這些所謂的征服最高峯、征服海洋來證明我的存在。生命的存在其實有一個更偉大的意義，當你找到這個意義以後你會特別坦然自在地好好生活，好好珍惜生命。

與身心健康幸福的關聯

國內外學者對生命意義作用的研究主要發現，生命意義對身體健康、幸福感與生活滿意度、壓力應對和人際關係、心理修復和成長，以及學習與工作績效均有積極影響[3]。

張榮偉和李丹在《如何過上有意義的生活？》中總結了國內外學者對生命意義作用的研究。從本質上看，現實生活中的焦慮根源於存在性焦慮，而生命意義的探究有助於緩解損失、傷害或死亡所帶來的恐懼和焦慮。因為人類不僅具有生物性、社會性和心理性，還具有精神性。精神性通過生命意義使人類能超越各種物理、生理或心理上的障礙，戰勝恐懼和焦慮。所以生命意義提供給人類生活方向和目標、行為評判標準、對生活事件的掌控感以及自我價值感等。

總體而言，擁有生命意義的人心理更健康，生活更滿意，體驗更多的幸福與快樂，對未來更樂觀，心理及社會適應更好。反之，缺乏生命意義的人會有更多的孤獨感，更多的焦慮、抑鬱和自殺意念，也會經歷更高的自殺風險。

堅韌地面對逆境

懂得了生命的意義，在面對逆境時就會更加堅韌地生活。維克多・弗蘭克爾在《活出生命的意義》中說：「世界上再沒有別的比知道自己的生活有意義更能有效地幫助人活下去（哪怕是在最惡劣的環境下）的了。」在納粹集中營裏，維克多・弗蘭克爾就發現活下來的往往是那些知道自己生命中還有某項使命有待完成的人，而不是那些特別樂觀的

3　張榮偉、李丹：〈如何過上有意義的生活？──基於生命意義理論模型的整合〉，《心理科學進展》第 26 卷第 4 期（2018 年）。

人。維克多·弗蘭克爾在監獄中將自己的經歷和發現偷偷寫成了《活出生命的意義》，可是草稿剛寫出來就被納粹的獄卒發現並且焚燒了。但是弗蘭克爾沒有絕望，他覺得這本書對苦難的人類太重要了，於是他又在艱苦的環境中創造條件，偷偷地把稿子重新寫了一遍。因為對他來說，這件事情很有意義，所以他在那麼艱難的情況下活了下來。並且，第二次世界大戰之後，他發現其他寫過集中營題材的作者及在日本、韓國和越南戰爭的戰俘營裏做過精神病調查的學者也得出了相同的結論，就是不管環境有多麼惡劣，只要人有一個目標，行進的前方有一盞閃亮的明燈，就有可能堅持下來。

很多學者也發現，找不到生命的意義是人們產生心理問題乃至最終自殺的重要原因，很多心理問題源自空虛感和價值觀的缺失。有自殺念頭的人往往找不到存在的理由和生命的意義，缺乏對生命價值的理解。

國外心理學家發現，自殺的大學生缺乏對「存在」的重要信念和對價值的理解[4]。那些沒有找到存在意義的大學生在面對壓力時傾向於選擇放棄努力並會產生無助感，面對巨大壓力時他們甚至會選擇自殺。有自殺念頭的人和沒有自殺念頭的人相比較起來，前者往往找不到存在的理由。另外，美國心理學家斯蒂格爾在 2009 年的研究中也發現，生命意義感較弱的個體在面對壓力時傾向於選擇放棄，並且，他們陷入抑鬱或焦慮的可能性更大，就藥物和麻醉品的濫用更容易產生無罪感，二者都會導致他們自殺。

國內大量學者通過研究也發現，自殺事件與生命意義是有關係的，有自殺念頭的人往往報告說找不到存在的理由。正是在空虛感、孤獨感

4　Petrie, K., & Brook, R. "Sense of coherence, self-esteem, depression and hopelessness as correlates of reattempting suicide." *British Journal of Clinical Psychology*, Vol. 31, No. 3(1992).

的包圍下，他們放棄了努力，認定自殺是更好的選擇。青少年對生命愈是缺乏意義感，尋死的決心就愈是強烈，被勸回來的可能性就愈小。反之，如果青少年的意義感更強，他們尋死的決心可能就不會那麼強烈，他們的自殺意念可能只會一閃而過或者自殺行動只停留在計劃階段。蘇慧君等人的研究也指出青少年發生自傷自殘的行為的首要因素是生命意義感的缺失 [5]。如果沒有意義感，活着就會像行屍走肉一樣，孩子就有可能給自己一點兒刺激，從傷害自己的行為裏感受自己的存在。

總之，找到生命的意義非常重要，意義能讓人在絕境中找到活下去的動力，感受到幸福，讓人在面對痛苦的時候超愈痛苦，在受到很大創傷的時候迅速還原。一個有意義感的人是不會輕易被打倒的，更不會輕易放棄生命。

必然死亡的生命真的會有意義嗎？

如果仔細審視生命，可能會發現生命其實是一個悲劇。

每個人這一生唯一可以確定的就是自己必然會死亡。在這一生當中，如同所有的動物一樣，生物本能會讓人忙着成長、繁衍，把 DNA 傳下去。但是仔細想來，即使作為一個物種，人類最終的宿命也逃不過消亡。只需要抬頭看看太陽，看一看宇宙星辰，就可以了知這一點。太陽是一顆正在燃燒的恆星，它會不斷地在核聚變中消耗自己的質量，隨着質量愈來愈輕，它的引力也會愈來愈小。當太陽的引力不足以維持它

5　余祖偉 等：〈中學生樂觀與生命意義的關係：自我概念的中介作用〉，《廣西師範大學學報（哲學社會科學版）》第 50 卷第 1 期（2014 年）

現在的體積時，太陽會慢慢地開始膨脹為紅巨星，吞噬金星，而它的火焰和強大的電磁風暴也會蔓延到地球。到時候，地球上所有的生物必然死亡。最終，當太陽從紅巨星坍塌為一顆昏暗的白矮星的時候，太陽系裏的生命應該都將不復存在了。也許在幾十億年之後，人類有機會逃離地球，甚至逃離太陽系，但是宇宙的宿命呢？宇宙會一直膨脹下去嗎？科學家暫時還沒有給出答案。但是《道德經》似乎早已給出了悲觀的答案。

生命意義的哲學內涵

《道德經》裏有這樣一句話：「大曰逝，逝曰遠，遠曰反。」在我看來，這句話似乎已經描述了宇宙未來的歸宿。宇宙在一瞬間膨脹，也終將在達到一定地步後坍塌、消失，而人類在地球上、宇宙中留下的所有痕跡也都會消失掉。所以，這又是一個極其令人絕望而沉重的話題：活着是為了甚麼呢？

很多人不願意去思考這個問題，因為思考必然死亡的生命是一件很痛苦的事情，但是痛苦是不是思考生命意義的更好契機呢？沒有痛苦的時候，人們會選擇性地忘掉死亡。忘掉死亡的時候，也就在某種程度上忘掉了生命的意義，如果不去思考意義，人就會像動物一樣習慣性地活着，重複自己的生命。所以諾貝爾文學獎獲得者奧克塔維奧·帕斯説：「死亡其實是生命的回照。死亡才顯示出生命的最高意義。」

其實從 2000 多年前到現在，人們一直都在探究生命的最終意義，尤其是哲學家們。古希臘哲學家柏拉圖向着蒼茫大地、向着茫茫黑夜問出了三個哲學終極問題「我是誰，我從哪裏來，我到哪裏去」，從此以後，對生命意義的探究就一直沒有停止過。很多哲學家，如叔本華、愛默生、尼采等都在試圖探究生命的意義，也留下了他們探索的思想結

晶。但十分不幸的是，從哲學的角度尤其是從現代哲學的主流角度來看，大部分哲學家對生命意義的探索導向了一個悲觀的結論——一切都是虛無的，一切都是沒有意義的。德國唯心主義哲學家尼采在晚年的《權力意志》一書中將之命名為「歐洲虛無主義」，並認為這是 19 世紀的主要問題。他認為 19 世紀整個歐洲都陷於虛無主義當中，所以才提出其最為瘋狂的發言之一——「上帝死了」。那時候，西方主流文化認為人的存在最後是以上帝作為依託的，如果上帝都沒有了，那人的存在就沒有依託了。

20 世紀的現代主義也被戲稱為「虛無主義」，因為大部分人沒有找到生命的真正意義。加繆在他的名作《西西弗神話》中開宗明義地寫道：「真正嚴肅的哲學問題只有一個，那就是自殺。判斷人生是否值得經歷，這本身就是在回答哲學的根本問題。」這是因為自殺這件事情實際上就是在拷問人為甚麼活下去，為甚麼現在不去自殺。如此拷問之下，也許就有可能知道生命的意義是甚麼。

如果一切都沒有意義，為甚麼要忍受苦難？為甚麼要忍受挫折？哲學家們暫時沒有給出答案。那麼，專門研究苦難的心理學有答案嗎？哲學家總在思考人類存在的終極意義，而心理學家從個人的體驗角度出發，也在思考意義這個問題，因為意義最終是要落到我們每一個人身上的。

生命意義的心理學發現

關於意義，我覺得心理學比哲學有更好的研究成果，尤其是在人類經歷了第一次世界大戰、第二次世界大戰等很多苦難之後。

弗蘭克爾的生命意義學說

二戰之後的 20 世紀 40 年代，心理學家維克多‧弗蘭克爾以自己在納粹集中營中的經歷為素材，寫成了《活出生命的意義》一書。他是在最絕望的苦難中倖存下來的人，而他之所以能在納粹集中營存活下來，一個重要的原因就是他相信他的存在是有意義的。他仔細地回顧了自己的這段經歷，又研究了很多其他在極端痛苦的環境下，即便面對死亡也沒有放棄活下來的人的特點，在 1962 年寫成了一本書 ——《活出生命的意義》。我建議所有的家長都看看這本書，並且可以早一點兒推薦給孩子看。這本書將生命意義這一命題從哲學研究領域帶進了心理學研究領域，是生命意義研究走向心理學化的重要里程碑。

維克多‧弗蘭克爾對生命的意義是這麼描述的：「生命意義是指人們對自己生命中的目的、目標的認識和追求。」意義本來是虛無的，看不見摸不着，但維克多‧弗蘭克爾把意義規範成了看得見抓得住的目的和目標。其實，你的目的和目標本身就隱含着你的價值觀，也就是說，當你試圖找到人生的目的和目標時，你在做一個價值判斷，而價值判斷本身其實就有導向意義 —— 為甚麼做這事，做這事的意義是甚麼。意義本身就是對生命價值的主觀判斷。

維克多‧弗蘭克爾不但認為生命有意義，他還進一步說：「人類擁有意義意志，即尋求意義是人類的一個基本動機。」他認為尋求意義是人類存在的一個最基本的動機，只是往往在經歷苦難之後才開始思考意義，而很多人不過是還沒有經歷過那些可以藉以思考生命意義的人生苦難而已。

如果在忙碌之餘，可以靜下心來仔細關照自己的內心，就會發現每一個人的人生都有獨特的目標方向。而當找到自己的人生目標，並且開始為有價值的人生目標奮鬥的時候，生命就充滿了意義。

在我看來，如果父母和孩子們能提早地思考生命意義，孩子就更有可能安然度過人生中巨大的苦難，因為在我看來，苦和難都是自己主觀選擇或者認知的結果。

維克多·弗蘭克爾提出人天生擁有追求意義的意志這種説法是因為他自己深有體會，這一觀點也被後來的心理學家所證實。亞伯拉罕·哈洛德·馬斯洛的需求層次理論也體現了這一點。

鮮為人知的馬斯洛需求最高層次

亞伯拉罕·哈洛德·馬斯洛是人本主義流派的心理學家，他在1954年發表的《動機與人格》這本書中提出了需求層次理論，這一理論將人的需求分為五個層次：生理需求、安全需求、社交需求、受人尊重的需求和自我實現的需求。這也就是廣為人知的動機理論。少有人知的是，在他生命的最後一年，1967年，他又發表了一篇文章《Z理論》，而這才是他的需求理論的最終章。他提出人的終極目標是超越於自我的靈性需求，而靈性需求的核心就是尋找意義，尋找自我實現之上的存在的意義，或者説尋找超越於「我」的意義。

根據馬斯洛的需求層次理論，絕大部分人在低層次的需求得到滿足之後，會經歷令人焦慮或痛苦的瓶頸期，這一瓶頸期會刺激人探索，從而進入高層次需求。比如，孩子在嬰幼兒時期，餓了會哭，吃飽之後，他會找一個安全的地方 —— 往往是媽媽的懷裏 —— 去睡覺。當他可以感受到環境的安全之後，他會開始爬來爬去地探索世界，開始和其他人交流，開始出去社交。等孩子長大一些，他不但會希望有同伴可以一起玩耍，也會開始希望得到別人的尊重，他還會不斷地努力學習工作，實現自我。但是，即便是相當成功的企業家、歌星、影星等，依然會感受到深刻的痛苦，因為很多人沒有意識到自己有對於更高層次的意義的

需求。

人類認知和追求的最高境界

在馬斯洛之後，不少學者也提出了類似的總結。維克多・埃米爾・弗蘭克爾在晚年的學術研究中也更加明確了人的自我動力來自哪裏。他認為，完整的人類動機包括生理、心理和精神三個部分，其中精神部分就是人類個體追尋意義的意志。每個人實際上都會追求意義，但太多人一直忙碌於低層次的需求，使得高層次的需求被低層次的慾望所掩蓋。維克多・埃米爾《活出生命的意義》認為人的最基本的動機不是自我實現，而是在存在中儘可能地發現更多的意義並實現更多的價值。這和馬斯洛的 Z 理論是一致的。

關於人類的最高動機，國外暫時還沒有一致的定義。我在這裏用前文提到過的 3M 認知模型（分為物質層面、心智層面、心性層面）來幫助大家理解一下。在我看來，人類的最高動機就是在心性層面上的。甚麼是心性層面呢？就是心的層面，儒、釋、道三家都強調一個「心」字，尤其是陽明心學。而心的本性必然是追求意義的。

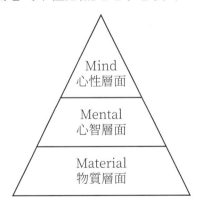

關於生命的意義還有很多的研究，比如 1973 年 J. 克倫博將生命的

意義界定為一種能給予個體方向感與價值感的目標。方向感意味着選擇，而選擇又勾連着個體的價值感。這二者是相輔相成的，所以個體可以通過找到方向來發現價值感。2003 年，羅伯特・埃蒙斯總結出，不少研究者都以目的或者目標來定義生命意義。也就是說，很多學者同意維克多・弗蘭克爾的說法，他們認為意義在某種程度上就是指目標和目的。

那麼，為甚麼現在有這麼多人感覺生活沒有意義呢？在我看來，一個重要的原因是只停留在了儒家思想「未知生，焉知死」的層面上。對於死亡，儒家文化只談論到厚葬，不講死了以後的事情。其實道家和禪宗是談生說死的：道家的很多功夫是花在如何對抗死亡、更久地生存上；禪宗則探究如何超越生與死。現代的教育偏向於儒家思想，也相對缺乏死亡教育，於是出現了避諱死亡、認為談論死亡不吉利等現象，這都使得孩子失去了思考生命意義的機會。

如何幫助孩子找到他們人生的目標和使命

弗蘭克爾說「我們是發現而不是發明自己的人生使命。」即每個人都是通過一系列的人生面臨的事情去尋找和發現自己的人生使命。因為每一個人都具備着良知與理智，足以發現自己的特長和使命。而在這些人生的事件當中，對孩子最重要的就是父母是如何對待他們的。

生命意義感與教養方式的關係

很多學者發現，孩子能否找到生命意義在很大程度上取決於家庭。Callan 就發現生命意義主要來自家庭，家庭在很多方面對個體影響很

大[6]。而中國孩子受家庭影響的比例則更大，因為中國傳統文化就是以家庭為主的。父母的教養方式對孩子生命的意義感有強烈的影響。如果父母採取的是溫暖、平等、民主、接納孩子的方式，孩子就會有較強的生命意義感；如果父母對孩子過度保護、溺愛或者打壓，孩子的生命意義感就會比較弱。原因很簡單，如果家長尊重孩子的想法，孩子就會對自己做的決策產生自信，由此，他的自我價值感會增強，意義感也會增強。

另外，生命意義還與孩子的自尊密切相關。自尊水平更高的孩子也更能感受到生命的意義，所以家長、老師要特別注意提昇孩子的自尊。千萬不要為了「激勵」孩子對孩子冷嘲熱諷、拿孩子和他人比較，或是打壓、否定孩子，這些方式不會起到激勵的作用，只會讓他覺得自己沒有價值，自尊水平降低。父母採用溫暖、積極、肯定的教育方式會讓孩子感受到來自家庭的關注和愛，從而獲得成長的力量，自尊水平得到提高，他的自我價值感也會隨之提昇，他的安全感也會提昇，這時候孩子就會更加勇敢地探索外面的世界[7]。

當自尊感缺失的時候，孩子會對自我價值產生懷疑，這會直接影響個體對生活的掌控感和希望感。並且，孩子也沒有辦法積極地確定自己的人生目標，因為父母不給他機會確定。因此，他找不到自己的價值，也就不會再做這方面的努力了。於是他做的事情都是父母讓他做的，這種強加給他的事情是無法激發他內心那種強大動力的。這時候，父母就會很累，孩子們也會特別崩潰。

6　Callan, V. J. " The Personal and Marital Adjustment of Mothers and of Voluntarily and Involuntarily Childless Wives." *Journal of Marriage & Family*, Vol. 49(1987)

7　陳小燕：〈父母教養方式與生命意義的關係：自尊的中介作用〉，《心理學進展》第 12 卷第 8 期（2022 年）

積極情緒對生命意義的影響

為甚麼說家長採取溫暖積極的教養方式能讓孩子更好地體驗到生命的意義呢？這就要說到積極情緒對生命意義的影響。

國外學者研究發現，意義感能夠催生積極情感。同樣，積極情感也能增強意義感[8]。不管積極的情感是來自父母、老師還是同輩，都能增強孩子的自尊，從而增強孩子的意義感。所以，要給孩子創造一個充滿積極情緒的環境，給他提供安全感，這樣孩子才有可能追求生命的意義。

此外，積極情緒（比如喜悅）可以作為探尋孩子生命意義的工具之一。大家有沒有體會過生活工作中的那種發自內心的喜悅？可以和孩子一起發掘和探討做甚麼樣的事情可以帶來由衷的、長久的喜悅，其中也許就隱藏着生命的目標和意義。

同樣地，負面情緒也和生命意義有很大的關聯性。《生命的意義》中提出，生命意義的尋求只發生在那些最終需求得不到滿足的個體身上[9]。前面也說到，人往往在遭遇巨大的痛苦，比如面對死亡的時候，才會在絕望中開始思考人生的意義。在我看來，這恰恰是需求層次到了瓶頸之後沒有辦法突破的心理表現。這時候，負面情緒會提示該往前走了，這種負面情緒實際上有相當大的積極作用。很多家長沒有意識到負面情緒的積極作用，不管是出於煩躁焦慮，還是心疼孩子，常常不允許孩子表達負面情緒，這其實是錯誤的，因為不讓孩子表達負面情緒，就等於阻斷了他與內在自我的關聯，斷絕了他探索內在自我、探索生命意義的機會。

8　King, L. A., Hicks, J. A., Krull, J. L., & Del Gaiso, A. K. "Positive affect and the experience of meaning in life." *Journal of Personality and Social Psychology*, Vol. 90, No. 1 (2006).

9　Baumeister, R.F.*Meanings of Life*. (Guilford, 1991) .

其他學者[10]也發現：生命意義尋求與悲傷、憤怒、抑鬱等消極情緒呈正相關。也就是說，如果一個孩子被保護得特別好，從來沒有經歷過挫折，所有的事情都由父母安排、擺平，他是不會有意義感的，因為他沒有經過這些挫折，沒有在決策過程中做過價值判斷。從這個角度來說，苦難是有意義的，因為它會帶來關於思考生命的意義，並且指引生命的方向。

在我看來，每一個人都有自己的天賦和天命，而情緒（不管是積極情緒的正向反饋，還是消極情緒的負面反饋）提醒着它的存在。父母要做的就是親密地陪伴孩子的成長，通過種種嘗試、各種情緒的跡象，來發現孩子與生俱來的天賦，發現孩子的興趣所在、心之嚮往，從而幫助孩子找到人生使命。生命在沒有找到使命之前都是在做準備。一定要讓孩子找到自己的興趣所在，因為興趣永遠是最大的內驅力。很多家長花了很多時間陪着孩子去學習為他們選定的科目，讓孩子上各種所謂「對他們未來有好處」的課外班，但就是沒有允許孩子發現他們自己的興趣愛好和天賦。這會使孩子只能為老師學習，為家長學習，為考級而練習，為考試而學習，而失去了在探索和學習中發現樂趣，發現自己人生目標和生命意義的機會。

幫助孩子找到自己的興趣和人生目標

每個孩子都有自己的靈魂和屬自己獨一無二的夢想，他們對父母所有所期盼的東西可能毫不在意。孩子投奔到父母而來，是要在父母的基礎上遠遠超越於父母，去找到他們自己的夢想，而那個夢想是父母永

---

10 Steger, M. F., Frazier, P., Oishi, S., & Kaler, M. "The Meaning in Life Questionnaire: Assessing the presence of and search for meaning in life." *Journal of Counseling Psychology*, No. 53(2006).

遠無法企及的。我覺得，孩子對父母最大的啟發就是，人永遠沒有辦法想像另外一個靈魂可能會到達哪裏。如果與孩子做比較，可以説父母是沒有甚麼想像力的，擁有的不過是自己這輩子的經驗。退一步説，即便父母做得很好，也會希望孩子將來能超過自己，能夠「青出於藍而勝於藍」。所以，父母們，勇敢地鼓勵孩子發展自己的興趣愛好吧，幫助孩子發現他自己喜歡的專業，他將來喜歡幹的事情，他一輩子喜歡幹的事情！

　　一個人能夠自己找到方向，並全身心地朝那個方向去努力是非常難得的。中國有句古話，叫「一通百通」，意思是，當你把一件事做到極致以後，你幾乎可以做任何事情。這也是我自己體驗過的。所以，不要急於判斷孩子的興趣愛好在將來能不能謀生，如果可以開闊眼界，就會發現，各行各業可以謀生的方式有很多。尤其要相信，社會愈發達，人們生存的多樣性愈會得到滿足，謀生的方式也會愈多。只要有一技之長，在任何地方都可以活下去。社會是在不斷進步和變化的，父母在以往形成的很多觀念，諸如一定要大富大貴，一定要去最好的學校、讀最好的專業，一定要進入金融、法律行業，都可能已經過時了。家長要做的是早一點兒幫孩子找到他想努力的方向，永遠不要用自己的是非判斷來扼殺孩子的興趣，正如紀伯倫詩中説的：「你可以給予他們你最好的愛，但最好不是你的想法，因為孩子有着自己的思想。你可以庇護他們的身體，而不是他們的靈魂，因為他們的靈魂住於明天。那是你無法看到，甚至在夢中都無法企及的明天。」

　　日常所進行的閱讀、旅行，都是發現自我、找到人生目標的機會，尤其是選擇大學專業，這是一個特別好的發現自己人生意義和發現自己人生使命的機會，要把這些機會好好利用起來。

我的案例：因為一個高遠的目標而開竅

　　我人生的巨大轉折點讓我對人生目標的重要性有了深刻的認識。我從小十分貪玩，沒有完全「墮落」是因為我從小就想當解放軍。我的父母很支持我，還建議我考一所軍校。可是在高三準備報考時，我發現自己近視，不符合錄取條件，於是，我開始重新考慮自己未來的專業。綜合我的興趣，我決定報考生物醫學工程專業，但是，這個專業的分數線在各個學校都是極高的，這讓我猛然意識到一件事情：為了將來能去學我喜歡的生物醫學工程專業，我要開始做些甚麼了。

　　那時候，高三上半學期已經過完三分之一了，而我為了自己的目標完全變成了另一個人，我會以秒為單位計算我的時間應該用到哪裏，並且每天早晨不管多冷都要頂着寒風去跑步。就這麼堅持了半年，我居然從班級的 30 多名考到了年級的前 5 名，並最終如願考到了天津大學和天津醫學院合辦的生物醫學工程專業。

　　對此，老師和同學們都覺得特別不可思議，還有同學來問我當時發生了甚麼。其實很簡單，我內在的動力被激活了，我開始為我自己而學習，為我自己的未來而學習。我有一個明確的目標，就是考入我感興趣的專業。就像很多理論說的，當確定了目標以後，就會激發內在的動力，自我效能感和自尊等都會被突然喚醒，用老話講叫「開竅」了。可惜的是，很多孩子都不開竅，或是到了高三還沒有開竅，而過了高考再開竅就有些晚了，會錯過很多機會，要花更多精力彌補沒有及時開竅的遺憾。所以家長、老師們一定要盡可能讓孩子們及早開竅。

　　這段故事還有後續。多少年以後，父母才告訴我他們根本不想讓我考軍校，但是他們一直沒有說破，只是依着我的目標鼓勵我，並且他

們也有他們的想法，父親始終都想讓我學醫。回首往事，我十分感激父母。他們雖然不認可我曾經的從軍夢，但是一直沒有否定我的興趣愛好，並把它當成了一種激勵的方式，而在最後報專業的時候，我們一起商量着選擇了我自己真正喜歡的一個專業，讓我能夠充分激發自己的力量。從我的經歷中可以看到，對孩子來說，只要家長鼓勵孩子堅持發展自己的興趣愛好，走到高處後，他自然會打開另一扇大門。

這段經歷讓我在教學中和與在女兒溝通時，都意識到讓孩子找到自己生活目標的重要性。我也建議家長和老師們一定要儘早讓孩子們意識到並確立自己的目標，而且這個目標絕對不是要考多少分，而是未來自己想做的事情。當孩子懂得為自己負責，為自己的未來負責的時候，他就會被激發出無窮的鬥志和幹勁。

現在很多家長一直追着孩子督促他們學習，讓孩子又煩又累。結果，很多孩子在熬過高中，來到父母再也管不到的大學之後，就開始報復性地逃課、打遊戲，大學四年也沒能建立自己人生觀，為自己的未來規劃。其實父母要做的事情很簡單，就是時時刻刻把生命的意義放在心中，想辦法讓孩子早一些發現讓他心動的目標、讓他嚮往的工作。一旦他發現了自己的目標，父母就基本不用管學習這件事了，孩子自己會特別快地行動起來。

東西合璧：找到生命意義的途徑

既然生命意義對孩子如此重要，那麼除了改變家庭的教養方式，關注孩子的情感價值，還有沒有其他的方法可以幫孩子找到生命的意義呢。根據維克多・弗蘭克爾的總結，找到生命的意義有幾個途徑——做有意義的事、感受世界以及擁有直面困難的勇氣，也就是獲得創造性價值、體驗性價值和態度性價值。這恰好與東方傳統文化的成人之路相

呼應：「讀萬卷書不如行萬里路，行萬里路不如閱人無數，閱人無數不如明師指路。」

讀萬卷書：在學習中找到人生的目標和生命的意義

維克多・弗蘭克爾認為，找到生命意義的第一個途徑是獲得創造性價值，藉由創造性價值獲得工作的意義，或者說通過某種類型的活動，比如學習、愛好、運動、工作、服務，從而與他人建立關係，發現和實現個人價值。

如果孩子能認識到這一點，就可以超越於學習本身，不再把學習理解成為枯燥的考試做準備的過程，而把學習變成一個發現未來可能性 —— 其實也是發現意義的過程、實現未來可能性的準備過程。這樣，學習才會有意義。現在的教育體制主要還是圍繞着高考，於是學習變成了刷題，這是很可惜的一件事情。如果有可能，家長應該儘量讓孩子們體會到讀書的樂趣、學習的樂趣，而不是讓他們將注意力放在分數的比較上。

中國有句古話：「讀萬卷書，行萬里路。」讀書能夠讓孩子充分感受到世界的美好和多樣性。當孩子還沒有足夠的人生閱歷，去直接體悟世界之美、生命之美的時候，有一個捷徑就是通過閱讀與經歷過很多事情的智者對話。在孩子還小的時候，父母就要帶着孩子進行大量的閱讀。一定要在孩子小的時候就給他們深深地植入一個觀念：這個世界是很大的，這個世界是很美的，這個世界人很多，每個人都很不一樣，這個世界上發生着各種各樣的事情，這個世界有各種各樣的可能性。要讓孩子通過閱讀意識到學習是一件有趣的事情，是一個了解世界的方式，是為各種各樣美好的生活做準備的方法。

等到孩子上學以後，家長可以進一步和孩子探討並幫他發現自己

的愛好以及對未來的設想。請家長注意，一定要是孩子自己的愛好和設想，哪怕這愛好與設想再可笑也比家長灌輸給他們的好。等孩子發現自己的喜好，有了目標以後，家長就可以以此為落點，來和他一起探索學習的意義，這時，學習的意義一定是導向孩子未來的設想。這個設想一定是超越於分數、考大學和找到一份好工作的。父母可以用自己的閱歷協助孩子拓展他們未來的目標。剛開始的目標可能是他們喜歡的某個專業、某個職業方向，但是慢慢地，這個目標可以到達心性的層面，也就是從「我喜歡甚麼」，到「我喜歡的這樣東西可以為世界帶來甚麼、為人類帶來甚麼」。

我在本科生的課堂上會問學生們為甚麼學習，或是學習可能帶來甚麼益處，得到了很多回答，比如改變命運，獲得智慧，開闊視野，長知識、長本領，也有學生直接說學習是為了考上大學、找到好工作的；還有的學生說，學習是為了拓寬生命的寬度，提昇生命的高度，享受自己的生命，救助更多的生命。而我會進一步分享我的看法，在我看來，學習的目的其實就是探索、發現和實現生命的意義，而非分數。

了解到自己為甚麼要學習，在某種意義上就是找到了學習的價值和意義。很多問題都可以迎刃而解。

我的女兒曾經有一段時間從學校回來特別鬱悶，覺得特別不公平，她說：「我複習了那麼多，結果那個同學說他沒複習，他考的分數和我一樣。」這時候家長要和孩子討論的是，學習最重要的一定不是知識和分數本身，而是知識帶來的各種各樣的可能性。

我常常和我的孩子們和我的學生們分享我的學習經歷。在讀書中，我找到了我的人生目標。我大學是生物醫學工程專業，並且學了工程經濟學的雙學位，但當我大學畢業的時，我覺得生物醫學工程不是我將來真正想要做的事情。當時，我有一個特別宏大的心願，就是要為中國做

點兒事情，要讓中國變得更好。我覺得醫學和生物工程都太「小」，而我要做更大的事情。我想，經濟學肯定會告訴我一個國家是怎麼發展起來的，這時我學的第二學位派上了用場，我直接申請到了經濟學的博士。然而，學完經濟學之後，我又發現只有從政才有可能改變世界，而我從政的可能性又比較小。既然暫時不能改變世界，我想，那就先改變自己吧。於是我去了矽谷，將我讀博時學到的大數據分析能力應用到了計算機行業，並一直做到 IT 行業的最頂端，還創立了自己的公司，迅速在矽谷積累了一批財富。

我為甚麼能從經濟學領域進入計算機行業呢？這是因為對我來說，在學習這件事上，最重要的永遠不是積累知識，而是通過學習這些知識掌握學習的方法，掌握知識背後的規律。其實，現在中小學裏學的很多課程，比如物理、數學、化學，孩子在將來的職業生涯中可能是用不到的，那麼，孩子為甚麼還要學習呢？

我覺得我之所以能成功，最重要的原因就是我能夠不斷地學習，不斷地了解行業最前沿的事物。由此，世界在我面前敞開了無數的大門。雖然世界在不斷地變化，但一旦學會了如何學習，就不會懼怕任何的改變和挑戰，甚至會期盼着更大的變化和挑戰的到來。

人永遠不知道自己未來會對甚麼感興趣，社會會對甚麼有新的需求。我幾乎是每 5 年就完全轉到另一個完全不同的行業或領域 —— 從醫學，到工程，到經濟學，到信息技術，到商業管理。即便我到了商學院，我也是兩三年之內就將一門課教到了獲獎水平，接着再換一門我感興趣的新課去教，到現在為止，我幾乎把整個商學院 EMBA 課程裏的除了金融和會計以外的核心課程全都教了一遍。

這時候我發現對我來說不斷學習最快的方法就是教書，因為講課依靠的是強大的學習能力和科研能力，要能夠找到任何課題最前沿的研

究和這個行業的人們面臨的痛點，內容與目前找得到的最好課程的差異性，於是很難不把一門課較好。而教好一門課，也意味着可以幫助很多迷茫的企業家高管解決他們的實際問題。這本身創造者巨大的社會價值也讓我自己享受其中。

在我的孩子還很小的時候，我就慢慢地、有意識地與孩子們探討學習的目的、意義和趣味性，分享我自己的故事和體悟，讓他們儘早地意識到學習是為了發現未來更多、更美好的可能性，並實現這種可能性。愈早讓孩子意識到這些，孩子就愈會充滿熱情地去主動學習。這樣做法回報率極高，父母會發現孩子愈大就愈獨立。當孩子內在的動力被未來的目標、生命的意義激發出來的時候，父母要做的就只剩下欣慰了。

學習意味着不斷的成長，而生命的意義其實就在於不斷成長，而在不斷的成長中，靈魂將在死亡到來的時候比它剛剛來到這個世界的時候更加美好、自在。生命的意義本來是一個很龐大的概念，但是如果被破解成學習的意義就容易理解多了，再下一步就可以把學習的意義變成人生的目標。

行萬里路：在旅途中體驗人生價值

甚麼是體驗性價值呢？就是藉由對世界的感受，如欣賞藝術作品、投入大自然懷抱、與人交談、體驗愛的感覺等，來發現生命的意義。在體驗中感受到的正面情緒、正面價值都能讓人覺得生命很有意義。很多抑鬱症患者之所以被建議要出去爬爬山、曬曬太陽，就是因為在自然中能感受到美好、祥和。通過體驗到美、體驗到感動，他們能夠感受到存在的價值、生命的價值。而讓孩子感受到父母的愛則會給孩子們帶來極大的正向體驗，這甚至會成為絕望的孩子的最後一根救命稻草。如果父母和老師輪番指責孩子，讓孩子感覺被同仇敵愾地針對着，那孩子就會感到十分絕望，覺得這樣的生命毫無意義。總之，要儘量讓孩子充分體驗、感受世界的美好。

　　行萬里路甚至比讀萬卷書還重要。行路能夠讓孩子更加感知到世界的美好和多樣性。家長們可以儘可能帶孩子去旅行，離開他熟悉的環境，這對孩子的成長是極其重要的。

　　作為家長，你也要開闊自己的眼界，這樣你可以隨心所欲地結合書中的情節、電影中的某個場景，甚至是新聞，給孩子講你在那個地方遇到的各種各樣的事，喚起孩子對世界的豐富性和多樣性的好奇。一旦孩子願意向外探索，他自己就會發現世界的有趣，生活的美好，並且主動去發現更多有趣的事情。尤其是在大自然的環境裏，看夕陽西下，看花開花落，看遼闊草原，看皚皚雪山，這一切的美都會在心靈上留下最深切的共鳴。很多人之所以感到很絕望、覺得看不到前途，是因為沒看到世界上有那麼多的可能性。如果孩子能去很多地方，他就會和整個世界融為一體，他的心就會變得很大，不會為一點點小事而絕望、崩潰。

　　另外，如果父母特別怕孩子過於推崇物質享受，那麼有一個很簡單的辦法，就是在帶孩子出去旅遊時候，既讓他們住豪華的賓館，也讓他們住條件比較差的地方。這樣，孩子慢慢地就不會對這些物質條件太在

意。我帶孩子出去旅行的時候，經常帶他們睡在帳篷裏、車裏，他們也因為這些歷練變得更加強健了。他們見過很好的生活，也體驗過不太舒適的生活，自然就會寵辱不驚。這對孩子發現自我、發現世界、發現意義特別重要。對家長來說，「讀書行路，閱人無數」也很重要，在這個過程中，家長要開闊自己和孩子的視野，讓孩子看到各種可能性，並且在碰到各種事情的時候要教會孩子怎麼去判斷、處理，因為各種判斷都能體現出價值體系。家長可以藉此機會多和孩子討論，和他一起處理問題，甚至讓他自己制訂計劃。這樣，孩子慢慢就可以成長起來了。

有的時候，即使孩子的想法未必十分正確，父母也不要急於否定，可以採用孩子的意見，儘管父母可能需要走點兒彎路，多花點兒錢。只要孩子願意提出他的想法，那就要尊重孩子的想法，這是樹立孩子正確價值觀的有效方式。

閱人無數：在別人的人生軌跡中找到自己生活的意義

在我看來，行萬里路並不是單純地為了了解這個物理的世界，而是為了通過這個五光十色的世界了知自己的內心，了知和擴展自己的價值體系。行萬里路能有更多的機會遇到不同的事和人，而碰到那些與自己有完全不同的成長背景、從事不同職業、處在不同的人生階段的人，會極大地豐富自己的人生閱歷，讓自己更加深刻地思考和體悟人生的意義。而當沒有這樣的閱歷和寬廣的視角的時候，人往往會隨波逐流，跟隨當下流行的觀點、價值觀來設計自己的未來，和千軍萬馬一起湧上同樣的獨木橋。

我自己也是從小就被父母、老師灌輸「好好學習，考上好大學，找到好工作，人生就會幸福圓滿」的信念，並且深以為然。可是每一次到達這些預設的「成功」點之後，我感受到的都是失落和更深的迷茫。甚至在我獲得博士學位，在矽谷拿到高工資，有了自己的公司後，我依然覺得悵悵然。之後我才了解到，矽谷成功創業的首席執行官們出現心理健康問題的概率遠高於其他人，但他們的自殺率是全美平均水平的兩倍。

在矽谷的互聯網泡沫破滅之後，我開啟了挑戰生命的瘋狂模式，風帆、帆船、潛水、飛行……並且計劃了各種各樣挑戰自我的長途旅行。在實施這些計劃的過程中，我去了七個大洲的幾十個國家。我發現愈是在經濟發達的地方，人們愈喜歡各種挑戰生命極限的運動。並且，我也並不孤獨，旅途中有許多像我一樣衣食無憂，甚至是傳統意義上人生贏家的人，也依然在迷茫中尋覓。

記得我曾經在旅途中碰到過一位同樣在矽谷投資的成功企業家。那個時候他已經身患絕症，才發現以前的一切在絕症面前都失去了意義，

於是他獨自一人踏上旅途，駐足於讓他可以安心的地方。以我當時對生命和意義的粗淺理解，我完全無法為他做些甚麼，只能陪着他小酌，瞥見沒有意義的生命在未來的悲涼。這也讓我更加確信生命中最重要的不應該是以努力換取的成功，而是儘早地尋求這一切背後的意義——不要等到最後面臨死亡的時候，才驚覺應該早早地尋找意義。

我曾經揹着包去了五六十個國家，走遍了七大洲。在旅行中，我也發現很多國家的青少年有一個很好的習慣或者説傳統：很多孩子在高中畢業時、服兵役之後，或者上大學期間，將某一年留出來，出去旅行。總之是在進入某個狹小的行業或者開始工作之前，先讓自己投身於世界之中。我見到的這些年輕人，在剛開始旅遊的階段總是很興奮，但也很狼狽，他們大多丟過幾次錢包、護照，或者被搶了、被偷了等等，但是他們也因此飛快地成長了起來，那些已經旅行了大半年的孩子，會成熟很多。而且旅行途中有機會和各種各樣的大人們打成一片，在與人接觸、聊天之中，擴展孩子們的思維。

在行萬里路後，我的一個深切感受是，這個在年少的我心中大得不可思議的世界其實很小，它就在垂首而視的心中；在閲人無數，與地球上六個大洲的人們一起互動甚至生活過後，我更發現各種膚色、各種成長背景的人們是如此地相像，這個世界簡直小得如同一個人們彼此相識的村莊。我相信這是「行萬里路」和「閲人無數」之後的必然體驗。在與這個原本陌生的世界互動到了一定程度後，人會感受到自己與這個世界芸芸眾生的一致性，甚至是一體性。我去的地方愈多，見到的人愈多，愈覺得人類是如此地相似，都是如此地善良。當人感受到自己與世界的關聯性時，很多原本在生活中很嚴重的事情，甚至是災難，都會變得不那麼凝重，不那麼令人絕望。因為知道，此時此刻，地球上有成千上萬的人也同時在經歷着這些，甚至是更糟糕的境況，而他們依然在努力地

生活着。在一個如此之大的家庭之中，人不會再感受到那麼強烈的孤獨，會體會到世界的溫暖氣息。這些感受會帶給人力量和價值感，會讓人感受到存在的美好和意義，真心地願意為這個大家庭做些甚麼事情，從而讓這個世界因為自己的出現而變得更美好。這難道不是人生最深切的意義嗎？

向死而生：通過面對死亡找到生命的意義

弗蘭克爾找到的生命意義的三途徑之一：態度性價值（attitudinal values），讓人在面對苦難或死亡時，有可能找到自己生命的意義和使命。

我特別喜歡哲學家康德的墓志銘：「有兩種東西，我對它們的思考愈是深沉和持久，它們在我心靈中喚起的驚奇和敬畏就愈會日新月異，不斷增長，這就是我頭上的星空和心中的道德律。」在我看來，仰望星空和俯首心中都與生和死相關，都與意義相關。宇宙如此浩瀚，宇宙存在的意義是甚麼？在宇宙中如此渺小的人類存在的意義是甚麼？一切從哪裏來？又將到哪裏去？

人不一定在很年輕的時候就能找到答案，但只要能夠在很早的時候開始探索，生命就會充滿了意義。對我來說，隨着年齡的增加，閱歷的豐富，我愈來愈發現其實內心深處都有答案。只要父母給孩子足夠的安全感，只要孩子對世界、對自己探索的好奇心被喚醒，只要孩子被激發出內心的激情，他們早晚會找到答案，知道自己從哪裏來，知道自己應該到哪裏去，知道自己應該在這一生做甚麼。

德國哲學家馬丁·海德格爾在其存在論著作《存在與時間》中提出一個著名的哲學理念「向死而生」。在對青少年的生命教育中，進一步延展死亡教育，讓孩子意識到生命的無常是非常有必要的。因為個體一

旦意識到人固有一死，且死亡隨時可以降臨，就有可能開始思考人生的意義，從行動上去追求生命的價值。當孩子能夠開始面對死亡、思考死亡的時候，死亡會成為他們生命中的一個特別好的禮物，喚醒他們的心性、靈魂、使命感和意義感。每一個人都是帶着使命來到這個世界的，擔負着人類共同的使命，也擔負着每一個人特有的使命，而人生最重要的事情就是找到這個使命，並在完成使命的過程中找到生命的意義。

仰望星空：開始思考死亡和未來

其實尋找目標的最重要的作用，就是了解自己，了解世界，發現自己和世界之間的關係。選擇目標的時候，會慢慢地了解自己，從而建立起自己的價值判斷體系。大學畢業前，我常常在實驗室熬到凌晨兩三點鐘。有一天回寢室的路上，我抬頭看到天上的星星，心中昇起一種深深的無力感：這漫天閃爍的星星，很多其實已經不再存在，只是昔日的光

輝在漫漫宇宙中留下它曾經存在的痕跡，而太陽也是這樣一顆必將死亡的星星，地球則是太陽系裏的一顆小小行星，在這顆行星上面，有一個如灰塵般的必將死去的人。面對星空對我來說是一次面對死亡的契機，這一次，一個聲音從心中昇起：「這就是我將來想要的生活嗎？我想要伏在案頭徹夜畫線路板，設計出一件產品嗎？」我好像馬上就聽到了一個否定的聲音。那我要甚麼呢？

從此以後，我常常會思考這個問題。在死亡面前，做甚麼事情才能讓我覺得有意義呢？應該不是學醫，也不是對着計算機畫線路板或不斷重複地做各種實驗，而應該是為這個世界留下些甚麼有意義的東西。於是我畢業後決定去國外讀一個可以幫助中國變得更好的專業。從定下人生目標開始，慢慢地，人生的意義和人生的使命就會逐漸展現。

真正讓我對生命的意義產生定解的是 2003 年車禍中的體驗。在那次車禍中我意識到，所謂的意義應該並不只是這個物質上的我存在的意義，而更是在物質上的我面臨死亡之際，那個超越於物質的我的意識或者靈魂存在的意義。而對於這個意義的探討，如果沒有死亡教育的鋪墊，會顯得十分地蒼白無力，於是我繼續踏上了為我的靈魂尋找意義的精神旅途，從北走到南，從西回到東。

當我回到東方時，在事業上我面臨兩個選擇：一是利用我在矽谷的積累在內地做諮詢，這項工作十分掙錢；二是在商學院教書，我在矽谷的創業故事十分受 MBA、EMBA 的歡迎。我一直在權衡，哪件事可以讓我願意盡其一生地做下去，讓我感受到開心，讓我感受到意義。

時間一晃到了 2003 年，我在恆河邊上的一座小小的中國廟裏碰見了一個老者。老者見我在門口探頭探腦，招手讓我進去，問我：「你找甚麼呀？」我說：「我都不知道自己在找甚麼，本來好像是在找快樂，現在甚麼也找不着了。」老者竟然把我的手拉過去，輕輕地放在他的膝蓋

上，説：「哎呀，我在這裏等了那麼久，好久好久沒人來找這樣東西了。」在我沒有向他吐露自己任何信息的情況下，他説：「你現在也是老師，對吧？」接着，他拉着我放在他膝蓋上的手，把我的手捧在手上，説：「我這裏有四個字送給你：好好教書」。那一瞬間，我意識到我一直在找的是我的使命。老人家的一句「好好教書」讓我一下子了知這就是我的使命。老人家告訴我，教書可以讓很多很多人獲益，它很有意義，也一定會讓我快樂。

從那以後，教書不再是我掙錢的一種手段，而是我全部的使命和我全部的生命。並且我向自己和這位開啟我智慧的老者保證，不管是面對多少人，不管聽我講課的人年齡幾何——哪怕是給女兒一二年級的同學講生死，我都會十分認真地講。從此，快樂源源不斷地向我湧來，因為世界上最大的快樂就是給予快樂。當同學們隨着我娓娓道來的話語，眼睛「啪」地一亮，甚至流下眼淚時，我感受到的快樂是無與倫比的。我希望自己的靈魂可以喚醒更多沉睡的靈魂，自己的生命可以點亮另外一個人的生命，而喚醒靈魂的方式，就是讓他們勇敢地面對生死、思考生死，超越生死，找到生命的意義。

孟子在《盡心上》曰：「君子有三樂，而王天下不與存焉。父母俱存，兄弟無故，一樂也；仰不愧於天，俯不怍於人，二樂也；得天下英才而教育之，三樂也。君子有三樂，而王天下不與存焉。」世界上最大樂是甚麼樂？是得天下精英而教育之。所以我覺得做老師是特別特別幸福的事情，有機會好好地教書是一件特別特別幸福的事情。因為作為老師，我有機會搖動另外一棵樹，喚醒另外一個靈魂。希望我這個靈魂可以喚醒更多沉睡的靈魂，用我的生命去點亮另外一個人的生命。而喚醒靈魂的方式，就是讓他們找到生命的意義。而找到生命意義的很重要的方式就是讓他們能夠勇敢思考生死，面對生死，超越生死，最終找到生

命的意義。

如果你可以透徹地了悟生死，就會意識到任何一個靈魂來到這個人世間都不是無緣無故的。每一個人這輩子最大的任務就是讓自己不斷地成長。同時，作為人類羣體的一分子，每個人雖然都有各自獨特的使命，但還有一個共同的使命，那就是幫助周圍的人發現生命的意義。只有了悟了生命的意義，才有可能讓每一條生命綻放出靈性的光彩，讓這個世界更加美麗，更加充滿光芒和愛。

總　結

回歸到教育，我特別希望本書能給父母和老師一些啟發。老師這個職業常被稱為人類靈魂的工程師（每一個父母也是孩子的啟蒙老師），而靈魂工程師最重要的任務就是通過找到自己的人生使命，讓自己的靈魂覺醒，從而喚醒更多的靈魂。教育是關於人靈魂的教育，而不是理性知識的堆積。教育意味着一棵樹動搖另外一棵樹，一個靈魂喚醒另外一個靈魂。只有自己的靈魂被喚醒了，能夠勇敢面對生死，能夠積極思考並找到生命的意義，才有可能喚醒周圍的人。我始終覺得做老師是一件特別幸福美好的事，因為一個班上至少有幾十個人，老師的一點點努力、靈性的一點點成長就可以幫助很多人，一點點光芒就可以照亮很多人的前行之路。我做了老師後，回首往事，我才意識到當初我為甚麼喜歡醫學但卻不願意學醫，也不願意做工程，那是因為從人類的角度，從靈魂喚醒靈魂的角度，從讓更多的人幸福喜悅的角度，做這兩件事都沒有做老師的效率高，不管是做幼兒園的老師、中小學的老師，還是大專院校的老師。

對中小學的老師，尤其是班主任，一節用心準備的課，尤其是生命教育主題的課，就有可能頃刻間改變幾十個人的生命軌跡，讓孩子們積極樂觀地學習，珍惜自己的生命，探尋屬自己的人生目標。作為老師，不但有機會改變學生的一輩子，還可以觸及學生背後的家庭，以及他走向社會後遇見的所有人。因此，我覺得當老師是一個特別偉大的事情，作為孩子最好的老師的父母也是極其偉大。父母和老師讓自己的靈魂放出光芒，讓這光芒照亮自己周圍的路，也照亮孩子們的路。

作者寄語

親愛的讀者朋友，十分感謝你看到這裏。這是不是在告訴我你還不想馬上合上這本書。結束這一段的學習和成長歷程。我也希望可以有更多的機會和您一起前行。

　　如果你希望與作者或者這本書的讀者做進一步的探討。歡迎你來到我的知乎的同名專欄。或者在我相關的內容下面互動。我在社交平台（知乎，微博）搜索我的用戶名是：東慧．趙越。

　　如果你很喜歡這本書的內容，但是文字內容依然無法將你從親子教育的焦慮中解放出來，後面還有幾種更加強力的方式。

- 針對這個主題我專門有個將近 30 個小時的在線課程《開心生命教育》會在東慧院的學習平台上看到。希望我對家長孩子們幸福的深切願望，通過我殷切的眼神，我的語氣會給你比文字更多的信息與力量。

- 如果這本書的內容讓你感到有些悵悵然的遺憾，希望你的父母在你成長的過程中曾經讀過這本書，可以用更好的方式對待你的成長，那麼請讓我遠遠抱一抱如同我自己一樣可憐的你。請一定不要把這本丟給他們，讓他們去反省和認錯。請相信我，他們已經在他們的認知範圍之內，給了你最好的愛了。而真正可以療癒我們的只有我們自己。請一定試着自己可以先從童年的陰影中走出來。我們很多成年人，會用一輩子的時間療癒原生家庭帶來的傷痛。並且把這樣的傷害帶給孩子。如果您需要一點點的外力，歡迎來到我的《開心經營：開啟心靈之門‧經營自在人生》的翻轉課堂上了。好好與和您一樣的朋友們一起療癒曾經的傷痛。開心前行。只有自己的心開了，真正的開心了，才有真正開心的孩子。其實這是開心教育的核心。

　　最後，讓我做一點小小的預測，這本書剛剛看完之後，你會發現你

對孩子的態度，和孩子的關係會改變很多。但是隨着時間的推移，你會發現自己，還有和孩子的關係會又有些退步。這幾乎是一定會發生的。雖然你現在已經知道該怎麼做了，但是知道和真的全然做到之間往往還差了一個巨大鴻溝。還要修到！修出自他的覺察力，和做出正確選擇的定力。而這是一個更大的系統工程和體系。所以，也希望你可以找到你自己可以修心的法門，或者歡迎你來到我的《開心經營》的線下課堂《開心研修營》。這會是你知行合一的開始，自己蛻變的開始，走向終極幸福的開始。

最後的最後，教育的美妙之處在於成長。不僅僅是被教育者的成長，更多時候是彼此的成長和成就，這就是所謂的教學相長吧！我認為，子女的到來其實是給成年人一次新的成長機會，一次發現自己的機會。在成書的過程中，作為作者，我也發現一個有趣的發現，即便是作為成年人，很多時候為人處世的各種各樣的習氣，生活工作中各種各樣的不開心，其實都是潛移默化的來自於自己的童年和自己的父母的教養方式，所以教育孩子任重而道遠。亦或，與其說更好地教育孩子，不如說更好地教育自己，畢竟父母是孩子最好的老師。這本書層層深入直達生命意義的哲學深度，其實可以獻給任何一位希望理解自己，理解生命，希望開心快樂的青年人、成年人，甚至是老年人。

這本書也更像是獻給所有希望開心，希望增長智慧的人。知道我從哪裏來（物質的我，以及精神的我），知道我會到哪裏去，於是便更知道我是誰，應該做甚麼樣的人，過甚麼樣的生活。只有知道自己從哪裏，才可以更好地知道自己可以到哪裏去，有可能成為一個甚麼樣的人。我想，在閱讀本書之後，你會與我有同樣的想法：做一個開心而有智慧的父母，養育着一個開心和智能都在慢慢增長的孩子。祝福天下所有的父母和孩子。愛你們！

趙越，2022 年末，於清水灣